Die Löwen-Liga: Fit für die Karriere

Simone Ines Lackerbauer ·
Peter Buchenau · Zach Davis

Die Löwen-Liga:
Fit für die Karriere

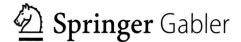
Springer Gabler

Simone Ines Lackerbauer
München, Deutschland

Peter Buchenau
The Right Way GmbH Germany
Waldbrunn, Deutschland

Zach Davis
Inst. f. nachhaltige Effektivität,
Peoplebuilding
Geretsried, Deutschland

ISBN 978-3-658-12137-2   ISBN 978-3-658-12138-9 (eBook)
DOI 10.1007/978-3-658-12138-9

Die Deutsche Nationalbibliothek verzeichnet diese Publikation in der Deutschen Nationalbibliografie; detaillierte bibliografische Daten sind im Internet über http://dnb.d-nb.de abrufbar.

Springer Gabler

Redaktion: Marina Bayerl
Lektorat: Stefanie Brich
Illustrationen: Simone Ines Lackerbauer (www.simone-ines.de)
Coverdesigner: deblik Berlin unter Verwendung von fotolia.de

Gedruckt auf säurefreiem und chlorfrei gebleichtem Papier.

Springer Gabler ist Teil von Springer Nature
Die eingetragene Gesellschaft ist Springer Fachmedien Wiesbaden GmbH

Widmung von Simone Lackerbauer
Für Ina, Manuel, Sabine, Stephan und Udo

Vorwort von Florian Göttl

Sicherlich werden Sie auch an einigen Stellen im Leben die Erfahrung gemacht haben, dass es wichtig ist, die richtige Balance zu finden – gerade bei sich teilweise gegenüberstehenden Anforderungen (beispielsweise zwischen Anspannung und Entspannung) ist es oft nicht einfach, den schmalen Grat zu finden. Sowohl im (Leistungs-)Sport als auch im Berufsleben ist es wichtig, diese Balance für sich zu finden.

Als Physiotherapeut in der medizinischen Abteilung des FC Bayern München (2010–2016) konnte ich viele junge Spieler und Profifußballer dabei beobachten, wie sie die an sie gestellten Anforderungen unterschiedlich bewältigten. Interessanter als Schilderungen der Stars, die es „geschafft" haben, war es oft, die Entwicklung junger Spieler zu beobachten.

Einige wenige schafften den Sprung nach ganz oben. Dies lag nicht nur an ihrem Talent. Vor allem lag es an der zielgerichteten und professionellen Einstellung und an der harten Arbeit, die diese Spieler gerade auch außerhalb des Spielfeldes tagtäglich leisteten – viele Kleinigkeiten, die am Ende des Tages in Summe oft den entscheidenden Ausschlag in die eine oder andere Richtung gaben.

Gerade am Beispiel von David Alaba konnte man schon früh in der Jugend erkennen, dass er viele Kleinigkeiten präziser und akribischer machte als seine gleichaltrigen Spieler-kollegen. Gleichzeitig hat er sich bis heute eine Lockerheit bewahrt, die einen Gegenpol zur erforderlichen hohen An-spannung darstellt.

Sie kennen den Ausspruch „Weniger ist mehr". Weniger bzw. das Richtige zum richtigen Zeitpunkt zu machen ist allerdings oftmals zielführender als jederzeit „Vollgas" zu ge-ben – man kann den Erfolg nicht erzwingen. Man muss sich Stück für Stück vorantasten, um das gewünschte Ziel zu er-reichen. Wenn man das nicht macht und sich keine Pausen gönnt, dann wird man unproduktiv, aktionistisch, verliert das große Ganze aus den Augen und erreicht seine ange-strebten Ziele nicht.

Betrachten wir bespielhaft die Rehaphase nach einer Verletzung: Es gibt verschiedene Wundheilungsphasen und Stufen, die man nicht einfach mit Willenskraft überspringen kann. Es wird ein „Fahrplan" erarbeitet, den ich als Physiotherapeut aufstelle und mit dem Spieler daraufhin abarbeite, das Ziel der Genesung für den Patienten auf dem besten und schnellstmöglichen Weg zu erreichen. Dazu gehören in ganz entscheidendem Maße auch Regenerati-onsphasen und Feinjustierungen unterwegs, die fest in den Fahrplan mit eingebaut werden.

Aber nicht nur meine Arbeit als Physiotherapeut ist wich-tig. Mindestens genauso wichtig ist auch die Compliance (Mitarbeit bzw. Kooperation) des Patienten. Wenn nicht beide an einem Strang ziehen, wird sich der bestmögliche Erfolg nicht einstellen. Wenn dies nicht der Fall ist, wird gerade im Bereich des Spitzensports schnell der Anschluss verpasst.

Auch kann die bei einem Sportler erfolgreiche Therapie bei einem anderen Spieler manchmal genau das Gegenteil bewirken. Man muss bei jedem Spieler einen individuellen „Fahrplan" zur Genesung aufstellen oder ihn gegebenenfalls auch überdenken, um gute Ergebnisse zu erzielen.

Dieses Buch beschäftigt sich mit zahlreichen, im Kern sehr ähnlichen Themenstellungen: Balance, Erfolgsprinzipien im Sport und im Beruf, um Kleinigkeiten die den Unterschied machen und um das Erreichen von Zielen durch einen persönlichen Fahrplan.

Florian Göttl, FC Bayern München (2010–2016), selbständiger Sport-Physiotherapeut in München

Vorwort von Simone Lackerbauer

Der eigene Körper ist mittlerweile zum Kapital geworden: Fit und gesund auszusehen gehört zum Prestige, zeugt von mentaler und physischer Disziplin. Ist es sinnvoll, diese Trends mitzumachen? Wie und wo fängt man damit an? Es gibt eine große Vielfalt an Trainingsmethoden und Möglichkeiten, mit mehr oder weniger Anstrengung Körper und Geist zu stärken. Alljährlich erscheinen neue Fitness-Trends, die sich saisonal an die körperbezogenen Wunschträume ihrer mehr oder minder sportbegeisterten Kunden richten: Im Frühling für die Sommerfigur trainieren, im Sommer Sport mit Spaß und Urlaub verbinden, im Herbst das Immunsystem stärken und der trüben Stimmung trotzen, und im Winter den Speck vom Weihnachtsschmaus loswerden.

Vom Wunsch nach mehr Fitness und einem gesunden Körper profitieren im Wesentlichen vier Industriezweige: Die Sportindustrie, die Modeindustrie, die Ernährungsindustrie und die Pharmaindustrie. Denn zu jeder neuen Fitnessbewegung gehören trendige (und oft teure) Sportaccessoires wie „Fitness-Tracker" oder „Schlingentrainer", passende Outfits und Schuhe für Yoga oder Hindernisläufe, Diät-Trends für Sixpack und straffe Haut sowie allerlei Pillen und Pulver, die Muskelaufbau und Fettabbau versprechen. Sport gehört heute scheinbar einfach zum „guten Ton". In Maßen ist vieles davon auch durchaus sinnvoll, um Sportmuffel vom Sofa zu locken und Sportbegeisterten immer neue Möglichkeiten zu bieten, ihr Training spielerisch zu verändern und neue Anreize zu setzen. Denn Bewegung ist gesundheitsfördernd, beugt chronischen Erkrankungen vor und verhilft zu einem besseren Selbstbewusstsein. Der positive Kick aus der körperlichen Anstrengung trägt wiederum zum Erfolg in allen anderen Bereichen des Lebens bei: Wir werden belastbarer und gelassener, wir haben mehr Energie und erkennen bewusster, was uns (nicht) gut tut. Dabei ist jede zusätzliche Form der Bewegung im Alltag schon ein Schritt in die richtige Richtung – jeder, wie er kann und mag.

Eine Kehrseite dieser populären Fitnesstrends und ihrer „öffentlichen Bühne" in Medien und Werbung ist der zunehmende Druck, den körperbezogene Schönheitsideale auf Amateursportler ausüben. Die Figur des Sportlers wird heroisiert: Wer einen gestählten Körper besitzt, verfügt auch über einen scharfen Verstand und ist somit in doppelter Hinsicht ein Gewinnertyp. Dass der Traum vom perfekten Körper in einem normalen Arbeitsalltag kaum umsetzbar ist und noch dazu Unsummen von Geld verschlingen kann, wird dabei ausgeklammert. Das führt teilweise zu übertriebenen Tendenzen:

- **Orthorexie**: Der Zwang, das „Richtige" zu essen, die „Angst" vor bestimmten Nahrungsmitteln und der bereitwillige Verzicht auf Futter für die Seele, aus Furcht vor negativen Auswirkungen von Gluten, Laktose, Kalorien, Fett und Kohlehydraten. Gleichzeitig wird mit

„Supplements" in Selbstmedikation experimentiert, ohne über die Folgen der Einnahme hoher Dosen aufgeklärt zu sein.[1]

- **Optimierungssucht:** Wenn uns der Ehrgeiz packt, möchten wir immer besser, schneller, höher und weiter kommen – egal, ob im Beruf oder in der Freizeit – und manchmal sogar mit allen Mitteln. Insbesondere im Sport kann dieser Ehrgeiz befeuert werden, denn Trainingserfolge, Gewicht und Muskelanteil sind heute jederzeit messbar und verbesserbar.

- **Obsession:** Wer sich als Amateursportler den Regeln eines Olympia-Leistungssportlers unterwirft, verliert schnell den Blick für das gesunde Maß und das ganze Leben richtet sich nur noch nach dem Trainingsplan. Doch so wie der Geist eine Auszeit vom Arbeitsalltag braucht, so braucht der Körper ebenfalls Regenerationsphasen – insbesondere wenn man, anders als ein Profisportler, noch einen Hauptjob und andere Verpflichtungen hat. Sonst drohen Leistungsabfall und sogar ein Sport-Burnout.

---

[1] Bekannte Beispiele für frei erhältliche Zusatzstoffe im Amateursport: Pulver und Shakes (u. a. Molkeprotein, Casein, Sojaprotein) zur Förderung des Muskelaufbaus durch erhöhte Proteinzufuhr, Kreatin zur Steigerung der Muskelleistung während des Trainings, Koffein und andere anregende Substanzen zur Steigerung der Ausdauer und zum Anregen des Stoffwechsels, Tabletten mit verzweigtkettigen Aminosäuren (BCAAs) zur Unterstützung der Muskelregeneration.
Problematisch an dieser Supplementierung ist erstens die Kombination der Wirkstoffe in Eigenregie und oftmals ohne vorherige Konsultation eines Arztes, was zu Kreuzreaktionen, Allergien und im schlimmsten Fall zu einem anaphylaktischen Schock oder zu Organschädigung führen kann.
Zweitens senkt die Verwendung dieser Substanzen die Hemmschwelle, auch andere Stoffe einzusetzen, beispielsweise Nootropika zur Steigerung der geistigen Leistungsfähigkeit im Beruf, rezeptpflichtige Medikamente als Aufputschmittel oder Downer – oder sogar illegale Substanzen.

Gleichzeitig wird die Bevölkerung hochtechnisierter Industriestaaten im Allgemeinen wegen des Überangebots an Nahrung (und ihrer Bewerbung) und der wachsenden Bequemlichkeit (mit dem Auto zur Arbeit, mit dem Aufzug ins Büro, am Schreibtisch und in Meetings sitzend arbeiten, zu Hause direkt aufs Sofa) sowie aufgrund des verlorengegangenen Wissens über die ureigenen Bedürfnisse des Körpers behäbig und faul. Anstatt dem Bewegungsdrang nachzugeben und Sport als Spiel zu verstehen, scheut sich der moderne Mensch vor der Anstrengung. Auch hier drohen gesundheitsgefährdende Extremsituationen:

- **Adipositas**: Eine Studie aus dem Jahr 2013 belegt [1], dass in Deutschland 36,7 % der über 18-Jährigen übergewichtig sind, 15,7 % sogar adipös, bei einem BMI-Wert über 30. Essen schmeckt, verführt und dient als Seelentröster – doch in zu großen Mengen konsumiert und ohne ausgleichende Bewegung, wird es zur Gefahr.
- **Abstreiten**: Hinweise auf gesundheitsschädigendes Verhalten und mangelnde Bewegung werden oft geleugnet, Konfrontationen resultieren in Dementi und aktiver Verweigerung gegenüber gut gemeinten Ratschlägen. Auch beim Blick in den Spiegel wollen viele nicht realisieren, dass sie sich selbst durch ihr Verhalten schaden. Und je stärker nachgehakt wird, desto mehr verschließen sich Betroffene.
- **Aufschieberitis**: Allein die Erkenntnis des Fehlverhaltens reicht allerdings nicht, wenn den guten Vorsätzen keine Taten folgen. Morgen, übermorgen, nächste Woche, ab dem 1. Januar – mit dem Warten auf den perfekten Moment zum Start in ein neues Leben, ziehen ungenutzte

Chancen vorbei. Denn in Wahrheit ist jeder einzelne Tag ein neuer möglicher Startpunkt.

Wie soll man aber die Balance zwischen diesen Extremen finden? Denn in unserer rasanten, technologisch beschleunigten Welt bleibt immer weniger Zeit für die eigenen Bedürfnisse – und damit auch für die Dinge, die jedem Menschen gut tun: Freizeit, Familie, soziale Kontakte, Entschleunigung, aktive Ich-Zeit und bewusste Auszeiten von allen Störfaktoren, die den Blick auf das Wesentliche – nämlich das eigene Wohlbefinden – versperren. Dabei hat jeder nur genau eine Gesundheit und sollte pfleglich damit umgehen, um für alle Lebenssituationen optimal gerüstet zu sein. Dazu gehört auch, Bewegung und Sport zu einem Teil des Alltags zu machen und von den positiven Effekten auf die Gesundheit zu profitieren.

Die fabelartigen Geschichten der beiden Löwen Lono und Kimba eignen sich deshalb hervorragend, um Inhalte zu vermitteln – ohne gleich mit dem erhobenen Zeigefinger, der Waage und den Blutfettwerten abzustrafen. Es geht hier nicht nur um das Thema Sport. Mit Hilfe der beiden unterschiedlichen Löwencharaktere werden Verbindungen zwischen Sport und Beruf gezogen, die zu der Selbsterkenntnis führen können, **dass körperliche Ertüchtigung nicht nur Kalorien verbrennt, sondern präventiv, aktiv und reaktiv das Leben positiv beeinflusst.** Präventiv meint vorbeugend, beispielsweise im Hinblick auf Diabetes. Aktiv kann das kontinuierliche Steigern der körperlichen Fitness sein, um den Alterungsprozess zu verlangsamen. Reaktiv wiederum wäre eine Reha-Maßnahme nach einer Erkrankung. Sport ist ein wirkungsvolles Mittel gegen Stress und kann bei Symptomen von Erkrankungen, wie Burnout, Depression oder Diabetes, entgegenwirken. In diesem Zusammenhang soll mit einigen Vorurteilen aufgeräumt werden, die hartnäckig in den Köpfen vieler Schreibtischtäter bestehen bleiben [2]:

- **Gesunde Ernährung** schmeckt nicht, ist aufwändig, teuer und man muss auf alles Leckere verzichten. Im Berufsalltag ist sie überhaupt nicht umsetzbar.
- **Geistig-emotionale Balance** zu suchen, ist ein Zeichen von Schwäche, nur etwas für esoterisch Angehauchte und die Manager-Mischung aus Aspirin und Koffein hilft sowieso viel besser.
- **Stressmanagement (bzw. Entschleunigung)** ist vergebene Liebesmühe, weil das Leben ohnehin immer schneller wird und man entweder mitkommt oder untergeht.
- **Sport** macht keinen Spaß, ist anstrengend und im Alltag hat man weder Zeit noch Energie dafür. Manche Löwen sind einfach nicht für Sport gemacht. Außerdem möchte man ja nicht aussehen wie „Arnold Löwenegger".

Seit einigen Jahren findet in vielen Unternehmen und Köpfen glücklicherweise ein Umdenken statt, so dass diese Vorurteile langsam abgebaut werden können. Zahlreiche Ratgeber, Blogs und Kolumnen [3] in bekannten Medien haben insbesondere den Fitnesssport jenseits von Extremen, wie Ultramarathon und Bodybuilding, als Lebensphilosophie für Normalsportliche in den Fokus der Aufmerksamkeit gerückt. Online und offline verknüpfen Publikationen die gesundheitsrelevanten Themen mit einem erfolgreichen

Leben und einem modernen Lifestyle: Wer achtsam mit sich umgeht, ist automatisch ein Gewinner.

Sport hilft dabei, ein besseres Gefühl für die Bedürfnisse des eigenen Körpers und Geistes zu entwickeln, Kraft zu schöpfen oder Energiereserven zu aktivieren. Gestärkte Muskeln sind ein gutes Rüstzeug für die Herausforderungen des Alltags. Ebenso kann der Sport neuzeitlichen Phänomenen wie der „Leisure Sickness" vorbeugen[2]. Denn wer regelmäßig Sport treibt, gönnt sich damit kleine „Auszeiten" und ist allgemein ausgeglichener. Auch Achtsamkeit und Resilienz haben längst ihr esoterisches Image abgelegt und sind topmodern: Das Verantwortungsbewusstsein dem eigenen Leben gegenüber ist gestiegen. Die Slogans „Stark ist das neue Schlank" und „Clean Chic" haben „Fast Food" und den „Koffein-Chic" der Neunzigerjahre abgelöst. Vieles ist eine Frage der Einstellung – dazu gehört auch, „Nein" zu sagen bei Dingen, die einem selbst widerstreben oder nicht gut tun.

Dabei ist vor allem wichtig, sich nicht von der Flut an Informationen überwältigen zu lassen, sondern seinen eigenen roten Faden, seinen eigenen Weg und seine eigene Trainingsgestaltung zu finden. Genauso verhält es sich schließlich auch mit der Karriere, die individuell von jedem Einzelnen gestaltet werden kann und sollte. Es gibt keine Blaupausen, die für alle gleich funktionieren; weder im Sport, noch bei der Ernährung, noch im Arbeitsleben. Wir müssen lernen, wieder

---

[2] Vgl. Buchenau, P., Balsereit, B. (2015) *Chefsache Leisure Sickness: Warum Leistungsträger in ihrer Freizeit krank werden.* Unter dem Begriff *Freizeitkrankheit* versteht man das Phänomen, dass eine Erkrankung bei Arbeitnehmern genau dann zuschlägt, wenn man im wohlverdienten Urlaub entspannen will. Dadurch kann die benötigte Erholungsphase nicht genutzt werden, um Energie aufzutanken, was wiederum zu einem höheren Grad an Erschöpfung führt.

mehr auf das eigene Bauchgefühl und die Intuition zu hören, anstatt unser Körperwissen komplett auf elektronische Geräte und Diätdiktate auszulagern. Bevor sich der Blick nun auf die Abenteuer der beiden künftigen „Spitzensportler" Lono und Kimba richtet, soll hier noch das Zitat erwähnt werden, das das Autorenteam ausschlaggebend zu diesem „Löwenliga"-Band inspirierte. In seinem Roman *1Q84* offenbart der Autor Haruki Murakami die Gedanken seine Protagonistin Aomame über ihren Körper [4]:

> Für Aomame war der Körper des Menschen ein Tempel. Ob man darin nun etwas verehrte oder nicht, es war ihre unerschütterliche Überzeugung, dass er zumindest gut in Schuss und sauber gehalten werden sollte.

Quellen

1. http://de.statista.com/themen/1468/uebergewicht-und-adipositas/ sowie die Umfrage aus dem Jahr 2009: http://de.statista.com/statistik/daten/studie/157946/umfrage/anteil-der-deutschen-mit-uebergewicht-2009/
2. Orientiert an den vier Säulen der Prävention (Berufsverband Dt. Präventologen e. V.): Bewegung, Ernährung, geistig-emotionale Balance und Stressmanagement, vgl. http://www.praeventologe.de/ oder http://www.aha-gesundheit.de
3. z. B. die Kolumne von „Achim Achilles" auf SPIEGEL ONLINE: http://www.spiegel.de/thema/achilles_verse/
4. Murakami, Haruki: 1Q84, S. 240

Die Autoren

Doktorandin, Freiberuflerin, Freizeitsportlerin

Simone Ines Lackerbauer promoviert in Soziologie; in ihrer Dissertation beschäftigt sie sich mit dem Internet-Hacken. Die Liebe zum schöpferischen Gestalten, sowie die ständige Suche nach kreativen und sportlichen Herausforderungen wurden ihr bereits in die Wiege gelegt. Rund ein Dutzend Sportarten probierte sie bereits aus, aktuell betreibt sie Kraft-/Ausdauersport, schwimmt und wandert. Nach zwei Masterabschlüssen und mehreren inspirierenden Auslandsaufenthalten in Frankreich sowie den USA, arbeitet sie freiberuflich als Übersetzerin, Beraterin, Autorin und Illustratorin in der Kreativwirtschaft.

Bei allen Veränderungen in ihrem Leben ist der Sport stets eine Konstante; die Parallelen zwischen der Philosophie des Sports und dem eigenen Karriereweg zieht sie bereits seit Jahren mit Erfolg. Besonderer Dank gilt ihren Trainingspartnern aus dem „echten" SUPER SPORT STUDIO, die mit Anekdoten, Informationen und Inspiration einen Teil zu diesem Buch beigetragen haben.

Weitere Infos unter www.simone-ines.de.

Ratgeber, Redner, Kabarettist

Peter Buchenau gilt als der Chefsache Ratgeber im deutsch-sprachigen Raum. Der mehrfach ausgezeichnete Führungs-querdenker ist ein Mann von der Praxis für die Praxis, gibt Tipps vom Profi für Profis. Auf der einen Seite Voll-blutunternehmer und Geschäftsführer der eibe AG, einem der Marktführer für Spielplätze und Kindergarteneinrich-tungen, auf der anderen Seite Redner, Autor, Kabarettist und Dozent an Hochschulen. Seinen Karriereweg star-tete er als Führungskraft bei internationalen Konzernen im In- und Ausland, bis er schließlich 2002 sein eigenes Beratungsunternehmen gründete. Sein breites und inter-nationales Erfahrungsspektrum macht ihn zum gefragten Interim Executive, Experten und Redner. In seinen Vorträ-gen verblüfft er die Teilnehmer mit seinen einfachen und schnellnachvollziehbaren Praxisbeispielen. Er versteht es wie kaum ein anderer, ernste und kritische Führungsthe-men, so unterhaltsam und kabarettistisch zu präsentieren, dass die emotionalen Highlights und Pointen zum Erlebnis werden. Weitere Informationen unter www.peterbuchenau. de.

Die Veröffentlichungen:

1. Buch	„Der Anti-Stress-Trainer – 10 humorvolle Soforttipps für mehr Gelassenheit"
2. Buch	„Die Performer-Methode – Gesunde Leistungssteigerung durch ganzheitliche Führung"
3. Buch	„Burnout 6.0 – Von Betroffenen lernen"
4. Buch	„Nein gewinnt"
5. Buchreihe	„Die Löwen-Liga"
6. Buch	„Chefsache Gesundheit"
7. Buch	„Chefsache Prävention"
8. Buch	„Chefsache Betriebskita"
9. Buch	„Chefsache Prävention II"
10. Buch	„Chefsache LS-Syndrom"
11. Buch	„Chefsache Social Media Marketing"
12. Buch	„Männerschnupfen"

Ihr Kontakt:

The Right Way GmbH, Geschäftsführer Peter Buchenau, Röntgenstraße 20
97295 Waldbrunn, Tel: +49-9306-984017
speaker@peterbuchenau.de
www.peterbuchenau.de

„Infotainment auf höchstem Niveau!" (Handelsblatt über Redner Zach Davis)

Der Redner:

Zach Davis begeistert seit über einem Jahrzehnt auf 120 bis 160 Veranstaltungen jährlich durch seine mitreißende Rhetorik, seine Tipps mit einem Sofort-Nutzen und seine sehr unterhaltsame Art. Zach Davis ist (fast) immer der richtige Redner für Ihre Veranstaltung!

Die Schwerpunkte:

Zach Davis thematisiert zwei spezielle Herausforderungen:

1. Die steigende Informationsflut und
2. Die zunehmende Zeitknappheit.

Mit seinen Schwerpunkten „PoweReading" und „Zeitintelligenz" liefert er jeweils entscheidende und sehr pragmatische Lösungsbeiträge hierzu.

Die Veröffentlichungen:

1. Bestseller-Buch „PoweReading®", 6. Auflage (Leseeffizienz)
2. Video-DVD „PoweReading®-Automatic-Trainer" (Leseeffizienz)
3. Video-CD „Power-Brain" (Merkfähigkeit)
4. Bestseller-Buch „Vom Zeitmanagement zur Zeitintelligenz"
5. Video-DVD „Der Effektivitäts-Code©: Mehr schaffen in weniger Zeit"
6. 8-teilige Audioserie „Der Effektivitäts-Code©: Hochproduktivität"
7. Jahresprogramm „Der Effektivitäts-Code©: Gewohnheiten leicht ändern"
8. Buch „Zeitmanagement für gestiegene Anforderungen"
9. Buch „Zeitmanagement für Steuerberater"
10. Buch „Zeitmanagement für Rechtsanwälte"

Filme über Zach Davis:

www.peoplebuilding.de/zach-davis/vita-film

Ihr Kontakt:

Peoplebuilding, Management Zach Davis, Egerlandstr. 80, 82538 Geretsried, Tel.: +49-8171-23842-00, info@peoplebuilding.de, www.peoplebuilding.de. Unterlagen (Portrait, Referenzschreiben etc.) erhalten Sie auf Anfrage gerne.

Inhaltsverzeichnis

1

Einleitung

Dieses Buch knüpft an der Löwen-Liga-Reihe von Peter Buchenau und Zach Davis an. In mehreren Bänden begleiten die beiden, mit gelegentlichen Gastautoren, ihre zwei Protagonisten, die Löwen Kimba und Lono, auf ihrem Weg durch die Arbeitswelt. Die Löwen-Liga steht für ein Leben im rasanten Wandel, in dem die Anforderungen kontinuierlich steigen und der Einzelne – oft im Wettlauf gegen sich selbst – sein eigenes Tempo finden muss, um voranzukommen. Ob die Karriere einem Marathon oder zahlreichen Sprints gleicht, gibt dabei nicht den Ausschlag. Denn die Grundlagen dafür – die Kraft, die Kondition, die Ausdauer (oder den langen Atem), die mentale und körperliche Stabilität und die geistig-emotionale Balance – benötigen die Löwen in beiden Fällen. Ganz wie im echten Leben, läuft es mal rund und geht es mal eher holprig voran.

Kimba und Lono bringen ähnliche Voraussetzungen mit und entwickeln sich in vielen Punkten parallel: Sie haben eine gute Ausbildung genossen und arbeiten seit mehreren Jahren für das renommierte Unternehmen Tiger & Meyer. Mit Anfang 30 haben sie die berufliche Orientierungsphase längst hinter sich gelassen und müssten eigentlich wissen, wohin der Weg sie führen soll – eigentlich.

© Springer Fachmedien Wiesbaden 2017
S. I. Lackerbauer et al., *Die Löwen-Liga: Fit für die Karriere*,
DOI 10.1007/978-3-658-12138-9_1

Scheinbar routiniert meistern die zwei Löwen ihren Job-Alltag und hangeln sich an den Projekten innerhalb des Unternehmens entlang, die ihnen solide Aufstiegsmöglichkeiten bieten. Doch immer häufiger treten kleine Wehwehchen und Befindlichkeiten auf, sie fühlen sich abends grundlos erschöpft oder antriebslos und merken, wie Konflikte im Büro ihnen zu schaffen machen. Das Berufsleben zehrt mehr an ihren Energiespeichern als gedacht – wobei die vielen Business-Essen und das Catering während anstrengender Workshops im Gegensatz dazu sichtbare Spuren hinterlassen haben, insbesondere an den Hüften. Wie konnte das passieren? Und wohin ist die Leichtigkeit verschwunden, mit der sie noch vor ein paar Jahren früh morgens motiviert aus dem Bett sprangen, um Vollgas zu geben? Trägt der Job etwa die Schuld daran, oder müssten sie einfach nur mehr für sich tun?

In diesem Band geht es deshalb um Fitness-Strategien, mit deren Hilfe Kimba und Lono (wieder) fit fürs Leben und für die Karriere werden. Damit die Gesundheit nicht auf der Strecke bleibt, müssen sie Bewegung in ihren Alltag einbauen und abends die gemütliche Couch auch einmal gegen die deutlich härtere Tartanbahn eintauschen. Dabei entwickeln unsere beiden Berufslöwen unterschiedliche Trainingsprogramme. Den beiden gemeinsam ist, dass sich die Philosophie des Sports auch in den Business-Alltag übertragen lässt – und somit das Training nicht nur gut gegen Löwenspeck, sondern auch für die Karriere ist. An vielen Stellen jedoch treffen sie mehr oder weniger voneinander abweichende Entscheidungen, ziehen aus Gelerntem andere Schlüsse und setzen Ratschläge anders um. Das führt im

Laufe der Zeit zu sehr unterschiedlichen Erlebnissen, Erkenntnissen, Erfolgen und Ergebnissen.

Aufraffen müssen sich beide zu Beginn, um die nötige Motivation zu finden und das Rudel innerer Schweinehunde zu überwinden. Beide Löwen stellen sich der sportlichen Herausforderung auf verschiedene Weisen, die jeweils Vor- und Nachteile mit sich bringen, oder sich ergänzen. Im Verlauf ihres Trainingsprogramms schätzen sie ihre körperlichen und geistigen Bedürfnisse immer besser ein und passen den Sport ihrer Entwicklung an. Sie lernen außerdem, wie sie die Strategien aus dem Training auf ihren Arbeitsalltag übertragen können – und wie sie umgekehrt im Sport auch von den Arbeitsmethoden profitieren können, die sie tagtäglich bei Tiger & Meyer anwenden.

Der eher behäbige Löwe **Lono** treibt anfangs immer gerade so viel Sport, wie nötig ist, damit er sich abends ohne Reue sein Löwenbräu und ein schönes Steak gönnen kann. Sport ist für ihn zunächst mehr ein notwendiges Übel. Da er gleich zu Beginn ein größeres Budget investieren will, beginnt er sein sportliches Abenteuer mit einer Personaltrainerin und verwendet alle möglichen Gadgets und Hilfsmittel, um sich weniger anstrengen zu müssen. Dabei ist er kein völlig versagender Loser, sondern muss manchmal die richtige Lösung erst nach dem Trial-and-Error-Prinzip noch finden. Dass ein Trainer allein noch kein Erfolgsgarant ist, wird er im Laufe der Zeit herausfinden.

Den Löwen **Kimba** packt sofort die sportliche Begeisterung. Er trainiert viel und sein (fast) tägliches Work-out wird für ihn zum wichtigen Fixpunkt. Er geht oft über seine eigenen körperlichen Grenzen hinaus und macht enorme Fortschritte. Außerdem ist er sehr experimentierfreudig und probiert alle möglichen sportlichen Aktivitäten aus. Auch Kimba ist kein perfekter Überflieger, der alle Situationen auf Anhieb meistert. Aber er schafft es oftmals, durch einen Perspektivenwechsel problematische Situationen effektiver anzugehen.

Auch wenn diese Geschichte von Löwen handelt, so beziehen sich konkrete Tipps und Vorschläge natürlich auf den Menschen. In jedem Fall empfiehlt es sich, sowohl für Löwen als auch für Menschen, einen gründlichen Gesundheitscheck beim Hausarzt durchzuführen, bevor das sportliche Abenteuer beginnt. So halten auch Kimba und Lono zunächst Rücksprache mit der Betriebsärztin in ihrer Firma und lassen sich im Fitnessstudio vorab durchchecken.

Geschrieben wurde dieses Buch von einer Doktorandin, die diese Fitness-Transformation sprichwörtlich am eigenen Leib erfahren und Fitness-Experten konsultiert hat, sowie von Autoren, die Experten zu den Themenkomplexen Führung, Burn-out und Stressregulierung (Peter Buchenau) und den Themengebieten Produktivitätssteigerung und Arbeitsentlastung (Zach Davis) sind. Letzterer ist ebenfalls begeisterter Hobbysportler mit Leistungsambitionen. Die AutorInnen haben ihr Gesundheitswissen gebündelt und in die Geschichte von Lono und Kimba zahlreiche Strategien zu einem ganzheitlichen Ansatz für mehr Fitness im Alltag und in der Karriere integriert.

Begleiten Sie die beiden Löwen auf ihrem sportlichen Karriereweg in der Löwen-Liga und finden Sie dabei für sich selbst heraus, wie Sie mehr Bewegung in Ihren Alltag bringen können, um davon in allen Bereichen des Lebens nachhaltig zu profitieren: sowohl beruflich als auch privat.

Kimba und Lono wollen fit werden fürs Business und fürs Leben

2

Motivation: Woher nehmen, wenn nicht stehlen?

Lono

Zurzeit ist Lono irgendwie antriebslos und demotiviert. Er kommt gar nicht mehr so richtig in Schwung. Zum wiederholten Mal blättert er in seiner stolzen Karriereratgeber-Sammlung, die er sich im Laufe der letzten Jahre angeschafft hat. Denn wann immer ihm ein Kollege dieses oder jenes Buch als Turbo für seine Karriere empfohlen hatte, ist er sofort losgelaufen und hat es sich gekauft. Besser gesagt: Er hat es sich bequem mit nur wenigen Klicks online auf Lamazon bestellt, denn so musste er sich nicht aus seinem allzu bequemen Bürosessel erheben. Viele der Beispiele darin kennt er mittlerweile nahezu auswendig. Die Bücher waren in den letzten Jahren auch wertvolle Begleiter, wenn neue berufliche Herausforderungen anstanden.

Seit fast zehn Jahren ist er der Firma nun treu, die ihn damals direkt nach dem Informatik-Abschluss von der Löwen-Universität zu Löwenstein fest eingestellt hat. Mittlerweile hat er verschiedene Stationen bei Tiger & Meyer durchlaufen und ist zum Abteilungsleiter im IT-Projektmanagement befördert worden. Eigentlich ein guter Ausgangspunkt für den nächsten Karriereschritt. Doch momentan läuft es auch bei Tiger & Meyer nicht so rund, denn ein nächstes großes

© Springer Fachmedien Wiesbaden 2017
S. I. Lackerbauer et al., *Die Löwen-Liga: Fit für die Karriere*,
DOI 10.1007/978-3-658-12138-9_2

Projekt ist noch nicht in Sicht und Lono grübelt: „War es das etwa? Will ich so die nächsten zehn Jahre auch noch weitermachen? Macht meine Arbeit überhaupt Sinn?"

Diese trüben Gedanken kann er eigentlich nur dann vertreiben, wenn er mit beiden Pranken beherzt in seine Süßigkeiten-Schublade greift. Das Rascheln des bunten Schokoladenpapiers ist wie Musik in seinen Ohren, und die zart schmelzenden Leckereien spenden Trost. Lono ertappt sich immer häufiger dabei, dass seine Gedanken um die Snacks kreisen, die er eigentlich für Krisensituationen aufheben wollte. Doch momentan kommt ihm der gesamte Arbeitsalltag wie eine einzige Krise vor: Steife Gelenke, Spannungskopfschmerzen, Rückenbeschwerden und spontane Müdigkeitsanfälle machen es ihm nicht leichter, die öden Tage im Büro zu überstehen. Zwar fühlt er sich unwohl, aber er hat sich mit den Wehwehchen und dem stetig wachsenden Rettungsring in der Löwenleibesmitte arrangiert. „Schließlich bin ich ja kein junger Löwe mehr, sondern schon über 30. Da ist man eben einfach nicht mehr ganz so fit wie mit Anfang 20."

Als er eines Nachmittags wieder einmal nur an Schokolade denken kann, blinkt plötzlich eine Erinnerung in seinem Lionlook-Kalender auf: „8:00 Uhr: Blutabnahme, bitte nüchtern erscheinen. Drei Tage später, am Montag um 15:30 Uhr: Termin bei der Betriebsärztin zum jährlichen Check-up, Besprechung der Blutwerte." Lono spürt, wie sich sämtliche Haare seiner Löwenmähne aufstellen. Auch das noch, den Check-up hatte er ja völlig vergessen! In den letzten paar Jahren hatte er die Termine immer versäumt, weil er entweder auswärtige Kundentermine hatte oder sich schlichtweg mit der Ausrede davor gedrückt hatte, den Termin nachzuholen. Doch diesmal hat er keine Ausrede parat und er weiß, dass er bei der Betriebsärztin Frau Dr. Katzlein ohnehin auf ihrer roten Liste der Gesundheitsverweigerer steht. Zum Trost gönnt er sich noch einen extragroßen Schokoriegel und macht sich lustlos wieder an die Arbeit.

Eine Woche später sitzt Lono ganz kleinlaut im Arztzimmer bei einer aufgebrachten Frau Dr. Katzlein. Wild tigert sie auf und ab, während sie Lono scharf zurechtweist: „Also Herr Lono, als ich Sie das letzte Mal gesehen habe, das war vor … ja, vor sechs Jahren, da sahen Sie aber noch ganz anders aus. Wissen Sie, wie viel Sie seitdem zugenommen haben? Ganze 15 kg Löwenspeck! Bei Ihrer Größe von 1,80 und einem Körpergewicht von aktuell 100 kg ergibt das einen BMI von 29,32! In Ihrem Alter wäre aber ein BMI von rund 24 ideal, ab einem BMI von 30 könnten Sie sogar fettleibig sein [1]! Machen Sie denn gar keinen Sport? Und wie ernähren Sie sich überhaupt? Was ist nur aus dem ranken und schlanken Herrn Lono geworden, den ich hier vor zehn Jahren beim ersten Check-up bei mir sitzen hatte? Und Ihre Blutwerte sind auch nicht in Ordnung." Dr. Katzlein erklärt Lono, dass die erhöhte Harnsäure zu Gichtanfällen führen kann, dass bei seinen Blutzuckerwerten Diabetes drohen könnte und die ungesunden Blutfettwerte Arterienverkalkung und im schlimmsten Fall sogar einen Herzinfarkt zur Folge haben können. Sie macht ihm klar, dass er unbedingt etwas an seiner Lebensweise ändern sollte [2] und empfiehlt ihm ein Gespräch mit Frau Krause-Luchs, der Präventologin, die Tiger & Meyer ihm Rahmen der neuen betrieblichen Präventionsmaßnahmen eingestellt hat. Mit hängenden Ohren schlurft Lono aus dem Arztzimmer und kehrt in sein Büro zurück.

Dort erwartet ihn schon sein Vorgesetzter Herr Müller-Wechselhaft, der einige dicke Aktenordner zu einer Reihe kleinerer Teilprojekte auf seinen Schreibtisch hievt. Lono ist frustriert: Das ist nicht gerade das große neue Traumprojekt, das seine Karriere vorantreiben soll. Deshalb überhört er es völlig, als Herr Müller-Wechselhaft ihm erklärt, dass diese Aufgaben in Vorbereitung auf ein wichtiges Großprojekt erledigt werden müssen, bei dem er – Lono – mit eingebunden werden soll. Denn ein so umfangreiches neues Projekt will gut vorbereitet sein, indem einzelne Teilaufgaben vorab erledigt werden.

Lono hingegen sieht nur, dass die Aufgaben allesamt nicht besonders anspruchsvoll sind, sondern eher lästig – genauso lästig wie sein Gesundheitsproblem. Aber wenigstens hat er jetzt eine Ausrede, warum er sich nicht mit Frau Krause-Luchs treffen kann, weil er doch so viel zu tun hat. „Ganz so schlimm kann es um meine Gesundheit doch gar nicht stehen, schließlich habe ich keine Schmerzen … meistens zumindest", denkt er, wenn seine Gedanken zwischendurch einmal wieder um das Thema Gesundheit kreisen. An manchen Tagen jedoch brütet er vor sich hin und versinkt in negativen Gefühlen: Wie soll er bloß dieses Riesenprojekt „gesunde Lebensweise" in den Griff kriegen? Einmal begeht er den Fehler, seine Ex-Löwenfreundin auf der Online-Plattform Lionlook zu suchen. Auf den Bildern, die sie von sich auf ihrem Profil veröffentlicht hat, ist sie kaum wiederzuerkennen: Rank und schlank posiert sie mit ihren Freundinnen, während sie gesunde Mahlzeiten zubereitet und in knackigen Outfits Sport treibt. Lono bleibt die Löwenspucke weg. Bei der Trennung vor zwei Jahren war sie kein bisschen sportlicher als er selbst – und jetzt müsste

ihr Konterfei im Löwenwörterbuch direkt neben „Sport-
lichkeit" stehen. Vor lauter Staunen bemerkt Lono nicht,
dass eine Werbeanzeige als Foto getarnt auf der Seite auf-
getaucht ist. Als er darauf klickt, öffnet sich plötzlich eine
neue Seite mit Bikini-Löwenmodels und verführerische
Musik erklingt aus den Lautsprechern. Erschrocken springt
Lono auf und reißt dabei den Aktenstapel vom Tisch. Genau in diesem Moment steckt die Teamassistentin Irmgard
Ohnelöwe den Kopf durch die Tür, um ihn an ein Meeting zu erinnern. Hastig und mit hochrotem Löwenkopf
schließt Lono die verräterische Linternetseite und sammelt
die heruntergefallenen Ordner auf. Seine Knie knacksen
dabei bedenklich und sein Rücken protestiert. „Nie wieder Lionbook während der Arbeitszeit", schwört er sich,
während er schwer schnaufend Irmgard Ohnelöwe zum
nächsten Meeting folgt.

In den nächsten Tagen vergräbt Lono sich in seine Arbeit und schiebt das Gespräch weiter vor sich her. Er wartet darauf, dass irgendetwas geschieht, das ihn aus seiner
Lethargie reißen könnte, damit er endlich genug Energie
aufbringen kann, sich um seine Gesundheit zu kümmern.
Doch es ereignet sich nichts Schicksalsträchtiges und auch
sein Löwenbauch schrumpft nicht über Nacht. Der einzige
Lichtblick ist die anstehende Betriebsfeier, bei der alljährlich langjährige Mitarbeiter für ihre Treue oder für besondere Leistungen ausgezeichnet werden. Am Festtag zwängt
Lono sich in seinen eleganten Dreireiher – schließlich will
er bei den Löwinnen einen guten Eindruck machen. Den
gesamten Abend über pendelt er glücklich zwischen dem
leckeren Buffet und der Bar hin und her. Die Party ist ganz
nach seinem Geschmack: es gibt kostenlose Häppchen und

Drinks, und dazu ein ganzes Rudel Single-Löwinnen. Zielsicher steuert Lono auf eine besonders attraktive Löwin zu und nimmt all seinen Mut zusammen, um sie anzusprechen.

„Hallo, Frau Kollegin. Wie lange sind Sie denn schon bei uns?" – „Oh, erst seit gut einem Jahr, aber es gefällt mir sehr gut hier. Und Sie?" Lono wittert seine Chance: Er, der gut vernetzte und erfahrene Löwe kann die Neue bei wichtigen Kollegen vorstellen und sich so profilieren. Zwischendurch holt er sich zur Stärkung immer wieder Nachschub am Buffet, bis er ihren skeptischen Blick bemerkt. „Lieber Herr Lono, Sie können aber ganz schön viel essen, wissen Sie eigentlich, wie viele Kalorien Sie da zu sich nehmen?" Lono bleibt der letzte Bissen vom leckeren Lachsröllchen fast im Hals stecken. Was erlaubt sich diese Löwin denn? Wie kommt sie darauf, ihn zu kritisieren? Lono spürt, wie langsam eine Mischung aus Wut, Scham und Enttäuschung sein Innerstes aufwühlt und er muss sich beherrschen, nicht laut loszubrüllen: „Was denken Sie denn, wer Sie sind? Was geht Sie das denn eigentlich an!" – „Mein Name ist Krause-Luchs, ich bin die Präventologin hier bei Tiger & Meyer, und wenn ich mich recht erinnere, dann hat Frau Dr. Katzlein Ihnen aufgetragen, sich mit mir einmal über Ihr Gesundheitsproblem zu unterhalten. Ich muss Ihnen außerdem leider sagen, dass Ihr Flirtversuch zwar recht charmant war, dass aber Ihr Essverhalten den positiven Eindruck leider sofort wieder zunichte gemacht hat."

Das ist zu viel für Lono. Die Schamesröte schießt ihm ins Gesicht, das Lachsröllchen bleibt ihm im Hals stecken,

Lono hat am Buffet ein wenig über die Stränge geschlagen

er bekommt einen furchtbaren Hustenanfall und zu allem Überfluss reißt auch noch seine Hose am Hintern auf. Während Frau Krause-Luchs auf seinen Rücken einhämmert, schwört er, sich nun doch endlich einmal ernsthaft mit seiner Gesundheit zu beschäftigen.

Kimba

Kimbas Stimmung ist momentan nicht besonders gut. Das überrascht nicht nur sein Umfeld, sondern auch ihn selbst: Normalerweise ist Kimba als stets gut gelaunter, zuvorkommender und energiegeladener Löwe bei Tiger & Meyer bekannt, dem so schnell nichts die Laune vermiesen kann. Sogar die eigene LiPod-Playlist mit seinen Lieblingssongs kann ihn nur kurz aus der Melancholie reißen, die von ihm Besitz ergriffen hat. „Dabei gibt es überhaupt keinen Grund, warum ich nicht gut gelaunt sein sollte. Schließlich feiere ich dieses Jahr mein zehnjähriges Jubiläum bei Tiger & Meyer, das sollte doch ein Anlass zur Freude sein", sinniert er. Es stimmt: Nach wie vor arbeitet Kimba gerne bei der Firma, die ihn damals direkt nach dem Betriebswirtschaftsabschluss von der Löwen-Universität zu Löwenstein fest eingestellt hat. Sein Vorgesetzter Herr Müller-Wechselhaft ist zwar eher von der wortkargen Sorte, hat aber stets an Kimbas Fähigkeiten geglaubt. In den vergangenen Jahren hat er deshalb seine Position im Unternehmen kontinuierlich verbessert und ist vor einiger Zeit zum Abteilungsleiter im Controlling befördert worden. Eigentlich könnte er sich auf dieser Position nun ein Weilchen ausruhen und den Erfolg genießen. Doch das ist so gar nicht Kimbas Art. Stillstand verträgt er nur schlecht. Er ist stets auf der Suche nach einer neuen Herausforderung, um seine Fähigkeiten unter Beweis zu stellen und noch mehr zu lernen. Eine neue große Aufgabe ist bei Tiger & Meyer momentan allerdings nicht in Sicht und Kimba grübelt: „Was kommt jetzt als Nächstes? Weitere Einsparungsmaßnahmen und noch weniger Budget für die Art von innovativen Projekten, für die Tiger &

Meyer doch eigentlich bekannt ist? Hänge ich jetzt etwa für alle Zeiten in der Finanzplanung fest?"

Diese trüben Gedanken kann er momentan nur dann vertreiben, wenn er sich an der High-Tech-Kaffeemaschine in der kleinen Küche neben seinem Büro luxuriöse Heißgetränke gönnt: Latte Macchiato mit Zimtzucker, Cappuccino mit einer Kakaokrone auf dem Milchschaum, heiße Schokolade mit leckeren Schokostückchen. Das warme Getränk vermittelt ihm Trost und Gemütlichkeit, außerdem vergehen beim Gang zur Kaffeemaschine die langweiligen Stunden im Büro schneller. Kimba ertappt sich immer häufiger dabei, dass seine Gedanken um die süßen Verführungen kreisen; fast stündlich braucht er seinen kleinen Koffein-und-Zucker-Kick. Denn momentan macht ihn der gesamte Arbeitsalltag nur noch müde: Schwere Glieder, völlig grundlose Erschöpfung, monotone Aufgaben drücken auf sein Gemüt und ab und zu krampfen sogar seine Waden und Pfoten – das macht es nicht einfacher, die gleichförmigen Tage im Büro zu überstehen. Zwar fühlt er sich unwohl, aber er hat sich mit den Wehwehchen und dem stetig wachsenden Rettungsring in der Löwenleibesmitte arrangiert. „Schließlich bin ich ja kein junger Löwe mehr, sondern schon über 30. Da ist man eben einfach nicht mehr ganz so fit wie mit Anfang 20."

Als er eines Nachmittags wieder einmal nur an den nächsten Koffeinkick denken kann, blinkt plötzlich eine Erinnerung in seinem Lionlook-Kalender auf: „8:00 Uhr: Blutabnahme, bitte nüchtern erscheinen. Drei Tage später, am Montag um 16:30 Uhr: Termin bei der Betriebsärztin zum jährlichen Check-up, Besprechung der Blutwerte." Kimba ist davon wenig begeistert, doch er weiß, wie wichtig der jährliche Check-up ist. Letztes Jahr hat er ihn wegen eines Projektes im Ausland zwar versäumt, aber in den Jahren zuvor war Frau Dr. Katzlein mit seinen Werten nicht unzufrieden gewesen. Bei der Blutabnahme tags darauf runzelt sie jedoch die Stirn, als sie Kimbas wohlgenährten Löwenbauch erspäht, der sich unter seinem Hemd wölbt. „Na, Herr Kimba, in den letzten zwei Jahren haben Sie aber nicht besonders auf sich geachtet, oder?"

Die Bemerkung der Ärztin lässt Kimba in den nächsten Tagen nicht mehr los. Während er auf den Tag des Check-ups wartet, beobachtet er deshalb seine Kollegen ein wenig genauer: Wie kommen sie zur Arbeit? Was essen sie? Wer sieht wie fit aus? Erschrocken stellt er fest, dass viele der Löwen bei Tiger & Meyer in letzter Zeit ein wenig zugelegt haben. Einige Kollegen fallen hingegen völlig aus dem Rahmen: Da wäre zum Beispiel der Kollege Robert Kraustiger aus der IT, der ungefähr zur selben Zeit bei Tiger & Meyer angefangen hat wie Kimba selbst. Bei einem Gespräch in der Kantine erzählt Kraustiger stolz, dass er nun seit fast zwei Jahren an verschiedenen Hindernisläufen teilnimmt und sich so fit hält. Statt Pasta schaufelt er sich Berge von Thunfisch, Hülsenfrüchte und knackigem Gemüse auf den Teller. Mit vollem Mund grinsend berichtet er, dass er nun endlich die 90-Kilo-Marke geknackt hat. „Du hast abgenommen? Herzlichen Glückwunsch!", freut sich Kimba. Daraufhin muss Kraustiger dermaßen laut lachen, dass er sich an seinem Salat verschluckt und ihm sogar ein paar Bröckchen aus der Schnauze fallen. „Aber nein, Kimba! Ich habe endlich zugenommen! Als Sportler wiegt man immer mehr als die anderen, auch wenn es nicht danach aussieht. Ich wollte unbedingt Muskelmasse aufbauen. Das hört sich paradox an, aber zuzunehmen ist für jemanden wie mich weitaus schwieriger als abzunehmen." Auch Herr Müller-Wechselhaft, mittlerweile Ende vierzig, sieht erstaunlich fit aus für sein Alter. Kimba weiß, dass sein Chef jeden Tag mit dem Fahrrad zur Arbeit fährt und in seiner Freizeit gerne mit einem ultramodernen Rennrad in standesgemäßem Outfit durch die Landschaft rast. Gerüchten zufolge rasiert Müller-Wechselhaft sich sogar die Beine. Über den Grund streiten sich die Kollegen jedoch: Manche behaupten, damit wolle er seinen Luftwiderstand verringern; andere wiederum erklären mit altkluger Miene, dass ein Radfahrer sich dann die Beine rasieren dürfe, wenn er eine bestimmte Anzahl an Kilometern gefahren sei. Und dann wäre da noch die Teamassistentin Iris Löwel, die ihm von einem Fitnessurlaub vorschwärmt, bei dem sie eine Vielzahl angesagter Trendsportarten ausprobieren konnte. „Aber die meisten Kollegen sehen eher so aus, als würden sie Jahresringe sammeln", zieht Kimba nach seinen Beobachtungen ein abschließendes Fazit. „Fragt sich nur, ob ich auch dazu gehören will – eigentlich nicht."

Beim Check-up-Termin sitzt Kimba zunächst ganz kleinlaut im Arztzimmer von Frau Dr. Katzlein: Sie schimpft mit ihm, weil er einige Kilos zusätzlichen Löwenspeck mit sich herumschleppt, sich zu wenig bewegt und weil seine Blutwerte nicht in Ordnung sind. „Naja," versucht Kimba sich zu verteidigen, „aber der Kollege Robert Kraustiger wiegt sogar noch mehr als ich, waren Sie denn mit ihm genauso streng?" Frau Dr. Katzlein schüttelt den Kopf. „Nein, denn der Kollege hat dank Sport und gesunder Ernährung kein Fett, sondern fettfreie Masse – also Muskeln – aufgebaut. Deshalb spannt bei Herrn Kraustiger das Hemd auch nicht am Bauch, sondern an der Brust und am Bizeps. Muskeln wiegen bei kleinerem Volumen mehr, deshalb ist es nicht ungewöhnlich, dass Sportler viel wiegen. Man verlässt sich auch schon lange nicht mehr nur auf den BMI, sondern schaut sich auch die Figur an. Der Bauchumfang ist zum Beispiel ein Indiz dafür, ob jemand gesundes oder ungesundes ‚Übergewicht' mit sich herumschleppt [3]. Da müssen wir bei Ihnen einige Zentimeter loswerden. Bei einem Löwen sollten es nicht mehr als 94 cm sein, bei einer Löwin nicht mehr als 80 cm. Momentan liegen Sie bei 100 cm." Das muss Kimba erst einmal verdauen. Dr. Katzlein drückt ihm die Durchwahl der Präventologin Frau Krause-Luchs in die Pfote und ringt ihm das Versprechen ab, dass er sich schnell mit ihr in Verbindung setzt, um all seine weiteren Fragen zu beantworten und die Bauchumfangsproblematik anzugehen. Er solle unbedingt wieder zu einer gesunden Lebensweise zurückfinden, um chronischen Krankheiten vorzubeugen.

Doch in seinem Büro erwartet ihn erst einmal sein Vorgesetzter Herr Müller-Wechselhaft, der einige dicke Aktenordner zu einer Reihe kleinerer Teilprojekte auf seinen Schreibtisch hievt. Kimba ist zunächst nicht begeistert. Aber als Herr Müller-Wechselhaft ihm erklärt, dass diese Aufgaben in Vorbereitung auf ein wichtiges Großprojekt erledigt werden müssen, bei dem er – Kimba – mit eingebunden werden soll, macht Kimba sich sogleich an die Arbeit. „Irgendwie ist das mit den Teilaufgaben ja genauso wie mit der gesunden Lebensweise: Ein riesengroßes Projekt, für das viele kleine Teilaufgaben erledigt werden müssen." Und Kimbas erste Aufgabe in seinem Gesundheitsprojekt besteht darin, einen Termin mit Frau Krause-Luchs auszumachen.

Einige Tage später ist es soweit: Kimba hat noch ein paar Gesundheitsthemen im Linternet recherchiert und bestürmt Frau Krause-Luchs mit einer ganzen Bataillon an Fragen. Die Beraterin ist begeistert: „Also Herr Kimba, ich finde es toll, dass Sie erkannt haben, dass Sie etwas in ihrem Leben ändern müssen. Die meisten, die Frau Dr. Katzlein zu mir schicken, haben nämlich noch gar nicht verstanden, dass ihre Gesundheit auf dem Spiel steht und dass nur sie es in der Pfote haben, daran etwas zu ändern. Dabei geht es nicht nur um Übergewicht, sondern auch um Stress, Depression, stabile soziale Kontakte und eine allgemeine Balance im Leben. Daran werden wir gemeinsam auch bei Ihnen arbeiten und Sie so wieder zu einem gesünderen und glücklicheren Löwen machen. Alle körperlichen Beschwerden können nämlich auch damit zusammenhängen, dass man sich im Job über- oder unterfordert fühlt, oder keinen passenden Ausgleich in der Freizeit hat."

Kimba muss zugeben, dass die Ausführungen von Frau Krause-Luchs zutreffen: Weil er in letzter Zeit wenige spannende Aufgaben zu erledigen hatte, tröstete er sich immer häufiger mit leckeren Kaffee-Kalorienbomben, wurde träge und konnte sich zu gar nichts mehr aufraffen. Die Präventologin gibt ihm ein paar Tipps, wie er sofort damit anfangen kann, die ersten kleinen Schritte in die richtige Richtung zu machen: „Machen Sie jeden Tag einen Spaziergang, 30 min wären gut für den Anfang. Diese 30 min müssen Sie noch nicht einmal zwingend an einem Stück gehen. Steigen Sie zum Beispiel vor der Arbeit früher aus der U-Bahn aus, drehen Sie in der Mittagspause eine Runde oder gehen Sie nach Feierabend bei sich zu Hause noch eine Runde um den Block, bevor Sie Ihre Wohnung betreten. Und verzichten Sie abends möglichst auf Kohlehydrate, oder ersetzen Sie ein deftiges Abendessen auch mal durch eine schöne heiße Brühe. Ihr Körper braucht abends nicht mehr so viel Energie und der Magen darf durchaus auch mal knurren. – Wir modernen Löwen haben leider teilweise schon verlernt, wie sich richtiger Hunger anfühlt: Nämlich ganz anders als der bloße Appetit auf etwas."

Natürlich macht Kimba nicht gerade Luftsprünge vor Begeisterung, als er die ersten Spaziergänge macht und das erste Mal seit Langem wieder richtigen Hunger verspürt, oder sich durch die dicken Aktenordner von Müller-Wechselhaft quält. Aber als ein paar Tage später die alljährliche Betriebsfeier ansteht, ist er am Ende des Abends richtig stolz auf sich: Am Büffet hat er fast nur von den proteinreichen Häppchen genascht, sich auf nur ein alkoholisches Getränk beschränkt und sogar tagsüber weniger seiner heißgeliebten Kaffeespezialitäten genossen. „Ein kleiner erster Schritt – jetzt will ich auch weitermachen", denkt er zufrieden. Schade findet er nur, dass er Frau Krause-Luchs an dem Abend nicht von seinem kleinen Erfolg erzählen konnte. Er hat sie nur kurz erspähen können, als sie energisch auf den Rücken eines Kollegen einhämmerte, dem wohl ein Häppchen in den falschen Hals gerutscht war.

Schon beim ersten Spaziergang merkt Kimba: Bewegung tut gut!

Quellen

1. Diese Löwen-Werte gelten auch für den Menschen. Siehe auch: http://www.adipositas.org/diagnose
2. http://www.spiegel.de/wissenschaft/mensch/neue-studie-uebergewichtige-leben-nicht-immer-gefaehrlich-a-571545.html
3. http://der-dicke-bauch.de/buch/gesundheit-messen-mit-dem-zentimetermass.htm

3

Auch Löwen haben einen Schweinehund

Lono

Lono hat mittlerweile endlich eingesehen, dass er etwas an seinem Lebensstil ändern muss, um seine ohnehin schon angeschlagene Gesundheit nicht noch weiter aufs Spiel zu setzen. Nach einer anstrengenden Arbeitswoche liegt er deshalb am Freitagabend grübelnd auf seinem bequemen Sofa. Eigentlich wollte er ja heute endlich einmal wieder Sport treiben. Genauso wie gestern. Und vorgestern und die Tage zuvor. Aber am Montag hat ein Meeting bis 19 Uhr gedauert – danach hatte er einfach keine Lust mehr, sich noch einmal aufzuraffen. Am Dienstag war er zwar schon um 18 Uhr zu Hause, aber die Couch sah einfach zu verlockend aus. Aus dem „Ich setze mich nur fünf Minuten hin, dann gehe ich zum Sport" wurde ein „Ich schaue nur kurz noch die Nachrichten, dann gehe ich zum Sport"; am Ende waren aus den fünf Minuten dann fünf Stunden geworden und Lono ist sogar auf dem Sofa ins Reich der Träume entschwunden. Am Mittwoch hat er zwar die Couch ignoriert, doch seine alten und ausgetretenen Sportschuhe waren unauffindbar. Am Donnerstag war er so genervt von den wöchentlichen Meetings, dass er sich mit einem Eisbecher trösten musste. Und heute, am Freitag, fühlt er sich einfach

© Springer Fachmedien Wiesbaden 2017
S. I. Lackerbauer et al., *Die Löwen-Liga: Fit für die Karriere*,
DOI 10.1007/978-3-658-12138-9_3

müde und erschöpft – wie soll er denn da noch Leistung im Sport bringen?

Die darauffolgende Woche beginnt auch nicht viel besser für Lono, den das schlechte Gewissen am Montag besonders plagt: Er hat am Wochenende beim Ausgehen und beim Brunch mit seinen Freunden wieder einmal etwas über die Stränge geschlagen und den guten Vorsatz nach mehr Bewegung weit von sich geschoben, als er pappsatt auf seinem Sofa in den Sonntagnachmittag hineindöste. „Was habe ich mir da nur für einen inneren Schweinehund herangezüchtet, der mich so im Griff hat", denkt er betrübt, als er sich am Montag den anstehenden Aufgaben widmet. Die ganze Woche über versucht er, wenigstens im Büro doppelt so viel zu leisten. Denn wer weiß, vielleicht verbrennt man ja bei ausreichend geistiger Anstrengung und wildem In-die-Tastatur-Hauen auch ein paar Kalorien extra? Lono legt sich ins Zeug: Sein Puls schießt in die Höhe und er brennt förmlich vor Tatendrang. Im Stakkato sendet – nein, schießt – er Mails in alle Richtungen ab, bearbeitet offene Anfragen und erfreut sich an seiner Geschäftigkeit. Der hohe Level an geistiger Anstrengung hat auch zur Folge, dass sein Löwenmagen deutlich lauter knurrt als sonst. „Wenn ich mich doppelt so sehr anstrenge, dann verbraucht mein Gehirn jetzt bestimmt doppelt so viel Energie [1]. Also kann ich auch doppelt so viel essen!", frohlockt er und schlägt sich den Bauch in der Kantine voll. „Und Sport muss ich dann ja auch nicht mehr treiben. Wenn ich mich bei der Arbeit ordentlich anstrenge und ein bisschen weniger esse, dann werde ich meine überflüssigen Kilos bestimmt auch so los."

Gegen Ende der Woche ruft die Präventologin Frau Krause-Luchs in Lonos Büro an, um sich nach seinem sportlichen Fortschritt zu erkundigen: „Lieber Herr Lono, haben Sie denn meine Ratschläge beherzigt und tun jetzt ein bisschen mehr für sich und Ihre Gesundheit?" – „Nun ja, momentan ist einfach wahnsinnig viel zu tun, da komme ich gar nicht dazu. Aber seien Sie unbesorgt, Frau Krause-Luchs, ich strenge mich zur Zeit wirklich sehr an. Mein Gehirn läuft jeden Tag auf Hochtouren, da verbrenne ich doch automatisch mehr Kalorien. Und ich habe auch viel mehr Hunger als sonst. Das muss doch heißen, dass ich auch mehr essen kann und trotzdem abnehme, oder?"

Am anderen Ende der Leitung ist es kurz still, dann raschelt es, als Frau Krause-Luchs in ihren Unterlagen blättert. „Herr Lono, da muss ich Sie leider enttäuschen: So einfach geht das nicht. Geistige Leistung kann die körperliche Aktivität nicht ersetzen. Selbst wenn Sie 24 h am Tag hochkomplexe Probleme lösen würden und Ihr Gehirn auf Hochtouren liefe – selbst dann könnten Sie nicht so viele Kalorien verbrennen, dass Sie bei Ihrem momentanen Lebensstil abnehmen. Ihr Gehirn verbraucht nämlich im aktiven Zustand nicht viel mehr Kalorien als beim Nichtstun. Geistige Anstrengung verursacht aber Stress im Körper – der nicht zwingend negativ sein muss. Dabei verbraucht das Gehirn Zucker, also Kohlenhydrate, und deshalb signalisiert der Körper Ihnen ein Hungergefühl. Wenn Sie sich dann den Bauch vollschlagen, nehmen Sie im Endeffekt mehr zu sich, als Ihr Körper eigentlich brauchen würde. Die Energie, die Ihr ganzer Körper im Ruhezustand braucht, nennt man den ‚Grundumsatz'. Ihr Gehirn verbraucht zwar in etwa 20 % Ihres Gesamtbedarfes, aber der Bedarf Ihres Gehirns bleibt ungeachtet der Aktivität immer relativ konstant. Eine Stunde geistige Arbeit verbraucht also so gut wie keine zusätzlichen Kalorien – eine Stunde Sport hingegen im Schnitt 500 Kalorien. Sie sehen also, ganz ohne Bewegung wird es auch bei Ihnen nicht funktionieren."

Diese Ansage muss Lono erst einmal verdauen. „Aber warum bin ich dann abends so müde und erschöpft, wenn ich den ganzen Tag lang geistig gearbeitet habe und doch keine Extrakalorien verbraucht habe? Ich bin manchmal so kaputt, dass sogar der Weg von der Couch ins Bett zu anstrengend ist. Wie soll ich denn da noch Sport treiben?"

„Natürlich ist Ihr Blutzuckerspiegel nach einem harten Tag im Büro am Boden, weil Ihr Gehirn so viel Zucker – also Glukose – verbraucht hat. Aber die Erschöpfung spielt sich auch größtenteils im Kopf ab. Es braucht nur den richtigen Motivationsschub, um diese Hürde im Kopf zu überwinden: Wenn Sie sich einmal in Bewegung setzen, dann stellt sich der Körper automatisch auf die andere Belastung ein und greift auf die Energiereserven in Ihren Kohlehydratspeichern zurück. Wenn Sie es richtig anstellen, dann zehrt er danach von den Fettreserven, sobald die Kohlehydratspeicher leer sind. Außerdem schüttet er gleichzeitig Glückshormone aus und der Stoffwechsel wird aktiviert. Der innere Schweinehund sitzt im Kopf und nicht in den Beinen!"

Das alles leuchtet Lono zwar ein, aber es gefällt ihm gar nicht. Sein schlechtes Gewissen nagt wieder an ihm und er steigert sich in seine Unzufriedenheit hinein. Noch dazu warten vor dem Wochenende ein paar lästige Aufgaben auf ihn, die er in den letzten Tagen vor sich hergeschoben hat: Es ist Quartalsabschluss, die Budgetplanung und Umsatz-Forecasts für das nächste Jahr müssen überarbeitet werden, und die unterschiedlichen Ansprüche der einzelnen Abteilungen wollen berücksichtigt werden. Von einem Motivationsschub kann er momentan nur träumen. Statt sich also an die großen Aufgaben heranzuwagen, wühlt er lieber in seinen Aktenschränken, verschiebt Lionmails in Unterordner und entrümpelt seinen PC. Nachdem das ein paar Stunden lang so gegangen ist, hält Lono inne und sieht sich in seinem Büro um. Der unaufgeräumte Schreibtisch, die muffige Luft und sein zerknitterter Anzug tragen nicht gerade dazu bei, dass er sich beim Arbeiten wohlfühlt. Sein Büro erinnert Lono an den Zustand seiner Sportsachen, die in der hintersten Ecke seines Kleiderschranks seit Jahren ein tristes Dasein führen: Ausgelatschte Turnschuhe mit verdreckten Sohlen, labbrige und löchrige T-Shirts, ausgewaschene Jogginghosen. Wenn er auch nur an diese Outfits denkt, fühlt er sich schon unwohl. Und damit in einen Sportverein oder in ein Fitnessstudio gehen? Da würde er vor Scham im Boden versinken. Also arbeitet er lustlos vor sich hin und zweifelt daran, ob er sich jemals wird aufraffen können, um dem Schweinehund den Kampf anzusagen.

Anstatt die Dinge endlich anzupacken, surft Lono also lieber wieder im Linternet herum. Eine Suchanfrage nach „Schnell ohne Sport abnehmen" spuckt Millionen und Abermillionen Ergebnisse aus. Fasziniert liest Lono von Diätpillen, die dem Löwenspeck binnen weniger Tage den Garaus machen können. Sofort zückt er begeistert seine LionCard und will eine Großpackung bestellen – doch plötzlich meldet sich die Tiger & Meyer'sche Anti-Viren-Software und meldet, dass die Website des Diätpillenanbieters verseucht ist! Panisch schließt Lono das Fenster und löscht den Eintrag in seiner Linternet-Historie. Nach diesem Schock begibt er sich auf bekanntes Terrain und liest in den folgenden Tagen viele Artikel auf den Linternetseiten bekannter Zeitungen und Zeitschriften, die gerade jetzt im Frühling jeden Tag neue Sport- und Abnehmtipps veröffentlichen. Lono ist allerdings scheinbar immun gegen die guten Ratschläge: Mit dem Rad zur Arbeit? „Das ist mir zu anstrengend." Selbst Essen ins Büro mitnehmen? „Ich kann doch gar nicht kochen." Dreimal die Woche Sport treiben? „Wer hat denn dafür schon Zeit?", brummt Lono und sucht in einer Riesenpackung Kekse Trost. Doch das Zaudern nimmt ein jähes Ende. Kurz vor Feierabend am Freitag bekommt er eine Lionmail von der Betriebsärztin Dr. Katzlein: Sie hat für ihn ein Fitnessstudio in der Nähe seiner Wohnung herausgesucht und sogar die Telefonnummer in die Lionmail kopiert, so dass er nur noch anrufen muss, um einen Termin für eine Führung durch die Räumlichkeiten zu vereinbaren. Diesen Wink mit dem Zaunpfahl kann selbst Lono nicht ignorieren. Also ruft er dort an und lässt sich auf Sonntagmittag festnageln.

Der innere Schweinehund hat Lono fest im Griff

Kimba

Kimba hat bereits den festen Entschluss gefasst, dass er etwas an seinem Lebensstil ändern möchte. „Dr. Katzlein sagt zwar, dass ich etwas ändern ‚muss‘, aber für mich fühlt es sich richtiger an, wenn ich sage, ich ‚will‘ etwas ändern. Nämlich aus eigener Kraft und weil ich weiß, dass es für den

Erhalt meiner Gesundheit wichtig ist, langfristig zu denken und meinem Körper etwas Gutes zu tun. Schließlich wäre es für meine Karriere bei Tiger & Meyer auch nicht gerade förderlich, wenn ich sämtliche Anstrengungen jetzt einstellen und mich nur noch bequem zurücklehnen würde. Mein Leben und mein Vorankommen habe nur ich in der Hand." Doch die Arbeitswoche hat sich als so anstrengend erwiesen, dass Kimba die Ruhe am Wochenende wirklich nötig hat. Müde liegt er am Sonntagabend auf seinem Sofa und analysiert seine Situation: „Ich bin wohl auch deshalb so erschöpft, weil ich körperlich einfach nicht in einer guten Verfassung bin. Das wird sich allerdings nicht ändern, wenn ich meinen Löwenpo nicht von der Couch hochbekomme und mich mehr bewege. Mein Kopf weiß ganz genau, dass das so ist. Aber trotzdem liege ich hier und kann mich nicht aufraffen. Wie ist es nur möglich, dass der innere Schweinehund mich dermaßen im Griff hat? Es muss mir doch irgendwie gelingen, ihn auszutricksen. Andere schaffen es doch auch."

Am Montag widmet er sich den anstehenden Aufgaben und beschließt, dafür wenigstens im Büro doppelt so viel zu leisten. Außerdem nimmt er sich vor, in der Kantine mittags weniger als sonst zu essen: Das „Friss-die-Hälfte"-Prinzip hatte seine Löwenmutter auch oft angewendet, wenn sie ein paar leckere Schokopralinen zu viel gegessen hatte. „Die landen immer direkt an meiner Hüfte, ich könnte sie mir gleich dort festkleben, anstatt sie zu essen", pflegte sie in solchen Momenten zu sagen. Als der kleine Kimba sich daraufhin eines Tages eine ganze Pralinenschachtel ins Fell an seiner Leibesmitte geschmiert hatte, fand sie das leider gar nicht komisch. Kimba haut fleißig in die Tasten und der hohe Level an geistiger Anstrengung hat zur Folge, dass sein Löwenmagen deutlich lauter knurrt als sonst. „Oha, so viel Hunger hatte ich schon lange nicht mehr. Jetzt nur eine halbe Portion essen und davon auch noch satt werden, das dürfte nicht einfach sein ...", denkt er und merkt, wie ihm das Wasser in der Schnauze zusammenläuft. Sein sportlicher Kollege Robert Kraustiger holt ihn zum Mittagessen ab. Kimba erzählt ihm sogleich von seinem „Friss-die-Hälfte"-Plan. Denn indem er sein Vorhaben laut ausspricht, wird es durch die Kontrolle seines Kollegen noch verbindlicher und er ist gewillt, sich daran zu halten.

Kraustiger klopft ihm schmunzelnd auf den Rücken. „Mein lieber Kimba, das ist zwar im Prinzip eine gute Idee. Aber wichtig ist, dass du am Ende satt bist und dass deinem Körper ausreichend ‚Brennmaterial‘ zur Verfügung steht, um dich in den nächsten Stunden mit Energie zu versorgen. Je länger dein Bauch mit der Verdauung beschäftigt ist, desto länger dauert es auch, bis du wieder Hunger verspürst. Also gib ihm nicht einfach zu wenig zu essen, sondern lieber die richtigen Sachen!" Kimba seufzt. Es war zu schön, um wahr zu sein. Erstaunt beobachtet er, wie Robert Kraustiger seine Riesenportion Gemüse, Hülsenfrüchte, Thunfisch und zum Nachtisch Magerjoghurt mit Früchten verdrückt. „Wie viel Energie braucht mein Körper eigentlich? Und wo bringst du diesen ganzen Haufen Essen in deinem Bauch nur unter? Warum nimmst du nicht zu?" Kraustiger grinst und lehnt sich wohlgesättigt zurück. „Also, mein lieber Kimba. Deinen Grundumsatz in Kalorien berechnest du wie folgt [2]: Dein Körpergewicht in Kilogramm, multipliziert mit 24 h und mit dem geschlechtstypischen Verbrauch in Kilojoule. 3,5 bei Löwinnen und 4,2 bei Löwen. Bei einem Gewicht von 80 kg sind das 8064 Kilojoule. Ein Kilojoule sind 4,2 Kilokalorien, also sind 8064 geteilt durch 4,2 ungefähr 1927 Kilokalorien. So viel verbraucht dein Körper als Grundumsatz, um sämtliche wichtigen Stoffwechselfunktionen aufrechtzuerhalten. Dazu kommt dann noch der sogenannte Leistungsumsatz. Das sind die Kalorien, die bei körperlicher Anstrengung oder beim Sport zusätzlich verbraucht werden. Eine Stunde Sport verbrennt im Durchschnitt 500 Kalorien, wenn man wirklich ins Schwitzen kommt, aber ohne sich völlig zu überlasten. Außerdem ist nicht jeder 80-Kilo-Löwe gleich: Es kommt auch auf den Körperfettanteil an. Ein sportlicher Löwe mit 80 kg kann 15 % Körperfett haben, ein unsportlicher 30 % und sogar noch mehr. Außerdem haben Muskeln noch einen entscheidenden Vorteil: Je mehr man davon hat, desto höher ist der eigene Grundumsatz, weil Muskeln auch im Ruhezustand zusätzliche Kalorien verbrennen und der Körper mehr Energie aufwenden muss, um Muskeln aufzubauen oder nach dem Sport wieder zu reparieren. Sportler dürfen und müssen sogar mehr essen, sonst baut ihr Körper die Muskeln wieder ab. Und wie gesagt: Bei der Kalorienaufnahme zählt nicht nur die Quantität, sondern auch die Qualität der Kalorien. Es macht einen großen Unterschied, ob ich meinen Tagesbedarf mit Schokolade und Eis decke oder mit guten Kohlehydraten, Fetten und Proteinen."

Kimba schwirrt der Kopf. Die Sache mit der Ernährung ist ja eine richtige Wissenschaft! Außerdem hat er sich noch nie damit beschäftigt, wie viele Kalorien die einzelnen Lebensmittel haben. „Und wie viele Kalorien waren in deinem Riesenberg Salat und Gemüse jetzt genau drin?" – „Du wirst staunen, diese Riesenportion hatte ungefähr 800 Kalorien, das ist genauso viel wie deine halbe Portion Nudeln mit Käsesauce und Speck. Aber im Gegensatz zu dir bin ich jetzt richtig satt. Du siehst so aus, als könntest du glatt nochmal eine solche Portion essen." Jetzt verschlägt es Kimba endgültig die Sprache. Das alles leuchtet ihm zwar ein, aber es gefällt ihm gar nicht. Zurück an seinem Arbeitsplatz nagt das schlechte Gewissen wieder an Kimba und er steigert sich in seine Unzufriedenheit hinein. Noch dazu warten vor dem Wochenende ein paar lästige Aufgaben auf ihn, die er in den letzten Tagen vor sich hergeschoben hat. Momentan fehlt ihm der rote Faden, an dem er sich normalerweise entlanghangelt, um seine Aufgaben sinnvoll zu priorisieren und strukturiert zu erledigen. Außerdem hat er tatsächlich schon wieder Hunger – ganz so, wie Robert Kraustiger es vorhergesagt hatte. Etwas planlos durchwühlt er seine Unterlagen und beantwortet eher unwichtige Lionmails, um sich von seinem knurrenden Magen abzulenken. „Jetzt bloß nicht schwach werden", denkt er fieberhaft und muss dabei nur noch mehr ans Essen denken.

Mit einem Mal hält Kimba inne und atmet tief durch. Das ziellose Arbeiten an Aufgaben, die völlig aus dem Zusammenhang gerissen sind, trägt nicht gerade dazu bei, dass er sich wohlfühlt. Zusammen mit dem Hunger ergibt das eine Kombination, die jede Motivation nur im Keim ersticken kann. „Mir fehlt nicht nur im Job der rote Faden, sondern auch hinsichtlich meiner Ernährung", gesteht er sich ein. Die Gespräche mit Dr. Katzlein, Frau Krause-Luchs und Robert Kraustiger waren zwar hilfreich, aber er kann daraus für sich keine Handlungsstrategie ableiten. Kimba beschließt, sich der Reihe nach den einzelnen Problemen zu widmen. Der erste Punkt auf seiner Agenda für den Nachmittag ist ein rascher Blick auf die Uhr. Erfreut stellt er fest, dass die Kantine noch eine halbe Stunde lang geöffnet ist. Rasch macht er sich auf den Weg dorthin und stellt sich ein gesundes zweites Mittagessen zusammen, das ihn endgültig satt machen soll: Salatblätter, Rohkost und Kräuter mit Gewürzen, Essig und einem Löffel Öl. Nachdem er die Mahlzeit verschlungen hat, nimmt er sich die Zeit, seinen Arbeitsplatz wieder ansprechend zu gestalten: Er räumt auf, lüftet und kämmt sich sogar die wild verwuschelte Löwenmähne. Der Anblick des ordentlichen Arbeitsplatzes motiviert ihn, so dass er seine Abneigung gegen die langweiligen administrativen Aufgaben überwindet und sich an den ungeliebten Arbeitsberg heranwagt. In den nächsten Tagen gehen ihm die Dinge wieder etwas leichter von der Hand und er vereinbart mit sich selbst Termine, zu denen er bestimmte Einzelaufgaben erledigt haben möchte. So findet er wieder seinen roten Faden und spornt sich dazu an, die Arbeit zu erledigen, ohne sich dafür von anderen unter Druck gesetzt zu fühlen. Es macht ihm sogar Spaß, wichtige Aufgaben auf bunte Notizzettel zu schreiben, die er sich gut sichtbar an den Bildschirm klebt, so dass sie ihn morgens sofort anspringen.

Während er so vor sich hinarbeitet, überlegt Kimba, ob er mit dieser Strategie auch den anderen großen Berg in seinem Leben bezwingen kann, den Ich-will-gesünder-leben-Berg. Ihm fällt wieder ein, wie schlecht er sich am vergangenen Wochenende gefühlt hat, weil er es nicht schaffte, sich gesünder zu ernähren und mehr zu bewegen. Denn auf Anraten von Frau Krause-Luchs abends auf Kohlehydrate zu verzichten und spazieren zu gehen, das sind nur die ersten kleinen Schritte. „Ich muss diese Negativspirale irgendwie durchbrechen. Wenn ich immer nur darüber nachdenke, wird meine Laune ständig schlechter und ich bekomme immer weniger Lust, tatsächlich damit anzufangen. In meinem Kopf hat sich eine richtige Blockade aufgebaut." Kimba beschließt, seinem inneren Schweinehund den Kampf anzusagen und sich selbst in die Pflicht zu nehmen, um die sportliche Herausforderung endlich anzugehen. Noch am selben Abend findet er via Loogle ein Fitnessstudio, das ganz in der Nähe seiner Wohnung liegt und vereinbart für kommenden Sonntagnachmittag einen Termin, um sich die Räumlichkeiten zeigen zu lassen.

Dann krempelt er die Ärmel hoch und setzt strategische Maßnahmen ein, um seinen inneren Schweinehund auszutricksen. Zuerst einmal klopft er sich selbst ganz bewusst auf die Schulter: Der Termin im Fitnessstudio ist der nächste kleine Schritt auf dem Weg zu seinem großen Ziel. „Es macht ja gar keinen Sinn, dass ich mich jetzt noch mit dem schlechten Gewissen der vergangenen Wochen herumplage. Jetzt greife ich an!" Dann schnappt er sich ein Blatt Papier und notiert darauf ein Wort: COMMITMENT. Wörtlich übersetzt bedeutet es: das „Sich-Verpflichten" [3]. Im Studium hat Kimba gelernt, dass Commitment aber weitaus mehr ist, nämlich eine Form der langfristigen, durch Einstellung und Verhalten geprägten Bindung an ein Unternehmen [4] – beziehungsweise an ein Ziel. Und dieses Commitment besteht aus mehreren Komponenten, die Kimba nun auf seine Strategie überträgt: So möchte er sich selbst mit ein wenig positivem Druck den nötigen Schubs geben und seinen inneren Schweinehund überwinden.

Als Erstes widmet er sich dem **rationalen Commitment**, das mit Kosten verbunden ist. Wenn er am Sonntag eine

Mitgliedschaft im Fitnessstudio abschließt, dann gibt es diese natürlich nicht umsonst. Und natürlich möchte er für das investierte Geld auch etwas bekommen. Ein weiterer Kostenfaktor ist die Zeit, die in den Sport investiert werden will. Die 30 min Spaziergang pro Tag hat er unter der Woche ganz gut in seinen Alltag integrieren können, also sollte auch für etwas mehr Sport vor oder nach der Arbeit genug Zeit sein.

Die zweite Komponente heißt **affektives Commitment**. Anders ausgedrückt handelt es sich dabei um die emotionale Bindung an eine Marke oder ein Unternehmen. Kimba kann sich mit den Werten von Tiger & Meyer identifizieren und geht insgesamt auch nach zehn Jahren noch gerne ins Büro. Also will er versuchen, dieses Wohlgefühl auch auf die Umgebung zu übertragen, in der er künftig Sport machen möchte. Apropos Sport machen – wo waren doch gleich noch seine Sportsachen? Kimba wühlt in seinem Kleiderschrank und findet in der hintersten Ecke ein Paar ausgelatschte Turnschuhe, ausgebeulte Jogginghosen und ausgewaschene T-Shirts. Der Anblick löst nicht gerade eine positive emotionale Bindung in Kimba aus und er beschließt, sich noch vor dem Termin im Fitnessstudio ein neues Sport-Outfit zu kaufen. Er will doch wenigstens ordentlich aussehen, wenn er schwitzend und hechelnd die ersten Sporteinheiten seit Langem absolviert.

Drittens denkt Kimba über das **normative Commitment** nach. Dabei schwingt eine moralische Verpflichtung mit, etwa Loyalität dem Unternehmen gegenüber. Aber wie soll er das nun auf den Sport übertragen? Schließlich fallen ihm dazu zwei Dinge ein: Erstens könnte er eine neue Sportart erlernen, zum Beispiel einen Mannschaftssport.

Das würde ihn dazu ermutigen, seinem Team gegenüber loyal zu sein und keine Trainingseinheit zu verpassen. Denn nur gemeinsam kann eine Mannschaft auch erfolgreich sein. Zunächst stellt er den Gedanken jedoch zurück: Ihm fällt spontan keine Sportart ein, die er bei seinem aktuellen Fitnesslevel ohne Weiteres in Angriff nehmen kann. Aber vielleicht sollte er sich ja einmal mit dem Kollegen Kraustiger zum Sport verabreden? Die Verabredung würde es ihm erleichtern, sich tatsächlich aufzuraffen.

Kimba ist zufrieden: Mit diesen Überlegungen hat er sich wieder ein bisschen mehr mit dem Thema auseinandergesetzt und mögliche Hürden abgebaut. Aber ihm fällt noch etwas ein. Bisher hat er es noch nicht geschafft, sich erneut auf den Weg zu machen, wenn abends hinter ihm die Tür ins Schloss fällt. Er beschließt, die Sporttasche künftig mit ins Büro zu nehmen, wenn er denn feste Sporttermine eingeplant hat. So kommt er gar nicht erst in Versuchung, sich auf die bequeme Couch zu lümmeln, sondern kann direkt von der Arbeit aus ins Fitnessstudio gehen. Da der Weg von seiner Wohnung zum Studio relativ kurz ist, kostet er ihn auch nicht nennenswert viel zusätzliche Zeit. Am Samstag ersteht Kimba in der Stadt ein topmodernes Sportoutfit und packt abends schon die Tasche für den nächsten Tag. Er freut sich, dass seine Strategie aufgeht – jetzt muss er nur noch hingehen und den Mut haben, seine guten Commitment-Vorsätze in die Tat umzusetzen. Plötzlich freut er sich sogar auf den Termin am Sonntag und geht früh ins Bett, um ausgeruht mit dem Training zu starten. Ab sofort wird nichts mehr aufgeschoben!

Bei Kimba hat der innere Schweinehund ab sofort keine Chance mehr

Quellen

1. vgl. z. B. diese Seiten: http://www.fitforfun.de/abnehmen/
   uebergewicht-denken-macht-gefraessig-und-dick_aid_6339.
   html, http://www.chirurgie-portal.de/news/20120816-
   verlieren-beim-denken-kalorien.html, http://www.stern.

de/gesundheit/ernaehrung/grundlagen/persoenlicher-
energiebedarf-so-viel-kalorien-braucht-ihr-koerper-3084372.
html
2. http://www.fitforfun.de/sport/fitness-studio/kalorien/
kalorienrechner_aid_2032.html
3. http://www.duden.de/rechtschreibung/Commitment
4. http://wirtschaftslexikon.gabler.de/
Definition/markencommitment.html?
referenceKeywordName=Commitment

4

Bühne frei: Mit dem richtigen Setting zum Erfolg

Lono

Lono hat in aller Hektik seine Sporttasche gepackt und macht sich mit gemischten Gefühlen auf den Weg in das Fitnessstudio. Der Fußweg dorthin ist kurz, doch Lono muss sich zwingen, vor der Eingangstür nicht sofort wieder umzudrehen. „SUPER SPORT STUDIO" steht in großen Lettern am Eingang, und auf den Plakaten hinter der Glasfront sind viele fitte, glücklich aussehende Löwen in schicker Kleidung zu sehen, die dynamisch Gewichte stemmen oder auf stilisierten Laufbahnen nur so dahinfliegen. Er fasst all seinen Mut zusammen und betritt das Gebäude. Innerlich wappnet Lono sich schon gegen die spöttischen Blicke, die Tuschelei und das abfälliges Grinsen der anderen Trainierenden. Denn so verhalten sich doch topfitte Löwen, wenn sich ein dicker Löwe in ihr Revier traut. Oder?

Zu seiner großen Überraschung begrüßt ihn die Empfangschefin aber überschwänglich mit einem freundlichen Lächeln. „Hallo, Sie müssen Herr Lono sein, richtig? Sie haben einen Termin um 13:30, nicht wahr? Mein Kollege Steve Katz ist gleich für Sie da. Setzen Sie sich doch solange hier zu mir an die Fitnessbar. Möchten Sie einen Kaffee, oder ein Glas Wasser? Oder vielleicht einen Proteinshake

© Springer Fachmedien Wiesbaden 2017
S. I. Lackerbauer et al., *Die Löwen-Liga: Fit für die Karriere*,
DOI 10.1007/978-3-658-12138-9_4

zur Einstimmung?" Mit einem Augenzwinkern lässt Sie Lono an der Bar Platz nehmen und macht sich auf die Suche nach Steve Katz. „Bis jetzt ist es doch gar nicht so schlimm", denkt Lono und nippt an seinem Kaffee. Wenige Minuten später kommt ein dynamischer junger Löwe auf ihn zu und schüttelt ihm breit grinsend die Pfote. „Hallo, Herr Lono, Steve Katz ist mein Name, aber sagen Sie gerne Steve zu mir. Dann wollen wir Ihnen mal unser schönes Studio zeigen." Lono fühlt sich sofort in die Situation vor zehn Jahren zurückversetzt, als Herr Müller-Wechselhaft ihm die Büroräume bei Tiger & Meyer zeigte. War er damals auch so nervös?

Zuerst führt Steve ihn zu den Umkleidekabinen und erklärt ihm, wie er die Mitgliedskarte als Schlüssel für den Spind verwenden kann. „Außerdem können Sie die Karte auch mit Guthaben aufladen und dann an unserer Bar Shakes, Riegel oder auch mal ein Handtuch kaufen, wenn Sie Ihres vergessen haben. Je mehr Geld Sie aufladen, desto höher ist der Rabatt: Bei 50 Leuro bekommen Sie 10 Leuro on top, das ist doch fantastisch, oder?" Lono verdreht innerlich die Augen und nickt stumm. Ja, natürlich findet er das fantastisch. Anschließend geht es in den Wellnessbereich mit einem kleinen Innenpool, einer gemischten Sauna, Kräuter-Dampfbad und Ruheliegen. Sogar Massagen kann man hier buchen, erzählt Steve begeistert. „Das sieht aber alles noch gar nicht nach Sport und Anstrengung aus, eher wie ein Wellnesstempel", denkt Lono verwundert. Er muss zugeben, dass der Steve bisher seinen guten Verkäuferjob macht. „Der hat wohl den Ratgeber ‚**Die Löwen-Liga: Verkaufen will gelernt sein**' in- und auswendig gelernt", mutmaßt er, während er brav hinter Steve Katz hertrottet. Bisher sind sie nur auf wenige Clubmitglieder gestoßen, doch auf der Trainingsfläche herrscht reges Treiben. „Heute ist nicht ganz so viel los wie sonst am Sonntag, weil das Wetter so gut ist. Die ganz Fleißigen waren schon früh morgens da, damit sie den Rest des Tages noch draußen genießen können", erklärt Katz.

Nun ist es Lono doch etwas unangenehm, in seinen ausgeleierten Sportklamotten durch die Halle zu laufen. Auf den ersten Blick nimmt er nur wahnsinnig durchtrainierte Muskelprotze und athletische Topmodels wahr, die ihre ohnehin schon perfekten Körper zur Schau stellen. Warum die überhaupt noch trainieren, ist ihm ein Rätsel. Als er Katz darauf hinweist, muss dieser lachen. „Naja, Herr Lono, ganz so einfach funktioniert das nicht. Einmal Muskeln antrainieren und dann nie wieder Sport machen – davon träumen viele. Aber in Wahrheit muss man kontinuierlich dranbleiben, um den Status zu halten, den man sich einmal erarbeitet hat. Oder um sich eben weiter zu verbessern. Denn wenn man seine Muskeln nicht regelmäßig fordert und die Ausdauer nicht regelmäßig trainiert, dann baut der Körper auch schnell wieder ab. Unser Körper ist nämlich ziemlich clever, für ihn gilt das Prinzip der maximalen Effizienz: Alles, was ihn nur zusätzliche Energie kostet – wie zum Beispiel Muskelmasse – wird geopfert, wenn es nicht regelmäßig gebraucht wird. Früher ging es ums Überleben und der Körper musste mit der Energie haushalten. In der Steinzeit gab es noch kein Überangebot an Nahrung wie heute, deshalb fielen in Hungerphasen Fettreserven und eben auch Muskeln dem Stoffwechsel zum Opfer. Und in guten Phasen bauten die Steinzeitmenschen recht schnell Muskeln auf, weil sie auf der Jagd und beim Sammeln ständig in Bewegung waren. Apropos Regelmäßigkeit – wie oft wollten Sie denn pro Woche ins Training kommen?"

Lono druckst daraufhin verlegen herum. Darüber hat er sich noch gar keine Gedanken gemacht. Aber ihm leuchtet ein, dass letztendlich nur regelmäßiges Training zum Erfolg führen kann – egal, in welchem Bereich. Das erinnert ihn an eine andere Sache, die er eigentlich regelmäßig machen wollte: Nämlich den Englischkurs bei Tiger & Meyer besuchen. Die Dozentin hatte ihm ebenfalls gesagt, dass er nur dann sein Englisch verbessern könne, wenn er regelmäßig in ihren Kurs käme und tatsächlich auch spräche. Sonst werde ihm das nicht gebrauchte Wissen über kurz oder lang abhandenkommen. Und gerade in einem international tätigen Unternehmen wie Tiger & Meyer ist es nur von Vorteil, die Fremdsprachenkenntnisse zu pflegen und zu erweitern – oder sogar eine neue Sprache zu lernen. Denn Neues kann man ein Leben lang lernen, hatte sie Lono eingeschärft, der ja eigentlich noch die *Business-English*-Schulung machen wollte. Auch sein Projektmanagement-Zertifikat müsste demnächst erneuert werden. In dem Zusammenhang fällt ihm auf, dass er schon länger nicht mehr mit der Abrechnungssoftware gearbeitet hat und vermutlich schon wieder vergessen hat, wie es eigentlich funktioniert. Aber er mag die Englischlehrerein nicht, das Projektmanagement-Seminar findet in den muffigen Kellerräumen statt und das Abrechnungstool macht ihm einfach keinen Spaß, weil er – der studierte Informatiker – daran am liebsten zehn Sachen verbessern würde, aber in der entsprechenden Abteilung stets auf taube Ohren stößt. Er hört immer nur: Dafür haben wir kein Budget.

All diese negativen Erinnerungen schießen ihm jetzt durch den Kopf und lasten ihm schwer auf dem Gemüt. „Sogar hier in diesem Fitnessstudio fühle ich mich momentan wohler, als in meinem Büro. Und das, obwohl ich mit den ausgeleierten Klamotten und meiner Figur ja eigentlich gar nicht hierher passe." Am liebsten würde Lono sich jetzt eine Tüte über den Kopf ziehen, unsichtbar werden und sich vor all den nervigen Aufgaben in seinem Leben verstecken. Aber er bezweifelt, dass sie sich dadurch von selbst erledigen würden. Mit dermaßen angeknackster Stimmung folgt er dem nach wie vor überschwänglichen Steve Katz durch die Trainingsräume und hört mit halbem Ohr zu, wie der Verkäufer ihm die unterschiedlichen Kurse und Geräte vorstellt. Seine Gedanken kreisen um seine Probleme und er fühlt sich ihnen wieder einmal hilflos ausgesetzt. Dabei erkennt er nicht, dass er selbst einerseits die Ursache ist – aber andererseits eben auch den Schlüssel zur Lösung in der Hand hält. Denn nur er selbst kann daran arbeiten, die Gesamtsituation zu verbessern und sich aus den negativen Gedanken zu befreien.

„So, Herr Lono, jetzt wären wir am Ende unserer Tour angelangt. Und, was sagen Sie? Das ist doch ein Top-Angebot – sogar die Beitrittsgebühr kann ich Ihnen im Rahmen unserer Sonder-Sommer-Promotion erlassen. Toll, oder? Ähm … Herr Lono, haben Sie mir eigentlich zugehört?" Lono schreckt aus seinen Überlegungen hoch. „Ach … Ja, doch, natürlich habe ich zugehört. Das macht nochmal wie viel Leuro …?" – „Die reguläre Monatsgebühr beträgt eigentlich 79,99 Leuro, aber wir kooperieren mit Tiger & Meyer, so dass alle Angestellten einen Rabatt von 14,99 Leuro erhalten. Sie zahlen also nur 65 Leuro pro

Monat. Die Anmeldegebühr entfällt, dann kommen nur
nochmal 99,99 Leuro für den ersten Check-up dazu. Sie
bekommen einen persönlichen Trainingsplan von einem
unserer Fitness-Coaches und werden mit ihren Körperwer-
ten in unserer Datenbank eingetragen. Alle sechs oder acht
Wochen können Sie den Plan dann kostenlos erneuern
und wir tragen ihren Trainingsfortschritt in die Datenbank
ein. Außerdem ist im Check-up-Paket noch eine Stunde
mit einem unserer kompetenten Personaltrainer enthalten,
falls Sie gleich so richtig durchstarten möchten. Der Coach
berät Sie übrigens auch gerne in Sachen Fitnessausrüstung.
Ihre Schuhe haben die besten Tage schon hinter sich und
in unserem Online-Shop haben wir bestimmt das richtige
Modell für Ihr Training. Gutes Schuhwerk ist wirklich es-
senziell wichtig, schließlich brauchen Sie Ihre Pfoten noch
ein ganzes Leben lang. Sie bekommen bei der ersten Bestel-
lung im Online-Shop übrigens auch 25 % Rabatt. Ist das
nicht fantastisch?"

Schon hat Steve Katz die Vertragsunterlagen gezückt und
Lono füllt brav alle Formulare aus. Es fühlt sich ein bisschen
so an, als würde er seinen Körper verkaufen, aber jetzt gibt es
kein Zurück mehr. Außerdem findet Lono Gefallen an der
Vorstellung, mit einem Personaltrainer über seine Ziele zu
sprechen. Dann muss er sich keine Gedanken darüber machen, was er wann und wie trainieren muss. Und vielleicht
klappt es dann auch endlich mit der Löwen-Traumfigur.
Von Steve Katz lässt er sich die Visitenkarte einer Trainerin
namens Ivera Löwowitz geben, die sich auf „schwere Fäl-
le" wie ihn spezialisiert hat. Flugs vereinbart er den Termin
für den obligatorischen Check-up mit einem Fitness-Coach
für den kommenden Freitag und ein Treffen mit der Per-

sonaltrainerin für den Montag danach: Er will es mit dem Sport schließlich nicht gleich übertreiben. Und dann verbringt er den Rest des Sonntags damit, sich im Onlineshop von „SUPER SPORT STUDIO" neue Schuhe und Kleidung für seine erste Trainingseinheit zu bestellen.

In den alten Freizeit-Klamotten fühlt Lono sich nicht wohl

Kimba

Kimba schnappt sich seine schon am Abend zuvor herge-
richtete Sporttasche und macht sich mit gemischten Gefühlen auf den Weg in das Fitnessstudio. Der Fußweg dorthin
ist kurz, und bevor er das Studio betritt, hält Kimba kurz
an der Tür inne. Über dem Eingang prangt in großen Lettern der Name „SUPER SPORT STUDIO", und auf den
Plakaten hinter der Glasfront sind viele fitte, glücklich aussehende Löwen in schicker Kleidung zu sehen, die dynamisch Gewichte stemmen oder auf stilisierten Laufbahnen
nur so dahinfliegen. Kurz verlässt ihn beim Anblick der ath-
letischen Körper der Mut: „Wenn die hier alle so fit sind
und so toll aussehen, dann bin ich doch wirklich fehl am
Platz …" Doch dann schüttelt er das mulmige Gefühl ab
und betritt das Gebäude.

Zielstrebig marschiert Kimba zur Rezeption und schenkt
der überraschten Empfangschefin sein gewinnendes Lächeln, das er in jahrelanger Übung mit großer Begeisterung
perfektioniert hat. Als sie unter ihrem samtigweichen Fell
errötet, freut er sich, dass er mit seiner offenen Art und seinem vorbehaltlosen Charme punkten konnte. „Huch, Sie
haben aber ein umwerfendes Lächeln! Sie müssen wohl Herr
Kimba sein, richtig?" – „Ja, zum Termin um 14:30 Uhr. Ich
bin ein wenig nervös und deshalb zu früh dran." – „Das
macht doch gar nichts, mein Kollege Steve Katz ist gleich
für Sie da. Sie brauchen nicht nervös zu sein, wir werden
uns gut um Sie kümmern. Bei Ihrem Lächeln werde eher
ich nervös!", zwinkert sie ihm zu. „Darf ich Ihnen einen
Kaffee, ein Glas Wasser oder gleich einen Proteinshake
zur Einstimmung anbieten?" Kimba lacht und nimmt an

der Bar Platz. „Aha, hier wird also auch geflirtet", stellt er schmunzelnd fest und beobachtet unauffällig die anderen Löwen, die an der Bar Fitness-Drinks schlürfen, Zeitung lesen und sich angeregt unterhalten. „Das erinnert mich an meine Lieblingskneipe, nur die Liontinis fehlen." Indessen hat ihm die nette Empfangschefin einen Kaffee hingestellt und sich auf die Suche nach Steve Katz begeben. „Bis jetzt ist es doch gar nicht so schlimm", denkt Kimba und nippt an seinem Getränk. Wenige Minuten später kommt ein dynamischer junger Löwe auf ihn zu und schüttelt ihm breit grinsend die Pfote. „Hallo, Herr Kimba, Steve Katz ist mein Name, aber sagen Sie gerne Steve zu mir. Dann wollen wir Ihnen mal unser schönes Studio zeigen." Bei einem kurzen Abstecher zu den Umkleidekabinen erklärt Katz dem aufmerksam lauschenden Kimba, wie die Mitgliedskarte funktioniert. Pool, Sauna, Kräuter-Dampfbad und Ruhebereich erinnern ihn eher an einen Wellness-Tempel, als an ein Sportstudio. Sogar eine Dachterrasse gibt es, von der aus man eine wunderbare Aussicht über einen Großteil der Stadt Katzmünchen hat. „Wissen Sie, Herr Kimba", erzählt Steve Katz, „ein gesunder Lebensstil setzt sich immer aus mehreren Komponenten zusammen: Bewegung, Ernährung und Regeneration. Wir haben hier ganz unterschiedliche Trainingstypen versammelt. Manche kommen einfach nur her und ziehen ihr Work-out durch. Aber einige genießen es, nach dem Training noch ein bisschen in der Sauna oder auf der Sonnenterrasse zu entspannen. Ein Fitnessstudio ist zwar kein klassischer Sportverein, aber wir verstehen uns schon als eine Gemeinschaft. Zumal Sie hier wahrscheinlich auch andere Löwen kennenlernen werden, insbesondere wenn Sie zu festen Zeiten regelmäßig ins Training kommen. Das ist fast schon wie mit den Kollegen bei der Arbeit – nur ohne Arbeit." Kimba muss zugeben, dass Steve seinen Verkäuferjob bisher recht gut macht. „Der hat wohl den Ratgeber ‚**Die Löwen-Liga: Verkaufen will gelernt sein**' in- und auswendig gelernt", mutmaßt er, während er brav hinter Steve Katz hertrottet. Bisher sind sie nur auf wenige Clubmitglieder gestoßen, doch auf der Trainingsfläche herrscht reges Treiben.

Nun ist es Kimba doch etwas unangenehm, als so offensichtlich unsportlicher Löwe durch die Halle zu laufen. Auf den ersten Blick erspäht er nur wahnsinnig durchtrainierte Muskelprotze und athletische Topmodels, die ihre ohnehin schon perfekten Körper zur Schau stellen. Wenigstens bin ich ordentlich angezogen, denkt er, und nimmt in seinen neuen Sportklamotten ganz bewusst eine aufrechte Haltung an. Ein bisschen fühlt er sich dabei wie am ersten Tag bei Tiger & Meyer. Damals kam er als Neuling – noch dazu als Berufseinsteiger direkt von der Universität – auch ganz frisch ins Unternehmen. Die Führung durch das Bürogebäude empfand er als Spießrutenlauf. Denn zu Beginn dachte er, dass alle anderen Kollegen viel klüger und besser seien als er. Er fühlte sich wie ein kleines Kätzchen, nicht wie ein stolzer Löwe. Erst mit der Zeit fand er heraus, dass nicht jeder so schlau oder selbstbewusst ist, wie er es nach außen vorgibt. Und gegenüber manch anderem Kollegen hatte er sogar einen deutlichen Wissensvorsprung. Diese Erkenntnisse halfen ihm dabei, selbstsicher aufzutreten und sich zugleich nicht davor zu scheuen, Fragen zu stellen, wenn er etwas nicht wusste. „Wenn das bei Tiger & Meyer geklappt hat, dann muss das doch auch hier funktionieren."

Steve Katz ahnt, was in Kimba vorgeht und er klopft ihm aufmunternd auf die Schulter. „Herr Kimba, wir haben doch alle irgendwann einmal klein angefangen. Viele der Mitglieder, die hier heute trainieren, habe ich vor Monaten oder Jahren auch einmal durch die Räume geführt, für sie war am Anfang alles genauso fremd und neu und sie kannten niemanden. In ein neues Fitnessstudio zu gehen, das ist wie eine neue Schulklasse oder ein neuer Arbeitsplatz. Man musst erst einmal ankommen und sich wohlfühlen, dann kann man so richtig loslegen." Der Verkäufer deutet auf einen kernigen Kater, dessen Muskeln so richtige Löwenberge sind. „Schauen Sie mal, das ist der Herr Leopardsen. Der ist heute auch zum ersten Mal hier." Kimba schüttelt ungläubig den Kopf: Das kann doch gar nicht sein. Der Verkäufer lacht. „Also, er ist zum ersten Mal hier in unserem Studio. Er ist auf Geschäftsreise und jedes Mal, wenn er für seine Firma unterwegs ist, sucht er sich vorher schon im Linternet ein Fitnessstudio heraus, das in der Nähe seines Hotels liegt. Er sagt, dass die Reise noch so stressig sein kann; wenn er in ein Fitnessstudio geht – eine ihm so vertraute Umgebung – dann kann er abschalten und den Stress hinter sich lassen. Für ihn ist das Fitnessstudio so etwas wie ein zweites Zuhause in der Fremde. Wenn es kein Studio in der Nähe gibt, dann stellt er sich ein Programm mit Übungen zusammen, für die er keine Fitnessgeräte braucht – die kann man auch in einem Hotelzimmer absolvieren und dann draußen eine Runde joggen gehen. Dafür sucht er sich über Loogle Maps eine Laufstrecke heraus, die direkt vor dem Hotel beginnt. Das geht in den meisten Städten – manchmal findet man sogar so einen kleinen See oder einen schönen Park, auf den man sonst gar nicht aufmerksam geworden wäre. Die Natur befreit auch den Geist und hilft dabei, nach der Arbeit wieder herunterzukommen. Deshalb hat er immer Laufschuhe und mindestens ein Trainingsoutfit dabei: Bei ihm ist das völlig selbstverständlich schon mit eingeplant. Denn natürlich ist es beim Sport so, wie bei allen anderen Dingen im Leben, in denen man sich verbessern möchte: Man muss kontinuierlich dranbleiben und üben, damit man Fortschritte machen kann. Apropos Regelmäßigkeit – wie oft wollten Sie denn pro Woche ins Training kommen?"

Kimba kratzt sich verlegen am Kopf. Darüber hatte er sich noch gar keine Gedanken gemacht. „Wie oft sollte ich denn kommen, was meinen Sie?" – „Sagen wir es einmal so: Mit Ihrer Mitgliedskarte können Sie so oft kommen, wie Sie wollen. Wenn Sie also möglichst viel aus Ihrer Mitgliedschaft herausholen möchten, dann müssten Sie so häufig kommen, dass Sie, auf den Monat umgerechnet, pro Trainingstag weniger zahlen, als eine Tageskarte kosten würde. Unsere Standardmitgliedschaft kostet monatlich 79,99 Leuro, die Tageskarte 10 Leuro. Wenn Sie zweimal pro Woche kommen, dann haben Sie praktisch schon einen Leuro-Cent gespart. Aber um wirklich Fortschritte zu machen, sollten Sie mindestens dreimal pro Woche kommen. Denn der gewünschte Effekt für Ihr Trainingsziel wird sich nur dann einstellen, wenn Sie Ihre Muskeln regelmäßig stimulieren und auch an trainingsfreien Tagen mehr Bewegung in Ihren Alltag einbauen. Und wenn Sie dreimal pro Woche kommen, dann kostet Sie der Trainingstag auch nur noch … Moment … knappe 6,67 Leuro. Ist das nicht fantastisch, diese unglaubliche Ersparnis!" Kimba muss schmunzeln. Ihm leuchtet ein, was Steve Katz da erzählt, auch ohne die Schnäppchenrechnung, denn wie schon Frau Dr. Katzlein sagte: Jeder Löwe hat nur eine Gesundheit, und die ist eigentlich unbezahlbar. Außerdem weiß er von seinem Englischkurs, dass regelmäßiges Training egal in welchem Bereich des Lebens sehr wichtig ist. Zweimal pro Woche quält er sich deshalb durch Grammatik- und Konversationsübungen und nutzt den Arbeitsweg dafür, sich auf dem LiPod Lektionen aus einem Sprachtrainingsprogramm anzuhören.

Kimba stellt fest, dass er sich trotz der durchtrainierten Löwen in dem Fitnessstudio doch recht wohl fühlt. Die Atmosphäre ist angenehm und die rege Geschäftigkeit sorgt dafür, dass er selbst Lust darauf bekommt, hier alles auszuprobieren. Auf der Trainingsfläche sieht es auch ganz anders aus, als er sich diese „Muckibuden" immer vorgestellt hat: Der ganze Bereich mit all seinen unterschiedlichen Gerätschaften erinnert ihn eher an einen großen Spielplatz. Einige der Trainingsmaschinen könnten direkt aus dem Cockpit eines High-Tech-Raumschiffes stammen; dafür sehen die Freihanteln richtig nach klassischem Bodybuilding aus. Auf dem Boden liegen bunte Matten und Bälle unterschiedlicher Größen, elastische Bänder baumeln an gerüstartigen Konstruktionen. Es juckt Kimba nun richtig in den Pfoten!

Doch die „Studiotour", wie Steve Katz die Führung grinsend nennt, ist noch nicht beendet. Das Studio verfügt außerdem noch über drei Kursräume; in einem davon findet gerade ein klassischer „Bauch, Beine, Po (BBP)"-Kurs statt, und aus einem weiteren dringt gedämpft laute Technomusik. Steve Katz deutet auf die geschlossene Tür. „Also, hier findet gerade ein Spinning-Kurs statt, auch Indoor-Cycling genannt, quasi Fahrradfahren auf stationären Bikes mit ordentlich lauter Musik. Da können Sie übrigens auch als Anfänger mitmachen, weil jeder Löwe an seinem Bike den Widerstand selbst einstellen kann und sich das Training dadurch schwerer oder leichter machen kann." Durch eine Glasfront kann Kimba die Teilnehmer des BBP-Kurses beobachten. Erstaunt stellt er fest, dass es sich dabei hauptsächlich um Löwinnen jeden Alters handelt – eine junge Löwenmutter, neben deren Matte ganz friedlich ein Löwenbaby in seinem Sitz schlummert, einige Löwendamen älteren Semesters, propere Löwinnen und sogar ein paar Löwen lassen ihre Muskeln arbeiten, während die junge Löwentrainerin motiviert die Übungen vorturnt. Kurz darauf verstummt die Musik aus dem Spinning-Raum. Als sich die Tür öffnet, sieht sich Kimba die verschwitzten, aber glücklich dreinblickenden Radfahrer genauer an: Darunter sind ein paar quasi-professionelle Löwen in aerodynamischen Radsport-Outfits, aber auch ein Grüppchen älterer Löwen.

Auch Steve Katz bestätigt, dass das Publikum im SUPER SPORT STUDIO ziemlich bunt gemischt sei. „Jeder, der hier Sport treibt, hat ein anderes Trainingsziel. Es geht nicht immer nur um Muskelaufbau. Unsere Senioren wollen einfach auch im Alter noch körperlich fit sein und nebenbei hier Kontakte pflegen. Für Löwenmamis sind Kurse oft willkommene Auszeiten; wir haben hier auch eine Kinderbetreuung. Studenten sind besonders häufig in den Prüfungszeiten hier, weil sie vom stundenlangen Lernen mal abschalten müssen. Und viele Bürolöwen brauchen einfach einen Ausgleich zum ständigen Sitzen. Wer auf einen Iron Lion-Wettbewerb hintrainiert, der kann seine Einheiten auch an unseren Geräten absolvieren. Wir haben Personaltrainer, die auf Reha und Physiotherapie spezialisiert sind und dabei helfen können, nach einer Krankheit den Körper wieder zu stärken oder durch Training einer OP vorzubeugen. In den Kursen kann man außerdem bestimmte Sportarten erlernen, so zum Beispiel Lyoga, Löwilates oder Fitnesstanz. Und im Squash-Raum toben sich diejenigen so richtig aus, die im direkten Zweikampf gegeneinander antreten wollen." Kimba sieht sich im Geiste schon beim Katzmünchen-Stadtmarathon im nächsten Jahr antreten und als Erster die Ziellinie überqueren. Tausendfach würde sein Name von den Zuschauertribünen erschallen, der goldene Pokal würde im sanften Sonnenlicht glitzern …

„So, Herr Kimba, jetzt wären wir am Ende unserer Tour angelangt. Und, was sagen Sie? Das ist doch ein Top-Angebot – sogar die Beitrittsgebühr kann ich Ihnen im Rahmen unserer Sonder-Sommer-Promotion erlassen. Fantastisch, oder? Ähm … Herr Kimba, haben Sie mir eigentlich zugehört?" Kimba schreckt aus seinen Überlegungen hoch. „Ach … Ja, doch, natürlich habe ich zugehört. Das macht nochmal wie viel Leuro …?" – „Mit dem Mitarbeiterrabatt für Angestellte von Tiger & Meyer zahlen Sie nur 65 Leuro pro Monat. Die Anmeldegebühr entfällt, dann kommen nur nochmal 99,99 Leuro für den ersten Check-up dazu." Während Katz ihm noch die nächsten Schritte mit dem Check-up beim Fitness-Coach, dem ersten Trainingsplan und der Probestunde beim Personaltrainer erklärt, blättert Kimba bereits eifrig durch die Vertragsunterlagen und füllt alle Formulare aus. „Und welchen Personaltrainer würden Sie mir dann für die Probestunde empfehlen?" – „Das kommt immer ganz auf ihr Trainingsziel an. Vorhin hatte ich schon einen Termin mit einem Ihrer Kollegen bei Tiger & Meyer, den habe ich zu unserer Spezialistin für Gewichtsreduktion geschickt. Was ist Ihnen denn wichtig?" – „Naja, schon auch ein bisschen weniger Löwenspeck. Aber ich möchte vor allem lernen, wie all die Geräte hier funktionieren und welche Übungen sich wofür gut eignen, damit ich eigenständig trainieren kann und nicht immer auf einen Trainer angewiesen bin." – „Das ist ein guter Plan, Herr Kimba. Es ist wichtig, dass man die Übungen technisch korrekt ausführt, um sich nicht zu verletzen. Mehr Gewichte können Sie später immer noch aufladen. Und Sie werden sehen, dass Sie auf diese Weise auch gute Fortschritte erzielen können, wenn Sie nur dranbleiben." Kimba lässt sich die Visitenkarte eines Trainers namens Manuel Löwenzier geben, der dafür bekannt ist, dass er großen Wert auf die ordnungsgemäße Ausführung der einzelnen Übungen legt. Flugs vereinbart er den Termin für den obligatorischen Check-up mit einem Fitness-Coach und gleich am folgenden Montag ein Treffen mit dem Personaltrainer.

Die Strategie, Kunden mit einer Gratisstunde zu ködern und an die individuelle Betreuung durch einen Trainer zu gewöhnen, ist clever. Allerdings möchte sich Kimba die Option offenhalten, zunächst auf eigene Faust das Studio und das Kursangebot auszuprobieren, um erst einmal wieder fit zu werden. Er freut sich jetzt schon darauf, all die unterschiedlichen Gerätschaften in die Pfoten zu nehmen und herauszufinden, wie sein Körper auf die neuen Impulse reagiert. „Außerdem muss ich mich jetzt doch mal selbst loben. Anfangs hatte ich wirklich große Vorurteile gegen diese ‚Muckibuden'. Und dann stellt sich heraus, dass in so einem Fitnessstudio auch ganz normale Löwen trainieren. Man sollte sich eben doch immer selbst ein Bild machen, bevor man pauschal urteilt." Beschwingt verlässt er das Studio.

Das neue Sport-Outfit motiviert Kimba zusätzlich

5

Ohne Ziel ist jeder Weg falsch

Lono

Jetzt geht es für Lono zur Sache! Er hat den Termin für den Check-up sowie das sich nach dem Wochenende anschließende Treffen mit der Personaltrainerin Ivera Löwowitz im Kalender rot markiert und sich sogar extra den Freitagnachmittag freigenommen, um entspannt um 14 Uhr im SUPER SPORT STUDIO mit dem Training beginnen zu können. Steve Katz hatte ihm geraten, sich bis dahin noch genauere Gedanken über seine Trainingsziele zu machen. Doch bereits am heutigen Montag sitzt Lono in seinem Büro und grübelt. „Naja, was soll schon mein Ziel sein. Mit möglichst wenig Aufwand die überflüssigen Kilos abnehmen, damit Dr. Katzlein wieder mit mir zufrieden ist und mich bis zur nächsten Jahresuntersuchung in Ruhe lässt. Oder vielleicht doch richtig gestählte Muskeln? Eine stolze Brust, breite Schultern und ein toller Bizeps, um die Löwinnen zu beeindrucken? Ja, das wär's! Ein bisschen mehr Ausdauer könnte auch nicht schaden. Das geht doch bestimmt sowieso alles auf einmal."

Plötzlich baut sich Herr Müller-Wechselhaft vor seinem Schreibtisch auf. „Lono, ich gehe in zehn Minuten in ein Meeting mit den Kollegen vom Controlling zur Budgetpla-

© Springer Fachmedien Wiesbaden 2017
S. I. Lackerbauer et al., *Die Löwen-Liga: Fit für die Karriere*,
DOI 10.1007/978-3-658-12138-9_5

nung. Haben Sie sich schon überlegt, welches Teilprojekt Sie beim Aufbau unserer neuen Abteilung leiten wollen? Sie erinnern sich doch an die administrativen Angelegenheiten von neulich, oder? Wir führen das jetzt alles zusammen und bauen auf den Ergebnissen dann die Strategie für die neue Business Intelligence-Abteilung auf. Ich hoffe, Sie sind sich darüber im Klaren, dass damit auch eine große Verantwortung verbunden ist. Am Mittwoch müssen Sie übrigens nach Löln in unsere Geschäftsstelle fahren, um das Konzept für die ersten Datenanalysen mit einem Ihrer Kollegen zusammen anzusehen. Ich will, dass Sie ein Auge darauf haben, damit wir die Daten auch optimal nutzen können." Mit diesen Worten rauscht Müller-Wechselhaft wieder aus dem Büro.

Kalter Schweiß bricht auf Lonos Stirn aus. Er hatte sich so sehr in die Fitness-Sache vertieft, dass er darüber das neue Projekt bei Tiger & Meyer ganz vergessen hat. Wofür genau soll denn die Business Intelligence-Abteilung zuständig sein? Welche Daten werden dort wie ausgewertet? Wie soll er sich denn bloß für ein Teilprojekt entscheiden? Bisher war er eigentlich immer alleine in der IT für ein neues Projekt verantwortlich und hat alle Projektmanagement-Aufgaben übernommen – aber das waren sehr viel kleinere Projekte. Hektisch wühlt Lono in den dicken Aktenordnern, die Müller-Wechselhaft ihm vor zwei Wochen auf den Schreibtisch geknallt hatte. Nach kurzer Zeit stellt er fest, dass er durch die Fülle an Informationen heillos überfordert ist. Zumal sich darunter nicht nur IT-relevante Dokumentationen befinden, sondern auch Analyse- und Budgetpläne, von denen er zugegebenermaßen recht wenig Ahnung hat. Trotzdem ist er davon überzeugt, dass er unbedingt über alles Bescheid wissen muss. Keine einzige Wissenslücke will er sich zugestehen, denn schließlich erwartet Müller-Wechselhaft von ihm fundierte Entscheidungen. Eher würde er sich das Wissen mit Gewalt einhämmern, als sich die Blöße zu geben und bei dem Kollegen nachzufragen. So vergeht die nächste Stunde, bis Lonos Kopf zu platzen droht. Es ist einfach viel zu viel! Er findet in all den Unterlagen keine Antwort auf die quälenden Fragen. Um seinen rasenden Puls und seine wirren Gedanken wieder zu beruhigen, ruft Lono Irmgard Ohnelöwe an, die gute Seele bei Tiger & Meyer, die sich als Assistenz auch um die Reiseplanung kümmert.

„Ach, Herr Lono, gut, dass Sie anrufen. Ich war gerade dabei, Ihren Flug nach Löln herauszusuchen. Ihr Hotel liegt nur einen Katzensprung von unserer Geschäftsstelle entfernt, so dass Sie ganz entspannt zum Treffen laufen können. Ich schicke Ihnen gleich die Unterlagen, dann können Sie sich die Flugzeiten noch einmal ansehen, bevor ich die Buchung abschicke. Machen Sie sich keine Sorgen, Sie und der Kollege werden das schon schaffen, auch wenn die ganze Aktion ziemlich spontan eingeschoben wurde." Als Lono sich bei Loogle Maps den Weg vom Hotel zur Geschäftsstelle ansieht, bemerkt er, dass die Sporthochschule Löln ganz in der Nähe liegt. Die renommierte Einrichtung hat bereits zahlreiche Studien zum positiven Effekt des Sports veröffentlicht und bietet unterschiedliche Methoden zur Erfassung des eigenen Gesundheitszustands an. Außerdem suchen die Forschenden gerade „Probanden mit erhöhtem BMI-Wert zur Ermittlung der Vitalfunktionen und der sportlichen Leistungsfähigkeit" [1]. Bingo! Lono ist davon überzeugt, dass es ihm nur helfen kann, so viele Informationen wie nur irgendwie möglich über seinen eigenen Körper zu sammeln und damit sein Trainingsziel zu definieren. Er bittet Frau Ohnelöwe also, seinen Flug schon auf den Dienstagabend zu legen und macht für Mittwochfrüh einen Termin in der Sporthochschule aus.

Am besagten Morgen erscheint Lono um Punkt 7:30 Uhr in der Sporthochschule Löln. Zuerst hat man ihn dort auf eine spezielle Waage gestellt, die seine Körperzusammensetzung ermittelt hat: Körperfettanteil, Muskel- und Knochenmasse, sowie der Wassergehalt (und die Löwenfell-Masse!) wurden ausgewertet. Danach wurde sein Blutdruck gemessen und man hat ihm Blut abgenommen. Jetzt strampelt Lono auf einem Fahrradergometer und durchläuft ein Belastungs-EKG [2]: Sein Herzschlag wird vor, während und nach der körperlichen Anstrengung aufgezeichnet. Zusätzlich hat Lono eine Art Maske auf die Löwenschnauze gesetzt bekommen, die zur Messung seiner Atemwerte, Sauerstoffaufnahme, Kohlendioxidabgabe und des Energieverbrauchs seines Körpers dient. Der geschäftige Löwenmedizinstudent erklärt ihm, dass diese Untersuchung „Spiroergometrie" genannt wird [3] und erzählt ihm von den geradezu spektakulären Möglichkeiten, die sich durch diese modernen Messungen für die Sportmedizin ergeben. Währenddessen schwitzt Lono tapfer auf dem Fahrradergometer und kann nur einige Wortfetzen aufschnappen, weil sein eigenes Keuchen die Erklärungen des Studenten übertönt. Außerdem hat er viele der medizinischen Fachwörter noch nie zuvor gehört. Zwischendurch piekt der Student ihm vorsichtig ins Ohr und misst den Laktatwert in seinem Blut. „Dieser Test ist auch ein Teil unserer sogenannten Löwenleistungsdiagnostik [4]. Laktat ist ein Salz der Milchsäure, das als Nebenprodukt bei der Energiegewinnung entsteht –

wenn die Muskeln vom Körper mit Energie versorgt werden. Unter hoher sportlicher Belastung wird irgendwann eine bestimmte Konzentration des Laktats im Blut überschritten. Ab dann werden die Muskeln nicht mehr ausreichend mit Sauerstoff versorgt und übersäuern – das halten sie nicht lange durch. Es führt außerdem zu einem Muskelkater. Wenn man weiß, wie hoch der Belastungslevel ist, bei dem die Muskeln diese sogenannte ‚anaerobe Schwelle' überschreiten, kann man sein Training daran anpassen. Mit der richtigen Intensität kann man diesen Zeitpunkt auch nach hinten hinauszögern, oder ganz bewusst überschreiten – je nachdem, welches Trainingsziel man hat."

Lono würde den übereifrigen Studenten gerne mit seinem imposanten Löwengebrüll zum Schweigen bringen, aber dafür fehlt ihm leider momentan die Atemluft. Also hechelt er weiter tapfer auf dem Fahrradergometer und spürt, wie die Muskeln in seinen Beinen brennen. Als die Tests endlich vorbei sind, ist Lono völlig erschöpft und mit den Nerven am Ende. Sein Kopf brummt nur so, weil zu viele Informationen auf einmal auf ihn eingeprasselt sind. Während Lono duscht und sich innerlich auf das bevorstehende Treffen in der Geschäftsstelle vorbereitet, hat der Student seine Daten bereits ausgewertet und drückt ihm eine Mappe in die Pfote. „So, Herr Lono, vielen Dank, dass Sie alles so toll mitgemacht haben. In der Mappe finden Sie alle wichtigen Informationen aus unserer Leistungsdiagnostik und die optimale Herzfrequenz für den Fettverbrauch. Ich wünsche Ihnen viel Erfolg beim Training!"

Müde trottet Lono zur Lölner Geschäftsstelle von Tiger & Meyer, wo sein unverschämt ausgeruht aussehender Kollege bereits am Empfang auf ihn wartet. Er hat jetzt jede

Menge Informationen über seinen Körper und seine sportliche Leistungsfähigkeit gewonnen, aber viel kann er damit nicht anfangen. „Hallo Lono, schön dich zu sehen. Ich bin so froh, dass du als erfahrener Projektleiter mitgekommen bist. Denn ehrlich gesagt habe ich keine Ahnung, was eigentlich genau die Aufgabe der neuen Business Intelligence-Abteilung ist. Ich weiß nur, dass die Kollegen konzernweit Daten erheben und sammeln, die sie dann von ihren ‚Research Analysts' und ‚Big Data'-Spezialisten auswerten lassen. Richtig teuer sollen die Server sein, die für die Auswertung all der Daten zuständig sind. Aber weißt du, was das alles zu bedeuten hat?" Lono kann nur mit Mühe einen langen Seufzer unterdrücken. Woher soll er das denn wissen? Das nachfolgende Meeting verläuft nicht gut: Die Analysten wollen wissen, welche Daten Lono für seine Projektplanung braucht und nach welchen Kriterien sie ausgewertet werden sollen. Aber Lono hat es nicht geschafft, aus der Menge an Informationen von Müller-Wechselhaft diejenigen Daten herauszusuchen, die für ihn wirklich relevant sind, um Entscheidungen zu treffen.

Dasselbe trifft auch auf die Werte über seinen Körper zu, die er jetzt in der Mappe mit sich spazieren trägt. Was nützen ihm all die Informationen, wenn er daraus keine Erkenntnisse ziehen kann? Erst jetzt dämmert ihm, dass Daten alleine nicht der Schlüssel zur Weisheit sind, sondern dass er die richtigen Fragen stellen muss, um den Daten die Antworten zu entlocken, mit denen er arbeiten kann. Nach einem zermürbenden Tag döst er abends im Flieger ein und träumt von riesengroßen Datenmengen, die ihn verfolgen, während er auf einem Fahrradergometer um sein Leben strampelt.

Lono geht beim Fitness-Test an seine Grenzen

Kimba

Kimba steht buchstäblich in den Startlöchern und freut sich jetzt schon auf seinen ersten richtigen Termin im SUPER SPORT STUDIO. Der Check-up soll am Freitag um 17 Uhr stattfinden. In der darauffolgenden Woche trifft er sich noch mit dem Personaltrainer Manuel Löwenzier, um sich konkrete Tipps für sein Training geben zu lassen. Der Verkäufer Steve Katz hatte ihm dazu geraten, sich Gedanken über seine persönlichen Trainingsziele zu machen. „Eigentlich möchte ich einfach wieder so fit sein, wie ich es noch vor ein paar Jahren war", überlegt Kimba. „Gut, dass heute erst Montag ist – dann habe ich noch die ganze Woche über Zeit, um mich mit dem Thema zu befassen. Ich will mich auch nicht damit verrückt machen."

Auf einmal klingelt das Telefon: Herr Müller-Wechselhaft ist am Apparat und möchte ihn schnellstmöglich sprechen. Kimba wirft noch einen letzten Blick auf den rot eingekreisten Freitag in seinem Kalender und begibt sich ins Büro zu seinem Vorgesetzten. „Also, Kimba. Sie erinnern sich doch daran, dass ich Ihnen vor zwei Wochen ein paar organisatorische Aufgaben zur Budgetplanung übertragen habe, ja? Ich komme gerade aus einem Meeting mit den Kollegen vom Controlling, die Projektmanager sind ebenfalls schon im Bilde. Wir bauen momentan mit der Geschäftsstelle Löln zusammen eine neue Business Intelligence-Abteilung auf. Ein Kollege aus Löln ist seit letzter Woche hier und zwei unserer Leute sind für ein Treffen am Mittwoch in Löln vor Ort. Die Ziele für diese Woche: Informationsaustausch und die Erstellung eines Fragenkatalogs für die Datenauswertung. Sie wissen, was das bedeutet, oder?" – „Nun, Business Intelligence heißt ja, dass Daten systematisch gesammelt, ausgewertet und anschaulich dargestellt werden. Die daraus gewonnenen Informationen sollen uns Antworten auf die Fragen liefern, wie wir uns strategisch oder operativ noch besser aufstellen können, im Hinblick auf unsere Ziele für die nächsten Jahre. Aber was sind unsere Ziele?"

Müller-Wechselhaft nickt. „Richtig, gut dass Sie fragen. Wir planen, langfristig für den internationalen Wettbewerb fitter zu werden, insbesondere in Mittel- und Süd-Löwerika. Aber die dortigen Märkte funktionieren natürlich anders als das gute alte Löwenland. Die Löwen dort nutzen ihre mobilen Geräte viel intensiver zum Online-Shopping als wir hierzulande. Deshalb muss die technische Infrastruktur unseres neuen Projektes für mobile Endgeräte optimiert werden. Die Gesetzeslage hinsichtlich der Datenschutzrichtlinie und der AGB ist völlig anders. Auch die Budgets für die Werbekanäle müssen wir neu planen und viel mehr auf Touchpoints setzen. Dazu fehlen uns aber noch grobe Richtwerte, wie sich der ROI messen lässt und mit welchem Absatzvolumen wir rechnen können, wenn wir Werbeflächen an Dritte vermarkten." Kimba muss schmunzeln. Nicht nur er selbst, sondern auch seine Firma will fitter werden. Das Trainingsziel für Tiger & Meyer ist also, sich in den besagten Märkten als neuer Anbieter zu etablieren. Dafür benötigt die Firma sowohl Informationen über die dortigen Geschäftsverhältnisse, als auch über die eigenen Kapazitäten und darüber, wie diese optimiert werden können. Kimba ist froh, die Frage nach den Zielen von Tiger & Meyer gestellt zu haben: Wie sonst soll man bei all den Informationen, die dank Linternet und globaler Geschäftsstrategien heute zur Verfügung stehen, den Überblick bewahren? Müller-Wechselhaft reicht ihm eine weitere Mappe mit Unterlagen. „Machen Sie sich mal schlau und sagen Sie mir bis Mittwochabend, in welchem Teilprojekt ich Sie einsetzen soll. Der Kollege aus Löln wird nachher auch bei Ihnen vorbeischauen."

Kimba kehrt in sein Büro zurück und vertieft sich in die Unterlagen. Doch seine Gedanken schweifen immer wieder zu seinen eigenen Trainingszielen ab. Unschlüssig blättert er in den Unterlagen, als es auf einmal an der offenen Tür seines Büros klopft. „Hallo, Sie sind Herr Kimba, oder? Ich bin der Kollege aus Löln für die Business Intelligence-Abteilung und wollte mich einmal vorstellen." Kimba staunt nicht schlecht: Das ist doch der Geschäftsmann, den er zusammen mit Steve Katz bei der Besichtigung des Studios gesehen hatte. Oder? „Ja, ich bin Kimba – hallo, schön Sie kennenzulernen. Sagen Sie ... waren Sie zufällig letzten Freitag im SUPER SPORT STUDIO?" – „Ja, das stimmt. Woher wissen Sie das?" – „Ich war dort zur Besichtigung und beginne am Freitag mit dem Training. Die Welt ist doch wirklich klein ..." Sie müssen beide grinsen. „Ich bin übrigens Jan Leopardsen, aber sagen Sie ruhig Jan zu mir. Haben Sie schon eine Idee, welche Analysen Ihre Abteilung benötigt?"

Da Kimba auf diese Frage keine Antwort hat, beschließen er und Jan, am nächsten Tag ein Meeting mit einigen weiteren Kollegen aus seiner Controlling-Abteilung zu organisieren, um sich ein genaueres Bild davon zu machen, welche Informationen und Erkenntnisse sie aus den Daten ziehen wollen. Jan hilft ihnen dabei zu Beginn auf die Sprünge: „Für uns als Analysten reicht es nicht aus, wenn der Auftraggeber – also ihr in diesem Fall – einfach nur Ergebnisse sehen will. Das ist wie mit dem Linternet: Dort gibt es auch eine Riesenmenge an Daten und es wartet jede Menge Wissen darauf, von euch entdeckt zu werden. Aber dafür müsst ihr an das Linternet die richtigen Fragen stellen, damit die Suchmaschine die richtigen Zielseiten aufrufen kann, die für euch relevant sind. Kein Löwe kann all die Informationen verarbeiten, die es im Linternet gibt. Und genauso wenig kann eine Datenanalyse erfolgreich durchgeführt werden, wenn man sich zuvor nicht genau das Ziel überlegt, das man mit der Analyse erreichen will."

„Eigentlich ist es dasselbe wie mit dem Trainingsziel", überlegt Kimba nach dem spannenden Meeting. „Einfach nur fit werden ist wahrscheinlich nicht konkret genug. Also sollte ich mir Gedanken dazu machen, was ‚fit werden' für mich bedeutet." Kimba zückt sein geliebtes altes Löwennotizbuch mit dem schicken Ledereinband und notiert die Punkte, die für ihn wichtig sind: Die quälenden Rückenschmerzen loswerden, die sich manchmal nach dem ewigen Sitzen einstellen. Den Bauchumfang reduzieren, um wieder problemlos in all seine schönen Hemden zu passen. Nicht mehr nach jedem zweiten Treppenabsatz schnaufen zu müssen wie ein Zebra auf der Flucht. Vernachlässigte Muskeln reaktivieren und wieder beweglicher werden. „Es muss ja nicht gleich ein Spagat sein", denkt Kimba schmunzelnd. „Aber vornübergebeugt und mit gestreckten Beinen konnte ich früher mit den Vorderpfoten den Boden berühren, das ist vielleicht ein guter Anhaltspunkt." Kimba ist zwar mit seinen Trainingszielen fürs Erste zufrieden, beschließt aber, den fitten Kollegen Leopardsen bei nächster Gelegenheit auf dessen Trainingsziele anzusprechen. Denn worauf könnte ein so muskelbepackter Löwe überhaupt noch hinarbeiten?

Am Mittwoch erstellen Jan und Kimba einen übersichtlich strukturierten Fragenkatalog, der als Grundlage für die ersten Auswertungen der neuen BI-Abteilung dienen soll. Während der Mittagspause nutzt Kimba die Gelegenheit und erzählt Jan von seinen Überlegungen. „Also, Kimba, deine Trainingsziele hören sich schon einmal ganz gut an.

Wichtig ist, dass man sich von der Vorstellung verabschiedet, dass alles auf einmal geht. Ein Marathonläufer kann nicht gleichzeitig Muskelberge aufbauen. Erstens das wäre kontraproduktiv für seine Schnelligkeit und zweitens unterscheiden sich die Trainingspläne für einen Ausdauersportler, der auf einen Marathon hintrainiert, von denen für einen Kraftsportler oder Bodybuilder, der sich auf der Bühne präsentiert. Ein Ziel wie Gewichtsverlust bedingt auch einen ganz anderen Trainingsplan. Manche Sportler wollen Fehlstellungen korrigieren oder ihre Körperspannung verbessern, nach einer OP wieder auf die Beine kommen oder ihre Muskeln stärken, um einen chirurgischen Eingriff zu vermeiden. Im hohen Alter möchten Sportler eher ein bestimmtes Level halten … Und dafür gibt es jeweils unterschiedliche Methoden." Kimba staunt nicht schlecht. „Ach ja, das hätte ich beinahe vergessen: Für bestimmte Sportarten gibt es natürlich auch unterschiedliche Pläne. Ein Löwenballer trainiert ganz anders als ein Boxer … Aber so genau musst du das alles gar nicht wissen. Ich persönlich halte mich an das 80/20-Prinzip."

Jan skizziert für Kimba die 80-zu-20-Regel, die auch Pareto-Prinzip genannt wird. Laut dieser Formel werden 80 % der Ergebnisse mit 20 % des Gesamtaufwands erreicht. Für die restlichen 20 % bis hin zur Perfektion werden hingegen 80 % des Aufwands benötigt: Eine im Verhältnis gesehen meist zu große Anstrengung im Hinblick auf das Ergebnis. So gestaltet Jan auch sein Training: In den vergangenen Jahren hat er kontinuierlich sein Ziel verfolgt, Muskeln aufzubauen und dadurch seinen vom Sitzen in Mitleidenschaft gezogenen Rücken zu stärken. Er hat dabei regelmäßig Sport getrieben, ohne sein ganzes Leben nach dem

Training ausrichten zu müssen: dreimal pro Woche im Fitnessstudio, einmal pro Woche im Sportverein. „Nur den Traum vom Halbmarathon habe ich mir noch nicht erfüllen können – denn dafür müsste ich mein Training komplett umstellen und das fiele dann nicht mehr unter die 80-zu-20-Regel", fügt Jan grinsend hinzu. „Ganz am Anfang musst du dir selbst einfach die Frage stellen: Was ist wichtig für mich? Du musst dich auch von der Vorstellung verabschieden, alle Unwägbarkeiten in deine Überlegungen mit einbeziehen zu können. In Löwerika kann zum Beispiel eine Naturkatastrophe eintreten, die unsere sorgsam ausgetüftelten Analysen völlig durcheinander bringt. Oder eine Grippe wirft dich im Training um zwei Wochen zurück. Selbst wenn du meinst, alles zu wissen, können immer noch Dinge geschehen, auf die du keinen Einfluss hast. Auch das ist 80-zu-20: Nicht nur die wichtigsten Aktivitäten auswählen, sondern auch den Mut zur Lücke haben." Andererseits solle Kimba keinesfalls den Anfangsfehler begehen, wild daraufloszutrainieren, ohne eine Vorstellung davon zu haben, was sein Ziel ist. „Für viele Löwen ist es deshalb einfacher, mit einer konkreten Sportart fit zu werden. Denn da weiß der Trainer genau, welche Techniken in der Mannschaft trainiert werden müssen. Du wirst zum Beispiel nie ein guter Tennisspieler sein, wenn du den Schläger nicht richtig hältst."

„Und welchen Plan würdest du mir für meine Ziele konkret empfehlen?" [5] Leopardsen erklärt dem begierig lauschenden Kimba, dass ein Plan für einen Anfänger in etwa so aussehen könnte: Eine Reduktionsphase für den Fettabbau, dann eine Aufbauphase zur Kraftsteigerung oder zur Erhöhung der Muskelmasse. „Man muss auch berücksichtigen, dass jeder Körper anders auf das Training reagiert. Manch ein Löwe baut sehr schnell Muskelmasse auf, ein anderer aber nicht. Manch ein Löwe tut sich mit dem Fettabbau leichter oder extrem schwer. Deshalb ist es wichtig, sich nicht gleich einen Fünf-Jahres-Plan zurechtzulegen, sondern seinen Plan alle paar Wochen anzupassen. So machen wir es mit unseren Analysen in der Business Intelligence-Abteilung ja auch. Künftig wird alle vier bis sechs Wochen ein neuer Plan aufgestellt, anhand dessen wir unsere Auswertungen durchführen. Ansonsten hilft die Trial-and-Error-Methode, also systematisches Ausprobieren und immer wieder nachhaken, wenn man Fragen hat."

Zusammen mit einem sportlichen Kollegen stellt Kimba seinen ersten Trainingsplan auf

Quellen

1. http://energieumsatzausdauersportlaufen.blogspot.de/2010/
   03/wie-lasst-sich-der-kalorienverbrauch.html
2. http://sportkardiologie-koeln.de/belastungs_ekg.php
3. http://sportkardiologie-koeln.de/spiroergometrie.php
4. vgl. z. B.: https://de.wikipedia.org/wiki/Leistungsdiagnostik,
   http://www.dfb.de/trainer/aktiver-ue-20/artikel/laktattest-
   ist-optimal-fuer-die-trainingssteuerung-1819/,   http://www.
   spiegel.de/gesundheit/ernaehrung/laktattest-und-co-was-die-
   leistungsdiagnostik-fuer-hobbylaeufer-bringt-a-857048.html
5. http://www.wikifit.de/trainingsplaene

6

Im Flow: Die richtige Balance zwischen Über- und Unterforderung

Lono

Am Donnerstag kann Lono kaum aufrecht stehen: Sämtliche Muskeln tun ihm von der Strampelei auf dem Fahrradergometer in Löln weh. Ächzend und stöhnend schleppt er sich ins Büro und berichtet Herrn Müller-Wechselhaft von dem Treffen in Löln. Der ist verständlicherweise gar nicht davon begeistert, dass Lono keine konkreten Entscheidungen treffen konnte und von der Datenmenge überfordert war. „Naja, Lono, was soll ich dazu sagen? Ich glaube, ich schicke Ihnen mal einen unserer neuen ‚High Potentials‘ vorbei. Das sind ganz vielversprechende junge Kollegen, die wir direkt von der Universität wegrekrutiert haben. Beeindruckende Lebensläufe: Die haben nicht nur so vor sich hin studiert, sondern neben dem Studium schon viel gemacht. Jetzt gerade sind sie noch im Management-Seminar und werden dort auf ihre Aufgaben vorbereitet. Die Personalabteilung nordet die Löwen dort auf unsere Philosophie ein und die Neulinge saugen alle Informationen auf wie durstige Elefanten am Wasserloch. Unglaublich, wie viel die in kürzester Zeit lernen können! Ab Montag sind die Neuen

© Springer Fachmedien Wiesbaden 2017
S. I. Lackerbauer et al., *Die Löwen-Liga: Fit für die Karriere*,
DOI 10.1007/978-3-658-12138-9_6

dann bei uns vor Ort. Ich bin mir ziemlich sicher, dass Sie und Ihre Abteilung davon profitieren werden. Und natürlich sollen Sie Ihrem Jungspund auch zeigen, wie wir hier arbeiten. Montag um zehn Uhr treffen wir uns in meinem Büro, dann stelle ich Ihnen den Kollegen vor."

Geknickt schleicht Lono aus Müller-Wechselhafts Büro. Auch das noch – jetzt soll er Babysitter für einen Neuling spielen, der bestimmt meint, er sei etwas Besseres, bloß weil er als High Potential angeworben wurde. Lono weiß, dass viele junge Löwen sich heute während der Ausbildung schon auf spätere Managementaufgaben vorbereiten und deshalb doppelt so hart arbeiten. Wehmütig denkt er an seine eigene Studentenzeit zurück: Auf diese Idee wäre er niemals gekommen. Er hatte es genossen, nach der Uni mit befreundeten Löwen abzuhängen, in den Semesterferien zu reisen und sich vom Leistungsdruck nicht die schöne Zeit vermiesen zu lassen. Das Ziehen und Brennen, das Lono mit jedem Schritt in seinen Beinen spürt, reißt ihn sogleich unsanft aus den Gedanken. Mutlos schleppt er sich durch den Tag. „Na wunderbar, wie soll das denn morgen mit dem Check-up im Fitnessstudio funktionieren, wenn ich mich kaum bewegen kann ... "

Am Freitag geht es Lono glücklicherweise etwas besser. Frau Dr. Katzlein hat ihm Magnesium gegen den Muskelkater empfohlen und Lono ist früh ins Bett gegangen. Den Vormittag über beantwortet er Lionmails und plant die nächste Woche, während er zwischendurch immer mal wieder einen nervösen Blick auf die gepackte Sporttasche wirft, die neben seinem Schreibtisch wartet – nein, lauert. Um zwölf Uhr mittags steht er als einer der Ersten in der Schlange vor der Kantine. Schließlich will er pünktlich um 13 Uhr aus dem Büro verschwinden, um nicht zu spät zu seinem Check-up-Termin um 14 Uhr zu kommen. Normalerweise würde er sich in so einer Situation ja Mut antrinken, aber sogar ein unfitter Löwe wie er weiß, dass sich Alkohol und Sport nicht gut vertragen. Stattdessen beschließt er, sich eine extragroße Portion seines Lieblingsgerichts zu gönnen – denn Freitag ist in der Kantine Schnitzeltag und was könnte eine bessere Grundlage für das Training sein, als ein ordentliches Stück Fleisch mit Panade und sättigenden Bratkartoffeln? Schließlich wird er beim Sport nachher richtig viel Energie verbrauchen, die ja irgendwoher kommen muss. Zum Nachtisch verputzt Lono noch einen Schokoladenpudding, verabschiedet sich um 13 Uhr ins Wochenende und fährt mit seiner Sporttasche auf direktem Wege in das SUPER SPORT STUDIO. Unterwegs grummelt sein Bauch; so viel Bewegung nach dem Mittagessen ist Lono gar nicht gewohnt und das Schnitzel liegt ihm nun doch etwas schwer im Magen. Oder vielleicht ist es auch einfach nur die Aufregung?

Im SUPER SPORT STUDIO checkt er mit seiner brandneuen Mitgliedskarte ein, zieht seine schicken neuen Sportklamotten an, schnürt die neongelben Turnschuhe und schlurft zum Checkpoint auf der Trainingsfläche, wo ihn der Fitnesscoach bereits erwartet. „Hallo, Sie müssen Herr Lono sein, richtig? Wunderbar! Ich freue mich, dass wir zusammen den Check-up durchführen. Wie geht es Ihnen denn heute? Fühlen Sie sich fit? Wann haben Sie denn zuletzt etwas gegessen?" Lono berichtet von seinem Ausflug nach Löln und von seinem leckeren Mittagsschnitzel. Er schwärmt noch von der knusprigen Panade, bevor er ins Stocken gerät, weil der Coach ihn mit hochgezogenen

Augenbrauen kritisch beäugt. „Hat man Ihnen denn nicht gesagt, dass die letzte richtige Mahlzeit ungefähr zweieinhalb bis drei Stunden vor dem Sport eingenommen werden sollte und dass Sie darauf achten sollen, nichts allzu Schweres und Deftiges zu essen? Ihr Magen ist jetzt noch mit der Verdauung beschäftigt und Sie fallen wahrscheinlich gleich in ein waschechtes Mittagstief. Das sind nicht gerade die optimalen Voraussetzungen für den Check-up." Lono stammelt eine Entschuldigung und versichert dem Coach, dass sein Bauch ihm gar keine Probleme bereitet und er sich fit genug für den Termin fühlt. Zusammen mit dem Coach geht er einen ausführlichen Fragebogen durch, um seinen Gesundheitszustand zu bestimmen. Da Lono sein Gewicht peinlich ist, schummelt er sich zehn Kilo leichter, als er eigentlich ist. Er will auch nicht zugeben, dass er seit Jahren keinen Sport mehr getrieben hat und gibt an, bis vor ein paar Monaten zweimal in der Woche sportlich aktiv gewesen zu sein. Anschließend setzt der Coach ihn auf ein Fahrradergometer, um seinen Puls unter steigender Belastung zu messen. Lono flucht innerlich, während er strampelt. „Schon wieder!", denkt er und erlebt ein waschechtes Déjà-vu. „Hätte ich doch bloß die Mappe mit den Unterlagen aus Löln mitgebracht . . . " Gegen Ende des Tests meldet sich Lonos Magen lautstark zu Wort und er hetzt zur Toilette. „Hätte ich doch bloß das Schnitzel nicht gegessen . . . ", stöhnt er, als er auf wackligen Beinen wieder zu dem Fitness-Coach zurückkehrt.

„Sollen wir aufhören und ein andermal weitermachen, Herr Lono?" – „Nein, nein, es geht schon. Mir war nur kurz ein wenig schwarz vor Augen", beteuert Lono. Jetzt aufgeben? Das kommt gar nicht in Frage. Also quält er sich durch verschiedene Übungen, die seine Beweglichkeit ermitteln und eventuelle Fehlstellungen oder Verkürzungen seiner Muskeln aufdecken sollen. „Diese Art der Bewegungsanalyse wird Functional Movement Screening genannt" [1], erklärt ihm der Coach. Während Lono sich mit Kniebeugen und Magengrummeln abmüht, macht sich sein Coach Notizen und quittiert jede seiner Bewegungen mit einem bedeutungsvollen Brummen. Das angedrohte Mittagstief schlägt bei Lono jetzt mit voller Wucht ein und er gähnt ausgiebig. Prompt grinst ihm der Coach spitzbübisch zu. „Ach, das ist Ihnen wohl zu wenig anstrengend? Dann wollen wir uns mal an die Geräte machen." Mit einem Zwinkern führt er Lono zu den Maschinen und erkundigt sich währenddessen noch, ob Lono körperliche Einschränkungen hat – von dem beachtlichen Löwenbäuchlein mal abgesehen. Lono verneint: Bis auf O-Beine und Plattpfoten sei ihm nichts bekannt. Sein Coach nickt zufrieden.

„Dann gebe ich Ihnen mal einen groben Überblick zu unserem Trainingsangebot. Hier in diesem Bereich stehen die Maschinen. Der Vorteil dabei ist, dass die Bewegungen – zum Beispiel das Rudern oder Sit-Ups für den Bauch – an den Maschinen geführt sind, so dass Sie wenig falsch machen können. Die Maschinen eignen sich außerdem gut dazu, einzelne Muskeln isoliert zu trainieren. In der Mitte, wo wir gerade unsere Übungen gemacht haben, ist die Freifläche, mit allen möglichen Trainingsgeräten: Schlingentrainer, Medizinbälle, Kurzhanteln und so weiter. Hier arbeiten Sie viel mit Ihrem eigenen Körpergewicht. Das hilft dabei, den gesamten Muskelverbund zu stärken, Balance, Koordination und Körperspannung zu verbessern. Viele der Übungen können Sie auch zu Hause oder unterwegs auf Reisen machen. Die Kursräume hat man Ihnen ja schon gezeigt, da können Sie ruhig alles einmal ausprobieren, was wir im Angebot haben. Es sind immer Anfänger in den Kursen und die Trainer erklären jedes Mal genau, worauf Sie achten müssen. Und ganz da hinten ist der Freihantelbereich. Davor müssen Sie ebenfalls keine Scheu haben: Hier trainieren zwar viele ‚Profis‘, aber Langhanteln und Kabelzug können Sie ruhig in Ihr Training einbauen. Wir stellen Ihnen jetzt einen ersten Plan zusammen. Entweder passen wir den in vier bis sechs Wochen dann an Ihren Trainingsfortschritt an oder Sie arbeiten mit einem Personaltrainer, der Ihnen ohnehin alles zeigen wird. Nachdem Sie ja gesagt haben, sie hätten bis vor Kurzem noch regelmäßig Sport getrieben, können wir gleich mit einem etwas anspruchsvolleren Plan einsteigen.“

Lono schluckt schwer. Am liebsten würde er sich jetzt auf dem Sofa ausruhen und seinem rumorenden Bauch die Chance geben, sich zu beruhigen. „Das hast du ganz allein dir zuzuschreiben“, schimpft er mit sich selbst, während er sich unter den Argusaugen des Coaches durch die Übungen quält und sie gemeinsam einen Plan für ihn erstellen. Jetzt schämt er sich dafür, beim Check-up geschwindelt zu haben, traut sich aber nicht, dem Coach einzugestehen, dass ihn der straffe Plan völlig überfordert. Eine Stunde später schleicht Lono erschöpft und mit puterrotem Kopf aus dem Studio. Obwohl der Coach ihn für sein Durchhaltevermögen gelobt hat, fühlt er sich wie ein Hochstapler, weil er ihm gegenüber nicht zugeben wollte, dass die Bundeslöwenliga im Fernsehen seit Jahren sein einziger Kontakt mit dem Sport war …

Nach einem ereignislosen Wochenende, das Lono aufgrund eines Muskelkaters hauptsächlich auf der Couch verbringt, fühlt er sich am Montag wieder einigermaßen erholt. Die Sporttasche für seinen Abendtermin bei der Personaltrainerin Ivera Löwowitz steht ordnungsgemäß gepackt neben seinem Schreibtisch als ein schüchternes Klopfen ihn am Vormittag aus der Arbeit reißt. „Herr Lono? Darf ich reinkommen?" Kurz muss Lono überlegen, dann fällt es ihm ein: Heute sollte ja einer der neuen High Potentials bei ihm aufschlagen, um bei der Planung für die Business Intelligence-Abteilung zu helfen. Lono schluckt seinen Ärger darüber hinunter, dass er sich jetzt um einen Neuling kümmern muss und schüttelt der jungen Löwin die Pfote. Ihre feingliedrige Pfote verschwindet fast in seiner riesengroßen Pranke. Irgendwie hatte er sich das anders vorgestellt: So ein High Potential müsste doch eigentlich vor Selbstbewusstsein nur so strotzen. Aber die kleine Löwin, die so verloren in seinem Büro steht, wirkt eher unsicher. „Die ist ja noch ängstlicher als ich vor zwei Wochen im Fitnessstudio", erkennt Lono. Er studiert den fast lückenlosen Lebenslauf der Neuen. Ina Panther, so heißt sie. Während des Studiums viel nebenbei gearbeitet, nach dem Abschluss Praktika und dann ein halbes Jahr Leerlauf, bis sie die Stelle bei Tiger & Meyer ergattert hat. Auf sein Nachhaken hin druckst sie nur herum und erzählt von Schwierigkeiten, eine anständig bezahlte Stelle zu finden. Lono schielt auf die Uhr. Noch sieben Stunden bis zum Feierabend und bis zu seinem ersten Treffen mit der Personaltrainerin. Das kann ja heiter werden …

Vor dem Training hätte Lono etwas Leichteres essen sollen

Kimba

Die Woche vergeht für Kimba wie im Flug. Zusammen mit Jan Leopardsen arbeitet er mit großer Begeisterung an der Vorbereitung des Fragenkatalogs für die neue Business Intelligence-Abteilung. Am Freitag hat er früh morgens einen Termin bei Müller-Wechselhaft. Per Flurfunk machte in den letzten Tagen das Gerücht die Runde, dass in den ihm unterstellten Abteilungen bei Tiger & Meyer einige High Potentials in den kommenden Wochen das Tagesgeschäft lernen und die Einführung der neuen Abteilung begleiten sollen. Kimba ist gespannt, was Müller-Wechselhaft ihm dazu zu sagen hat, und seine Vermutung bewahrheitet sich: Am Montag würde sich einer der jungen Absolventen bei ihm vorstellen und Kimba solle ihn die Woche über betreuen. Da Jan Leopardsen am heutigen Tag abreist, treffen sie sich zu einem letzten Mittagessen in der Kantine und feiern die gut verlaufene Woche. Als Kimba gierig auf die Schnitzel zusteuert, hält Jan ihn zurück. „Du hast doch heute deinen Check-up im SUPER SPORT STUDIO, oder? Da solltest du lieber etwas essen, das weniger schwer im Magen liegt und dich länger satt hält. Proteinreiche Kost ist sinnvoll. Und pack' dir einen Beutel Nüsse für später ein, damit du zwei Stunden vor dem Training noch einen Snack hast, der dir Energie gibt." Widerwillig folgt Kimba dem sportlichen Jan zum Salatbüffet und schaufelt mediterran gebratenes Gemüse, Thunfisch, Hähnchenfilet und Linsensalat auf seinen Teller. An der Kasse muss er schlucken: Das Gericht ist fast doppelt so teuer wie das klassische Schnitzel mit Bratkartoffeln. Jan klopft ihm mitfühlend auf die Schulter. „So ist das leider heute immer noch in vielen Kantinen: Die gesunden Sachen werden nach Gewicht berechnet, für die ungesunden Tagesgerichte gibt es einen Einheitspreis. Vielleicht kannst du ja einmal mit eurer Betriebsärztin oder Präventologin darüber sprechen? Bei uns hat eine Mitarbeiterinitiative dazu geführt, dass Salate jetzt auch standardmäßig nach Teller berechnet werden, nicht mehr nach Gewicht. Bis es soweit war, habe ich mir meine Brotzeit regelmäßig von zu Hause mitgenommen, um Kosten zu sparen und trotzdem gesund essen zu können." Kimba beschließt, in einem günstigen Moment einen Vorstoß in diese Richtung zu wagen und vergräbt die Löwenschnauze in seiner Riesenportion Salat. Satt und zufrieden bespricht er danach mit Jan die weiteren Schritte für die kommende Woche. Erst anschließend fällt ihm auf, dass er überhaupt kein Nachmittagstief hatte – nicht einmal einen Lespresso hat er nach dem Essen gebraucht.

Am späten Nachmittag fährt Kimba auf direktem Weg ins SUPER SPORT STUDIO. In Gedanken fasst er die vergangene Woche noch einmal für sich zusammen. „Gut, dass Jan mir dabei helfen konnte, die Planung für die neue Business Intelligence-Abteilung so strukturiert anzugehen. Bis dahin hatte ich das Gefühl, dass wir nur wieder neue Prozesse und Werkzeuge dazubekommen, ohne wirklichen Nutzen daraus ziehen zu können. Aber mit dem Ziel vor Augen, dass Tiger & Meyer eine Expansion nach Mittel- und Süd-Löwerika anbahnt, konnten wir sinnvolle Pläne für die Datenanalysen aufsetzen." Kimba ist zu früh im Studio und setzt sich zur netten Empfangschefin an die Bar, während seine Gedanken zu den High Potentials abschweifen, die nächste Woche ihren Dienst antreten sollen. Er weiß, dass sie in einem Management-Seminar bei Tiger & Meyer eine ganze Woche lang die Philosophie und strategische Ausrichtung des Unternehmens eingetrichtert bekommen haben. Kimba denkt an all die Workshops und Schulungen zurück, die er selbst durchlaufen hat: Im Prinzip waren sie alle interessant und boten manchmal durchaus nützliche Ansatzpunkte, um die eigene Arbeit zu optimieren, oder sich in anderen Bereichen weiterzuentwickeln. Oftmals scheiterte es jedoch daran, dass diese Seminare sehr allgemein gehalten waren und nicht auf die besonderen Bedürfnisse bei Tiger & Meyer oder in den einzelnen Abteilungen eingegangen sind. „Eigentlich müsste man auf dieser Basis aufbauen und die Grundlagen aus den Workshops auf die individuellen Bedürfnisse der jeweiligen Arbeitsumgebung anpassen …", denkt er laut nach und bemerkt nicht, dass der Fitness-Coach für seinen Check-up schon seit einiger Zeit neben ihm steht. Grinsend schüttelt der Coach Kimbas Pfote. „Ah ja, individuelle Anpassung, das ist genau mein Stichwort! Schön Sie zu sehen, Herr Kimba. Dann lassen Sie uns doch gleich loslegen!"

Nachdem Kimba durchgecheckt wurde und den Belastungstest erfolgreich überstanden hat, kämpft er sich mit dem Coach durch die verschiedenen Übungen, die er an den Maschinen, auf der Freifläche und im Freihantelbereich absolvieren soll. „Sie haben da vorhin etwas sehr Richtiges gesagt, Herr Kimba. Der Plan, den wir hier erstellen, ist auch nur eine Basis. Auf dieser Grundlage können Sie dann selbst aufbauen und das Training Ihren Bedürfnissen anpassen. Wichtig ist nur, dass Sie Lust darauf haben, hier vieles auszuprobieren. Selbst wenn Sie am Anfang Fehler machen oder nicht gleich wissen, wie man eine Maschine bedient. Stellen Sie ruhig Fragen und lassen Sie sich die Geräte von mir oder meinen Kollegen zeigen. Es ist kontraproduktiv, wenn Sie monatelang einen ganz starren Plan verfolgen. Denn Ihr Körper und Ihre Bedürfnisse verändern sich und so muss sich auch das Training verändern, um dem Rechnung zu tragen. Sonst bleiben Sie nur auf der Stelle stehen und kommen Ihren Trainingszielen nicht näher. Und wir wollen doch nicht, dass Sie sich hier unterfordert fühlen, oder?", fügt er schmunzelnd hinzu. Der schwitzende und ächzende Kimba macht sich indes keine Sorgen, dass sein Körper zu wenig gefordert werden könnte. Tapfer meistert er die Trainingsrunde und stolpert dann erschöpft, aber glücklich in sein wohlverdientes Wochenende. Die nächsten beiden Tage verbringt er viel Zeit auf dem Sofa und mit erholsamen Spaziergängen, um seinen Muskelkater auszukurieren. Da am Montag das erste Treffen mit dem Personaltrainer Manuel Löwenzier ansteht, hat er den Plan aus dem SUPER SPORT STUDIO mitgenommen und malt sich zwischendurch aus, wie er in den kommenden Monaten die Transformation zu einem der fittesten Löwen bei Tiger & Meyer durchlaufen wird.

Am Montagmorgen startet Kimba beschwingt in die neue Arbeitswoche. So gut hat er sich schon lange nicht mehr gefühlt: Der Muskelkater ist abgeklungen und er freut sich auf die nächste Trainingseinheit am späten Nachmittag. Gerade verstaut er seine ordentlich gepackte Sporttasche neben seinem Schreibtisch, als ihn ein selbstbewusstes Klopfen an der offenen Bürotür aus den Gedanken reißt. „Hallo, Herr Kimba! Mein Name ist Dominik Löwerer, Herr Müller-Wechselhaft schickt mich. Ich war letzte Woche im Management-Seminar und soll diese Woche bei Ihnen mal reinschnuppern. Wie ich gehört habe, soll eine neue Business Intelligence-Abteilung aufgezogen werden?" Der junge Löwe ist forsch in den Raum getreten und schüttelt enthusiastisch Kimbas Pfote. „So viel Euphorie, das ist ja direkt beneidenswert", schmunzelt Kimba innerlich. „Herzlich willkommen, Herr Löwerer. Lassen Sie uns doch direkt auf das Du übergehen, schließlich sind wir für die nächsten Woche ja enge Kollegen." Dominik Löwerer nickt begeistert und zückt ein schickes Notizbuch, auf dem das Tiger & Meyer-Firmenlogo eingestanzt ist.

„Dann erzählen Sie mal, was Sie in dem Management-Training so gelernt haben", fordert Kimba ihn auf. Aus dem jungen Löwen sprudelt es daraufhin nur so hervor: Fachbegriff reiht sich an Fachbegriff, die Theorie der Rhetorik- und Präsentationstechniken beherrscht er aus dem Effeff, ebenso hat er die Prinzipien des Führungsstils von Tiger & Meyer verinnerlicht. Kimba muss wieder an seine eigenen Schulungen denken – und an den Basis-Trainingsplan, den er am Freitag mit dem Coach zusammen aufgestellt hat. „Also, Dominik. Du hast mir jetzt gezeigt, dass du bei dem Seminar ganz vorbildlich aufgepasst hast. Aber sei dir dessen bewusst, dass du all das Gelernte hier nicht eins zu eins wirst umsetzen können. Eine Firma ist ein dynamisches System, das sich stetig weiterentwickelt. Das heißt, dass auch du dich weiterentwickeln musst. Du musst auf Basis dessen, was du gelernt hast, deinen eigenen Arbeitsstil finden, um den Anforderungen des Jobs gerecht zu werden und deine eigenen Fähigkeiten bestmöglich einsetzen zu können. Das klingt jetzt noch genauso abstrakt wie die Inhalte aus den Management-Seminaren. Aber du wirst sehen, dass alles mit der Zeit Sinn machen wird, wenn du dich darauf einlässt." Der junge Löwe stutzt und lässt Kimbas Ansage erst einmal sacken.

Kimba spürt, dass Dominik am liebsten sofort sein geballtes theoretisches Wissen von der Universität und aus den Seminaren zum Wohle der Firma einsetzen möchte – wahrscheinlich würde er den Laden komplett umkrempeln, wenn man ihn nur ließe. „Ich gebe dir einen Tipp: Lerne mit mir zusammen erst einmal alle Abläufe hier im Betrieb kennen und überlege, was daran deiner Meinung nach gut oder schlecht ist. Und dann können wir gemeinsam überlegen, ob und wie wir daran etwas ändern können. Keine Sorge, das wird dich nicht unterfordern, denn wir arbeiten in ganz unterschiedlichen Bereichen. Selbst nach knapp zehn Jahren bei Tiger & Meyer lerne ich fast jede Woche noch etwas dazu. Gerade jetzt mit der Einführung der neuen Abteilung, da ist alles noch ganz frisch!" Dominik überlegt kurz und nickt dann zustimmend. „Entschuldigung, ich wollte auch nicht mit der Tür ins Haus fallen. Es ist nur so, dass ich jahrelang so viel über Management und Budgetplanung gelernt habe, dass ich es kaum erwarten konnte, endlich in dem Bereich zu arbeiten." Kimba grinst den Neuen wohlwollend an und atmet innerlich auf: Mit der Aussicht auf die Mitgestaltung der Prozesse in der neuen Abteilung hat er Dominik geködert – und gleichzeitig die Generalsanierung von Tiger & Meyer durch den hyperaktiven Junior-Manager verhindert. Ein weiteres Klopfen an der Tür unterbricht seine Gedanken.

„Hallo Kimba, ich bin Lono aus dem IT-Projektmanagement. Ich habe gehört, dass Müller-Wechselhaft dir auch einen High Potential geschickt hat, richtig? Ich habe hier auch eine, aber …" Mit den Lippen formt Lono stumm noch die Worte „… die ist irgendwie komisch", so dass die kleine Löwin nichts davon mitbekommt, die hinter Lonos mächtiger Erscheinung fast verschwindet. Kimba betrachtet sie verwundert. Im Gegensatz zum selbstbewussten Dominik Löwerer erinnert sie eher an ein Löwenjunges, das zum ersten Mal in der Savanne herumtapst. Kimba scheucht Lono und Dominik aus seinem Büro und setzt sich mit der jungen Löwin auf das bequeme Ledersofa, auf dem er schon so manches Mal erfolgreiches Brainstorming im Liegen betrieben hat. Plötzlich sprudelt es aus der Löwin, die sich als Ina Panther vorstellt, heraus: „Ich habe das Gefühl, dass ich hier falsch bin. Ich bin eine ganz normale Absolventin und kein High Potential. Ich weiß gar nicht, warum ich überhaupt zu dem Management-Seminar zugelassen wurde. Ich kann das doch alles gar nicht."

Kimba kratzt sich am Kopf. So ganz zufällig wird sie ja wohl nicht genommen worden sein. Er überfliegt Ina Panthers stimmigen Lebenslauf und kann keinen triftigen Grund dafür finden, warum sie an sich zweifelt. Doch er hat eine Vermutung: Die neue Kollegin könnte zumindest ein wenig am sogenannten Hochstapler-Syndrom leiden [2]. Viele talentierte Löwen unterschätzen ihre eigenen Fähigkeiten und meinen, dass Sie sie sich irgendwie „durchgeschummelt" hätten und nicht das Recht hätten, dort zu sein, wo sie aufgrund ihrer eigenen Leistung gelandet sind. Sie vertrauen nicht darauf, dass sie zurecht und verdient eine bestimmte Position bekleiden. Da hilft nur gutes Zureden: „Liebe Ina Panther, jetzt hören Sie mir mal zu. Sie haben einen ganz hervorragenden Abschluss von einer bekannten Universität und einige Praktika absolviert. Dann hatten Sie anscheinend ein paar Schwierigkeiten dabei, den ersten Job zu finden, bis Sie von unseren Talentsuchern entdeckt wurden. Machen Sie sich doch bitte nicht kleiner als Sie sind. Sie müssen Ihr Licht hier nicht unter den Scheffel stellen. Es hat schon seine Gründe, warum man Sie eingestellt hat. Natürlich müssen Sie sich jetzt bei uns erst noch beweisen, aber jeder hier hat einmal klein angefangen. Stellen Sie sich vor, ich war letzte Woche zum allerersten Mal in einem Fitnessstudio – da kam ich mir auch erst fehl am Platz vor und dachte, dass ich zwischen all diesen gut trainierten Löwen gar nichts zu suchen habe. Aber jetzt habe ich einen Trainingsplan und kann daran arbeiten, mich zu verbessern. Außerdem habe ich gesehen, dass die anderen Löwen dort auch nicht perfekt sind. Und genauso ist es hier, bei Tiger & Meyer. Sie bekommen einen Mentor zur Seite gestellt und lernen, wie unser Unternehmen funktioniert. Mit Ihrer schnellen Auffassungsgabe haben Sie das sicher schnell herausgefunden und können uns schon bald tatkräftig unterstützen."

Kimba hat ins Schwarze getroffen: Ina Panther fühlt sich verstanden und schüttelt ihm dankbar die Pfote. Kimba schickt sie und Dominik Löwerer in die Küche zum Kaffee, während er Lono beiseite zieht und ihm die Situation erklärt. „Kollege Lono, du musst ihr dabei helfen, ihr Selbstbewusstsein aufzubauen. Gib ihr am besten am Anfang leichte Aufgaben, so dass sie schnell Fortschritte macht und merkt, dass sie hier bei Tiger & Meyer nicht fehl am Platz ist, sondern goldrichtig." – „Du meinst, ihr Selbstbewusstsein braucht einfach den richtigen Trainingsplan?", brummt Lono. Kimba blickt dem Kollegen erstaunt in die Augen. Genau daran hatte er auch gedacht, als er seinen ersten Besuch im Fitnessstudio mit Ina Panthers Auftritt bei Tiger & Meyer verglichen hat. Ob der Kollege Lono wohl auch trainiert? Recht sportlich sieht er ja nicht aus, aber wer weiß …

Kimba beweist Teamgeist und kümmert sich um die neuen Kollegen

Quellen

1. https://www.thieme.de/statics/bilder/thieme/final/de/bilder/ tw_physiotherapie/Artikel.pdf
2. Das Hochstapler-Syndrom kommt vor bei Leistungsträgern, die immer das Gefühl haben, sie hätten sich nur an ihren Platz geschummelt, gar nicht das Recht, hier zu sein und wären im Grunde unfähig: http://www.spiegel.de/karriere/berufsstart/ versagensaengste-die-muessen-doch-merken-dass-ich-nichts-kann-a-999640.html

7

Trainingsphasen und die Kraft der guten Gewohnheiten

Lono

Lono sitzt an der Fitnessbar im SUPER SPORT STU-DIO und schielt nervös in Richtung Trainingsfläche. In ein paar Minuten wird er die Personaltrainerin Ivera Löwowitz kennenlernen und mit ihr zusammen über eine mögliche Zusammenarbeit sprechen. Als er zum wiederholten Male die quietschbunten Luxus-Turnschuhe neu binden will, klopft ihm jemand von hinten auf die Schulter. „Hallo! Du musst Lono sein. Ich darf doch du sagen, ja? Freut mich sehr, dich kennenzulernen. Mein Name ist Ivera!" Die Trainerin schüttelt mit festem Griff seine Pfote und nickt enthusiastisch. Unter ihrem haselnussbraunen Fell zeichnen sich wohlproportionierte Muskeln ab und Lono spürt, wie sein Herz ein wenig schneller schlägt. Bevor er sich darüber Gedanken machen kann, bugsiert Ivera ihn auf einen der wenigen noch freien Crosstrainer. „Montag und Freitag ist abends im Studio für gewöhnlich am meisten los. Zum Wochenanfang sind die Löwen alle noch motiviert und wollen gut in die Woche starten ... oder die Kalorien vom Schlemmen am Wochenende wieder loswerden", schmun-

© Springer Fachmedien Wiesbaden 2017
S. I. Lackerbauer et al., *Die Löwen-Liga: Fit für die Karriere*,
DOI 10.1007/978-3-658-12138-9_7

zelt sie und blinzelt ihm verschwörerisch zu. „Und am Freitag wollen alle noch schnell eine Runde schwitzen, bevor sie ausgehen oder übers Wochenende wegfahren." Zehn Minuten soll Lono nun locker auf dem Crosstrainer strampeln, um sich aufzuwärmen. „Das Geheimnis jeder guten Trainingseinheit ist die Routine im Ablauf", erklärt ihm Ivera. „Zuerst das Aufwärmen, damit die Muskeln locker werden. Sonst steigt das Verletzungsrisiko beim Krafttraining. Dann solltest du ein paar Dehnübungen machen, oder mit einer der Schaumstoffrollen das verklebte Bindegewebe – auch Faszien genannt – lösen. Dadurch wirst du auch beweglicher. Danach folgen das Krafttraining oder ein Gruppenkurs oder auch mal eine Runde Mannschaftssport, wenn du dich für eine Sportart begeistern kannst. Zum Cool-Down kannst du entweder noch ein wenig Ausdauertraining machen oder auch Atemübungen. Die Muskeln sollen dabei geschont werden. Zum Entspannen kannst du auch nach dem Training noch in die Sauna gehen. Und vergiss nicht, nach dem Training deinem Körper die verbrauchte Energie auch wieder zuzuführen." Als sie Lonos bestürzten Blick bemerkt, lacht Ivera kurz auf. „Keine Sorge, wenn wir beide zusammenarbeiten, dann impfe ich dir diese guten neuen Gewohnheiten schon noch ein." [1]

In der darauf folgenden Stunde, die Lono wie eine Ewigkeit vorkommt, muss er unter Iveras Argusaugen zahlreiche Übungen absolvieren. Die Trainerin achtet dabei genau darauf, dass Lono nicht zu intensiv trainiert und seinen Körper nicht überfordert. Sie erklärt ihm, dass viele Löwen zu Beginn diesen Fehler machen. Auf der anderen Seite zählt sie auch Löwen zu ihren Kunden, die gar nicht bis an ihre Grenzen herangehen: „In den meisten Fällen ist der

Kopf der Grund, warum man aufgibt – und nicht der Körper", erzählt sie dem schwitzenden und ächzenden Lono. „Du magst zwar den Schweinehund überwunden haben, der dich vom Sport abgehalten hat – aber wenn das nächste Training ansteht, ist er oft wieder zur Stelle und will dir einreden, dass du aufhören sollst." Sie zeigt ihm auf, dass er jetzt am Anfang seines Trainings noch all seine Willenskraft dafür aufbringen muss, sich überhaupt auf den Weg ins Fitnessstudio zu machen. Sie erzählt ihm von den „guten Gewohnheiten", von denen sie in einem Buch des Linternet-Mönches Tim Schlöwzig gelesen hat. „Laut Schlöwzig dauert es in etwa 30 Tage, bis sich eine neue Gewohnheit als Routine etabliert hat. Du musst jetzt kontinuierlich dranbleiben und diese erste Hürde nehmen. Sobald du nicht mehr darüber nachdenken musst, ob du zum Sport gehst oder nicht, sondern automatisch herkommst, können wir die nächste neue Gewohnheit in Angriff nehmen. Und Verabredungen zum Sport, sei es mit einem Trainer oder eine Sportmannschaft, helfen dir dabei, das Ziel nicht aus den Augen zu verlieren." Lono nickt tapfer. Innerlich ist er aber verunsichert, denn so richtig will er nicht daran glauben, dass er wirklich zu einem sportlicheren Löwen werden kann. Sein Selbstbewusstsein hat er wohl zusammen mit dem Anzug in der Umkleidekabine abgelegt: Das ist alles noch sehr ungewohnt für ihn. Nach dem Training lässt er sich den mit Ivera erarbeiteten Trainingsplan geben und vereinbart einen zweiten Termin mit ihr für Freitagnachmittag. Danach schleicht er erschöpft nach Hause.

Am Dienstag erfährt er, dass bei Tiger & Meyer für Mittwoch ein großes Meeting angesetzt worden ist: Die Business Intelligence-Abteilung hat ihre Arbeit mittlerweile aufge-

nommen und auf Basis ausführlicher Datenanalysen Empfehlungen für ein umfangreiches neues Projekt ausgesprochen. Dieses für Tiger & Meyer strategisch wichtige Projekt
zur Erschließung der neuen Märkte in Mittel- und Süd-Löwerika soll nun in Kürze starten. Alle Abteilungen müssen
dabei zusammenarbeiten, um den straffen Zeitplan einhalten zu können. Früh am Mittwochmorgen macht sich Lono
mürrisch auf ins Fitnessstudio. Während er sich auf dem
Crosstrainer aufwärmt, studiert er die beiden Trainingspläne: Den ersten hat er noch vom Check-up mit dem Fitness-
Coach, der zweite ist von Ivera. Aber er kann sich einfach
nicht dazu aufraffen, die vorgegebene Trainingsreihenfolge
einzuhalten und die beschriebenen Übungen durchzuführen. Deprimiert wechselt er nach einer Weile auf das Fahrradergometer und strampelt dort noch ein Weilchen vor
sich hin. Während des anschließenden Krafttrainings lässt
er ein paar Übungen aus, verkürzt andere und stellt sich
anschließend lustlos unter die Dusche, um danach unzufrieden ins Büro zu schleichen.

„Das kriege ich niemals hin", denkt er betrübt, während
er bei Tiger & Meyer seine Lionmails abruft. Draußen hat
sich der Himmel verdunkelt, der strömende Regen lässt die
Welt vor dem Fenster verschwimmen. Seine junge Kollegin Ina Panther lässt sich von seiner schlechten Stimmung
anstecken und sitzt wie ein Häuflein Elend neben ihm.
Außerdem wird das langwierige Meeting in wenigen Minuten beginnen – all das trägt nicht gerade dazu bei, dass
Lonos Stimmung sich bessert. Zusammen mit Ina Panther
schleicht er in den großen Konferenzraum. Er geht davon
aus, dass die große Runde heute bis mindestens 19 Uhr
dauern wird. „So viel verschwendete Löwenkraft", denkt

er, als er sieht, dass nicht weniger als 30 Löwen an dem riesengroßen Tisch Platz genommen haben. „Hätte man das nicht anders organisieren können?", wundert er sich, ergibt sich aber dann mit einem Seufzer in sein Schicksal. Müller-Wechselhaft eröffnet die Runde und Lono lässt die langweiligen LöwenPoint-Präsentationen über sich ergehen. Als er gerade dabei ist einzunicken, schreckt er bei der Nennung seines Namens auf: Herr Müller-Wechselhaft hat ihn gerade als einen der Hauptverantwortlichen für die Planung der IT-Infrastruktur genannt, die für das neue Projekt eigens vor Ort aufgesetzt werden muss. „Wenigstens ist dort das Wetter besser", denkt Lono wehmütig, als er wieder in seinem Sessel versinkt. Den Standard-Projektplan für die IT-Infrastruktur hat Lono vorhin aus dem Archiv hervorgekramt – der Originalplan stammt noch von seinem Vorgänger und wurde seitdem kaum verändert. Er beabsichtigt, das Projekt von A wie Anschaffungen bis Z wie Zugänge genau nach dem üblichen Schema durchzuziehen. Jeder einzelne Schritt ist vom ersten bis zum letzten Tag genau durchgeplant. Schließlich hat man es bei Tiger & Meyer schon immer so gemacht, das kann doch nicht verkehrt sein – oder?

Doch bereits am Donnerstag stellt sich heraus, dass der eingangs solide wirkende Plan womöglich doch nicht eins zu eins umgesetzt werden kann: Der zuständige Kollege aus dem Einkauf ist krank, so dass die Hardware erst in der folgenden Woche bestellt werden kann. Hinzu kommt, dass nächsten Montag in einigen Ländern Mittel- und Süd-Löwerikas ein Feiertag ist. Ein Kollege aus der Entwicklungsabteilung benötigt zur Unterstützung mindestens noch einen Werkstudenten, da der Programmieraufwand zu hoch ist, als dass das Projekt zusätzlich zum Tagesgeschäft nebenher bearbeitet werden kann. Der gesamte Donnerstag und der Freitag sind ein einziges Ärgernis für Lono, der nicht damit gerechnet hatte, dass sein bequem übernommener Plan nicht aufgehen könnte. Den Termin mit Ivera muss er kurzfristig um eine Woche verschieben, da die Verzögerungen seinen gesamten Zeitplan durcheinander bringen und er bis spät in die Nacht damit beschäftigt ist, die großen und kleinen Katastrophen im Plan abzubilden.

Nach einer wenig erholsamen Nacht schnappt Lono sich am Samstagnachmittag gereizt seine Sporttasche und macht sich mit den beiden Trainingsplänen im Gepäck auf den Weg ins SUPER SPORT STUDIO. Doch irgendwie läuft auch hier nicht alles nach Plan: Alle Ausdauergeräte sind besetzt, so dass er sich nicht aufwärmen kann. Als er gerade gemütlich auf der Freifläche mit eine Rolle seine Faszien bearbeitet, wird er von einem Coach verscheucht, der einen Bauchübungskurs abhält. Wahllos hastet Lono von Gerät zu Gerät, sobald er sieht, dass irgendwo wieder ein Platz frei wird. „Das ist ja fast so wie früher auf den Löwenkindergeburtstagen die ‚Reise nach Jerusalöwem‘", schimpft er vor sich hin. „Wozu habe ich mir denn diese tollen Pläne aufstellen lassen, wenn ich sie nicht umsetzen kann?"

Die nächste Woche verläuft ähnlich chaotisch: Lono stopft die Löcher in seinem Projektplan und schleppt sich abends missmutig ins Fitnessstudio, wo er die Zeit totschlägt, indem er wahllos Übungen durchführt und Kurse besucht. Da er meist ausgelaugt und müde vom Chaos bei Tiger & Meyer zum Sport kommt, ist sein Energielevel zu Beginn des Trainings schon auf dem Nullniveau und jede Bewegung fällt ihm schwer. Überall hat er das Gefühl, dass ihm nichts so richtig gelingt. „Bin ich etwa doch ein Versager?", fragt er sich zerknirscht. Auch seine neue Mitarbeiterin Ina Panther, die ihm als High Potential zur Seite gestellt wurde und ihm nach besten Kräften zuarbeitet, zweifelt nun wieder an ihren Fähigkeiten, obwohl sie ihre Aufgaben gewissenhaft erledigt.

Als er am Freitagnachmittag überhastet aus dem Büro aufbricht, um seinen Termin mit Ivera wahrzunehmen, ist seine Laune endgültig im Keller. Da seine Trainerin ein sehr ausgeprägtes Gespür für die Befindlichkeiten ihrer Kunden hat, stellt sie ihn zur Rede, als er missmutig und mit verkniffenem Blick auf dem Crosstrainer vor sich hinstrampelt. Da bricht es aus Lono heraus und er klagt ihr sein Leid: „Nichts funktioniert so, wie ich es geplant habe. Ich kann mein Training nicht so angehen, wie du es mir geraten hast. Wie soll ich da jemals Fortschritte machen? Und mein Projektplan muss an allen Ecken und Enden nachbearbeitet werden, weil andauernd Sachen schiefgehen. Wie sollen wir da jemals die Märkte in Löwerika erschließen? Was nützen all die wunderbaren Pläne in der Theorie, wenn ich nichts davon in der Praxis umsetzen kann!"

Ivera wartet, bis Lono sich seinen ganzen Frust von der Seele geredet hat und überrascht ihn dann mit ihren resoluten Worten: „Lono, jetzt reicht es aber mit dem Selbstmitleid und den negativen Gedanken. Anscheinend läuft es gerade nicht so rund für dich. An dieser Stelle – und das ist wirklich wichtig – brauchst du einen Perspektivenwechsel. Sieh es einmal so: Du hast zwar in den vergangenen anderthalb Wochen nicht nach Plan trainiert. Aber dass du überhaupt ins Training gekommen bist, ist eine Leistung, auf die du stolz sein kannst. Du hast nicht aufgegeben! Und genauso ist es mit deinem Projektplan: Du musst dich zwar vielen unerwarteten Problemen stellen, die den Gesamtplan beeinflussen. Aber du hast dafür gesorgt, dass jedes einzelne der kleinen Probleme behoben wird. Du darfst nicht vergessen, dir zwischendurch für diese kleinen Fortschritte auch einmal auf die Schulter zu klopfen, anstatt dauernd nur daran zu denken, dass der vorgefertigte Plan in deinem Kopf nicht exakt so umsetzbar ist, wie du es dir vorstellst." Ihre Worte geistern auch nach der Trainingsstunde noch in Lonos Kopf herum. In der Umkleidekabine nutzt er einen unbeobachteten Moment und klopft sich mit einem leise geknurrten „Gut gemacht, Lono!" probeweise einmal selbst auf die Schulter. „Das fühlt sich gar nicht so schlecht an; macht ja sonst keiner", denkt er. Nach einem entspannten Wochenende beschließt er, die neue Woche mit einer positiveren Grundhaltung anzugehen und am Montag gleich zuallererst Iveras Löwenweisheit an seine Kollegin Ina Panther weiterzugeben. Sie muss ja nicht wissen, dass Lono nicht selbst darauf gekommen ist.

Lono ist genervt von den ewig langen Meetings

Kimba

Kimba sitzt an der Fitnessbar im SUPER SPORT STU-
DIO und schielt nervös in Richtung Trainingsfläche. In ein
paar Minuten wird er den Personaltrainer Manuel Löwenzier kennenlernen und mit ihm über eine mögliche Zusammenarbeit sprechen. Als er im Geiste noch einmal die Fragen durchgeht, die er dem Trainer stellen will, schiebt sich
auf einmal von der Seite jemand in sein Sichtfeld. „Hallo,
Kimba? Wir haben einen Termin. Mein Name ist Manuel. Schön, dich zu sehen." Kimba nickt und schüttelt dem
Trainer die Pfote. „Lass uns erst einmal über deine Trainingsziele und Erfahrungen sprechen, bevor wir loslegen."

Gemeinsam setzen sie sich an einen der kleinen Tische hinter der Fitnessbar und Kimba zeigt Manuel den Basisplan, den er in der Woche zuvor bei seinem Check-up mit dem Coach erhalten hat. „Mir ist vor allem wichtig, dass ich das Training gut in meinen Alltag integrieren kann", beginnt Kimba. „Mir fehlt momentan noch der ‚rote Faden' für den Sport, also womit ich welche Fortschritte machen kann und was mir tatsächlich etwas bringt."

Löwenzier nickt bedeutungsvoll. „Das kommt ganz darauf an, was für ein Typ du bist. Du hast ja schon ganz richtig erkannt, dass man diesen allgemein gehaltenen Plan noch ausarbeiten muss, damit er auch individuell auf dich und deine Bedürfnisse angepasst ist. Du muss dir selbst die Frage stellen: Bin ich bereit, an meine Grenzen zu gehen und meine Muskeln so richtig zum Brennen zu bringen, weil ich mich im Sport selbst herausfordern möchte? Oder möchte ich mit dem Sport lieber einen entspannenden Ausgleich zu meinem aufreibenden Alltag haben? Bist du eher jemand, der viel Ausdauer hat und langfristig an einer Sache dranbleibt, oder liegen dir kurze High Intensity-Phasen – also hochintensives Training – mehr? Es ist außerdem wichtig, dass du ein Gespür für deine eigene Tagesform bekommst. Denn der Körper ist nicht jeden Tag in gleichem Maße leistungsfähig: Man hat mal einen guten, mal einen schlechten Tag. Mal ist man im Kopf noch gar nicht frei genug, um beim Training die volle Leistung zu bringen. Und mal wächst man im Training über sich selbst hinaus, obwohl man das am Anfang der Trainingseinheit nie vermutet hätte. Fakt ist, dass man die eigene Verfassung immer berücksichtigen muss und das Training dementsprechend anpasst." Manuel Löwenzier erklärt Kimba, dass viele seiner Kunden verantwortungsvolle Posten bekleiden und es ihnen gut tut, eine oder anderthalb Stunden lang einmal einfach den Anweisungen eines Trainers zu folgen und sich keine Gedanken über den nächsten Schritt machen zu müssen. Andere Kunden wiederum wünschen sich, dass er mit ihnen zusammen die technisch saubere Ausführung ganz bestimmter Übungen durchgeht, die sie gerne erlernen möchten. Kimba gefällt diese Vielseitigkeit und er vereinbart ein Zehn-Stunden-Paket mit Manuel Löwenzier, um seinen persönlichen roten Faden für das Training zu finden.

Am Dienstag wird er enthusiastisch von Dominik Löwerer, seinem High Potential, begrüßt. „Herr Müller-Wechselhaft will uns beide sehen, es geht um das große Projektmeeting, das morgen stattfinden soll. Er möchte uns die Projektleitung für die Budgetplanung übertragen!" Kimba muss grinsen. „Uns", hatte der junge Löwe gesagt – ganz schön selbstbewusst für einen, der noch ziemlich grün hinter den Ohren ist. Aber Kimba lässt sich gerne vom Elan des jungen Kollegen anstecken und die beiden sausen flugs in das Büro von Kimbas Vorgesetztem. „Ah, sehr gut, dass Sie jetzt schon da sind", begrüßt Müller-Wechselhaft die beiden. „Wir haben für morgen dieses riesengroße Meeting angesetzt, in dem die Aufgaben für die Strategie zur Markterschließung in Mittel- und Süd-Löwerika verteilt werden. Sie wissen ja sicher schon, dass Sie mit dem jungen Kollegen Löwerer die Budgets und die Pläne für Produktentwicklung und Marketing verantworten. Haben Sie dafür schon einen Projektplan erstellt, oder wie wollen Sie vorgehen?"

Kimba denkt an die Worte von Manuel Löwenzier. „Also, Herr Müller-Wechselhaft – ich weiß ja, dass es diese Aufstellung zur Budgetplanung von anno dazumal gibt. Aber, ehrlich gesagt, glaube ich nicht, dass das heute noch so eins zu eins umsetzbar ist. Schließlich ist das Tagesgeschäft im Vergleich zu vor zehn Jahren heute weitaus aufwändiger und die Kollegen aus allen Abteilungen arbeiten ja an verschiedenen Projekten gleichzeitig. Da ist unser neues Projekt ein weiterer Punkt auf der Agenda, der eingeplant werden will. Ich würde gerne mit den Kollegen persönlich sprechen und herausfinden, wie viele Ressourcen sie an wie vielen Tagen pro Woche für das Löwerika-Projekt zur Verfügung haben. Mir ist wichtig, dass wir nicht vorab einen starren Plan nach Schema F aufstellen und dann jeden Tag nachbessern müssen, weil sich aufgrund unvorhersehbarer Ereignisse gewisse Sachen verschieben und auch mal ein Kollege krank wird. Ich möchte das Projekt so aufgliedern, dass alle Kollegen es in ihren Arbeitsalltag integrieren können, ohne dass das Tagesgeschäft darunter leidet."

Müller-Wechselhaft brummt zustimmend, während Dominik Löwerer mit gespitzten Ohren Kimbas Ausführungen lauscht und jedes seiner Worte aufsaugt. „Das klingt vernünftig, Kimba. Sehen Sie zu, dass Sie bis Ende der Woche mit jedem gesprochen haben und erstatten Sie mir am Montag dann Bericht." Kimba und Dominik eilen zurück in Kimbas Büro und kontaktieren die Kollegen, deren Meinung sie für die Projektplanung einholen wollen. Maximal drei Löwen will Kimba auf einmal in einem seiner kleinen Meetings haben, um nicht zu viele Ressourcen gleichzeitig zu blockieren. Als er mitbekommt, dass die große Runde am morgigen Mittwoch mit 30 Löwen zum Projekt Löwerika tagt, kann er nur die mächtige Löwenmähne schütteln: Wer soll denn die Arbeit erledigen, wenn 30 der klügsten

Köpfe im ganzen Unternehmen einen gesamten Tag lang in einem Meeting zusammensitzen?

Die folgenden Tage verlaufen höchst erfreulich für Kimba und den jungen Kollegen Löwerer. In kleiner Runde diskutieren sie mit den Kollegen aus den beteiligten Abteilungen und erstellen eine grobe Gesamtübersicht der einzukalkulierenden Kosten und wann sie voraussichtlich anfallen. Die einzelnen Arbeitsschritte sind so angelegt, dass möglichst wenige Abhängigkeiten entstehen und für Verzögerungen im Ablauf sind zeitliche Puffer eingeplant. Kimba trägt Dominik Löwerer auf, nach externen Dienstleistern zu suchen, die im Notfall hinzugezogen werden können, falls die eigenen Ressourcen bei Tiger & Meyer wider Erwarten nicht ausreichen, um die anstehenden Aufgaben zeitnah abzuwickeln. Zusätzlich nimmt Kimba darauf Rücksicht, dass das Tagesgeschäft nicht durch das neue Projekt behindert wird und dass die Löwen es möglichst nahtlos in ihren Arbeitsalltag integrieren können. Er findet beispielsweise heraus, welche Arbeitsschritte routinemäßig sowohl zum neuen Projekt als auch zum normalen Ablauf gehören: Montags finden beispielsweise Abteilungsmeetings statt, in denen das Löwerika-Projekt nun als ein weiterer Tagesordnungspunkt besprochen wird. Zusätzlich führt Kimba zu Beginn der Kernarbeitszeit um neun Uhr morgens dreimal pro Woche kurze Stand-Up-Meetings ein, in denen je ein Vertreter aus einer Abteilung mit ihm zusammen den Projektstatus besprechen kann. Jeden Abend stehen er oder Dominik Löwerer eine halbe Stunde in einer Art Sprechstunde zur Verfügung, um offene Fragen zu klären und den Plan gegebenenfalls anzupassen. Eventuell aufkommende Probleme hofft er so bereits im Keim ersticken zu können.

So entwickelt sich nach und nach ein roter Faden für das Gesamtprojekt. Innerlich hat Kimba das gesamte Unterfangen in verschiedene Trainingsphasen unterteilt: Die Planungsmeetings in dieser ersten Woche betrachtet er als „Aufwärmphase". In den nachfolgenden Wochen ist routinierte und regelmäßige Arbeit am Löwerika-Projekt vorgesehen. Diesen Abschnitt versieht Kimba für sich mit der Überschrift „Ausdauereinheiten". Von Müller-Wechselhaft hat er die Termine für wichtige Meilensteine im Projektfortschritt erhalten, die sich aus dem großen Projektmeeting ergeben haben. Die Phasen vor diesen Meilensteinen nennt Kimba „High Intensity-Phasen".

Kimba skizziert Dominik Löwerer seine Trainingsphasen-Idee: „Diese Herangehensweise ist Bestandteil des agilen Projektmanagements. Ziel einer High Intensity-Phase am Ende des Zyklus ist das Erreichen eines zuvor definierten Meilensteins. So wird das Gesamtvorhaben kontinuierlich vorangetrieben. Danach geht es mit dem nächsten Teilprojekt wieder von vorne los. Diese Wiederholung nennt man eine Iteration. Dadurch behält man leichter die Übersicht und kann den Aufwand je nach Phase besser einschätzen, ohne sich dabei zu überlasten." Während er erklärt, spürt er schon die Begeisterung des jungen Kollegen für seinen Plan. Einen Einwand hat Löwerer allerdings: „Kimba, wieso nennst du die stressigen Phasen vor den Meilensteinen nicht gleich Crunch-Time? Den Begriff kennt doch jeder." Kimba erläutert dem jungen Kollegen, dass diese Bezeichnung bei manchen Löwen schon von vornherein schlechte Gefühle oder sogar Stress auslösen kann. High Intensity hingegen ist nicht emotional negativ belegt: „Und wenn ein Löwe schon von Beginn an kein gutes Gefühl bei der Sache hat – weil er davon ausgeht, dass die Arbeit an diesem Projekt eine hohe Zusatzbelastung für ihn bedeutet – dann ist seine Motivation auch viel geringer." Außerdem verspricht Kimba sich von der sportlichen Terminologie einen Motivationsschub für die Kollegen, wenn er ihnen zeigt, dass die zusätzliche Belastung sich in Grenzen hält. Zuletzt beschließt er, dass frei nach der 80-20-Regel ein Tag pro Woche in den regulären Projektarbeitsphasen „projektfrei" bleiben soll: Freitags gönnt er sich und seinem bunt zusammengewürfelten Team eine Auszeit. Kimba ist klar, dass die Durchsetzung dieser guten Routinen allen Löwen eine gehörige Portion Disziplin abverlangen wird, aber er ist guter Dinge, dass sich das Projekt so stemmen lässt und er flexibel auf etwaige Änderungen reagieren kann.

Während das Projekt langsam an Fahrt aufnimmt, packt Kimba jeden zweiten Tag die Sporttasche und begibt sich morgens ins SUPER SPORT STUDIO. Als Frühaufsteher kommt es ihm gelegen, dass er schon um sechs Uhr morgens mit dem Training beginnen kann und er gewöhnt sich langsam an die Routine. Auch gegen den inneren Schweinehund muss er morgens immer seltener ankämpfen: Mittlerweile freut er sich sogar schon auf die Trainingseinheiten und startet nach dem Sport motiviert in den Arbeitstag. „Löwerika, dich erobern wir mit links, schließlich haben wir den ultimativen Trainingsplan", frohlockt er und kann ein breites Grinsen zwischendurch nicht unterdrücken. Dass eine adrette Löwin ab und zu zurückgrinst, hat er dabei allerdings nicht bemerkt.

Kimba hat Dauer und Teilnehmer der Meetings erfolgreich reduziert

Quellen

1. http://mymonk.de/12-gewohnheiten/?utm_source=onsite&
   utm_medium=menu&utm_content=ad-menu

8

Information Overkill!
Warum gut gemeinter Rat
nicht immer gut ist

Lono

Mittlerweile sind einige Wochen ins Land gezogen. Die Tage werden länger, die Temperaturen steigen langsam und die Frühlingsgefühle wirken sich positiv auf Lonos Motivation aus. Er hat, primär aus Zeitgründen und schweren Herzens auf den All-Inclusive-Luxusurlaub auf den Löwediven verzichtet. Einen Teil des eingesparten Geldes investiert er nun in einen Halbjahresvertrag mit Ivera Löwowitz und in neue Sportkleidung. Dreimal pro Woche lässt er sich abends von ihr quälen und am Wochenende trainiert er zusätzlich noch einmal in Eigenregie – insgesamt also stolze viermal pro Woche. Seinen Kollegen ist aufgefallen, dass Lono regelmäßig vor Schmerzen stöhnend im Büro auftaucht und mittags in der Kantine die doppelte Menge in sich hineinschaufelt. Auch die schicke Sporttasche, die Lono an Trainingstagen demonstrativ auf seinem Schreibtisch platziert, sorgt für Getuschel. Ivera hat ihn schon davor gewarnt, dass seine sportlichen Ambitionen nicht unbemerkt bleiben werden und jeder dazu etwas zu sagen haben wird. „Frag drei Löwen zum Thema Training und du erhältst fünf verschiedene

© Springer Fachmedien Wiesbaden 2017
S. I. Lackerbauer et al., *Die Löwen-Liga: Fit für die Karriere*,
DOI 10.1007/978-3-658-12138-9_8

Meinungen", scherzt sie, während Lono beim Bankdrücken hechelnd und mit hochrotem Kopf die Langhantel nach oben stemmt. An diesem Abend hält er ihre Anmerkung noch für einen Witz, doch er soll schon bald eines Besseren belehrt werden.

An einem sonnigen Mittwoch sitzt Lono nach dem üppigen Mittagessen noch ein Weilchen in der Sonne, als die Kollegin Ina Panther neben ihm auftaucht. „Darf ich, Herr Lono?", fragt sie schüchtern und setzt sich neben ihn. „Also, ich habe ja mitbekommen, dass Sie in letzter Zeit häufiger mal Ihre Sportsachen dabeihaben. Welche Art von Sport treiben Sie denn?" Lono erzählt ihr von seinen Trainingseinheiten im SUPER SPORT STUDIO. Natürlich erwähnt er dabei nicht, dass er nach dem Sport regelmäßig auf seiner Couch ins Koma fällt, um sich von den Anstrengungen zu erholen. Stolz berichtet er, wie schwer die Kurzhanteln sind, die er für das Bizeps-Training mittlerweile schon verwendet. Ina Panther nickt bedächtig. „Ah ja, das klingt wirklich beeindruckend. Aber machen Sie denn auch gezielte Übungen für die Stabilität und zur Stärkung der Körpermitte? Ich kann Ihnen da ein paar ganz tolle Lyoga-Übungen empfehlen, die Sie unbedingt einmal ausprobieren sollten. Außerdem hätte ich da noch ein paar löyurvedische Rezepte für Sie, falls Sie auch Ihre Ernährung umstellen wollen. Das ist nämlich so …" Tapfer lauscht Lono den Ausführungen seiner jungen Kollegin. Er bringt es einfach nicht übers Herz, sie jetzt abzuwürgen, wo sie endlich ein wenig aus sich herausgeht. Kurze Zeit später gesellt sich Dominik Löwerer zu ihnen, ein weiterer junger High Potential-Löwe, den Lono flüchtig vom Sehen kennt. „Ihr unterhaltet euch über Sport und Ernährung? Für mich geht ja nichts über die

Low-Carb-Diät. Lyoga ist mir irgendwie zu esoterisch, ich finde Löwilates besser. Und dann gibt es da noch … " Lono hat genug gehört. Während die beiden jungen Kollegen diskutieren, stiehlt er sich klammheimlich davon.

Am Nachmittag ruft Herr Müller-Wechselhaft Lono zu sich. „Lono, ich habe mitbekommen, dass Sie jetzt auch sportlich unterwegs sind, das freut mich." Dabei tätschelt er bedeutungsvoll den aerodynamischen Fahrradhelm, der vor ihm auf dem Schreibtisch liegt. „Wissen Sie, ich will Ihnen da mal ein paar Ratschläge geben, so von Sportler zu Sportler. Sie sollten darauf achten, dass Sie über die Ernährung ausreichend Proteine und gute Fette zu sich führen. Probieren Sie mal die Paläo-Diät aus, ich persönlich schwöre ja darauf. Keine verarbeiteten Lebensmittel, nur das, was unsere Vorfahren in der Steinzeit schon gegessen haben. Machen Sie eigentlich auch Ausdauertraining für Ihre Kondition? Ich kann Ihnen nur dazu raten, sich ein ordentliches Rad zu besorgen, dann bringt sie bald nichts mehr aus der Puste!" Lono stammelt ein hastiges Dankeschön und ergreift die Flucht. Er fühlt, wie sich sein Herzschlag beschleunigt und seine Gedanken zu kreisen beginnen.

Zurück in seinem Büro erwartet ihn schon einer seiner Kollegen aus der Marketingabteilung. Robert Kraustiger ist bei Tiger & Meyer als leidenschaftlicher Hindernis- und Marathonläufer bekannt. Überschwänglich klopft er Lono auf den Rücken: „Lieber Kollege, deine sportlichen Ambitionen finde ich ganz großartig! Lass uns doch einmal gemeinsam laufen gehen und dann erzählst du mir, wie dein Trainingsplan aussieht. Setzt du den Fokus auf Fettabbau oder auf Muskelaufbau? Und wie teilst du dir das Training für die einzelnen Muskelgruppen ein? Als ich abnehmen wollte, habe ich nach dem Sport immer mindestens eine Stunde gewartet, bevor ich etwas gegessen habe, damit ist die Fettverbrennung optimal angekurbelt. Übrigens bin ich seit ein paar Wochen Veganer, das war gar nicht so schwer. Und ich fühle mich großartig damit! Das solltest du auch probieren, man bekommt damit einen ganz anderen Blick auf gesunde Ernährung!" Zu allem Überfluss rauscht jetzt auch noch Dr. Katzlein in Lonos Büro. „Ihr unterhaltet euch über Ernährung? Am allerwichtigsten ist eigentlich, dass die Zuckerzufuhr reduziert wird. Fruchtzucker ist übrigens fast genauso schädlich wie normaler Haushaltszucker! Morgens bereite ich mir immer einen leckeren Smoothie zu, der rein aus Gemüse und etwas Öl besteht – einfach alle Zutaten in den Mixer und fertig ist das Frühstück. Ich kann euch gerne ein paar Rezepte geben!" Lonos Kopf brummt und beim bloßen Gedanken an dieses Gemüsegebräu schlägt sein Magen einen Purzelbaum. Er murmelt etwas von einer wichtigen Telefonkonferenz und schiebt die beiden aus seinem Büro.

„Was soll das denn", schimpft er. „Plötzlich interessieren sie sich alle für mich und wollen mir mit ihren tollen Ratschlägen weiterhelfen, obwohl ich sie gar nicht darum gebeten habe!" Lonos Herz rast und kalter Schweiß steht ihm auf der Stirn. Er beschließt, sich mit Expertenliteratur einzudecken und sich fundierte Kenntnisse anzueignen, um die Ratschläge seiner Kollegen künftig abwiegeln zu können. Doch die Suche nach passenden Büchern auf Lamazon bereitet ihm noch mehr Stress: Unzählige Bücher zu verschiedenen Sportarten, Diät- oder Ernährungspläne und Ratgeber mit Fitnesstipps findet er dort. Jeder Titel lockt mit der Verheißung auf gesundes Leben und gestählte Muskeln. Irritiert klickt sich Lono durch das Angebot und weiß auf den ersten Blick gar nicht, welchem Fitness-Guru er nun Glauben schenken soll. „Gut, dann bestelle ich mir eben alle Ratgeber zu den Themen, die meine Kollegen heute angesprochen haben. Mal sehen … Fahrradfahren, Lyoga, Löwilates, Paleo, Smoothies …" Der virtuelle Einkaufswagen füllt sich und dank Lamazon-Express-Service liegen die Bücher bereits am folgenden Tag bei Lono auf dem Schreibtisch.

Die nächsten vier Wochen verbringt Lono damit, die Ratgeber zu verschlingen und sämtliche darin vorgeschlagenen Methoden auszuprobieren: Er geht zu Lyoga und zu Löwilates, leiht sich ein Rennrad aus, quält sich mit den unterschiedlichen Diäten und versucht, alle Ratschläge seiner Kollegen zu beherzigen. Während der Einheiten im SUPER SPORT STUDIO bemerkt seine Trainerin Ivera Löwowitz, dass Lono nicht mehr bei der Sache ist. Er wirkt fahrig und unkonzentriert, außerdem reagiert er übermäßig gereizt, wenn Ivera seine Haltung korrigiert oder ihn dazu ermahnt, die Übungen sorgfältiger durchzuführen. Seine Laune verschlechtert sich zusehends von Mal zu Mal, er verschiebt Termine oder sagt Ivera ab. Anstatt sich auf den Sport zu freuen, wirkt Lono gestresst und kann meist kaum das Ende der Trainingseinheiten erwarten, um fluchtartig das Studio zu verlassen. Doch irgendwann wird es Ivera zu bunt und sie stellt Lono zur Rede: „Was ist denn mit dir? Du wirkst seit Wochen nur noch gestresst. Jetzt setz dich zu mir und erzähl mir, was mit dir los ist!" Mit einem Mal bricht alles aus Lono heraus. Es folgt eine wahre Schimpftirade darüber, dass er von allen Seiten unaufgefordert Ratschläge zu Sport und Ernährung bekommt und in den vergangenen Wochen beinahe wahnsinnig geworden ist, weil er versucht hat, sie alle umzusetzen. „Und jetzt habe ich keine Lust mehr!", brüllt Lono wütend und stürmt aus dem SUPER SPORT STUDIO, ohne Ivera zu Wort kommen zu lassen. Die Trainerin bleibt völlig verdattert sitzen. Als sie sich am nächsten Tag von ihrem Schock erholt hat, kontaktiert sie die Betriebsärztin Dr. Katzlein bei Tiger & Meyer, um ihr von Lonos Ausbruch zu erzählen. Dr. Katzlein hört mit wachsender Sorge zu: „Frau Löwowitz, vielen Dank für Ihren Anruf. Ich konnte nicht ahnen, dass Lono all diese Ratschläge so dermaßen ernst nehmen würde. Die Symptome weisen eindeutig auf eine anhaltende Belastungssituation hin. Es scheint, als sei die Bemühung um einen gesünderen Lebensstil für Lono zu einem Stressor geworden. Sein aggressives Verhalten und der Rückzug sind Ausdruck des sogenannten Fight-and-Flight-Syndroms. Das heißt, dass sein Körper Stresshormone ausschüttet, weil er mit der Situation überlastet ist. Wir müssen ihn unbedingt wieder einfangen und beruhigen, bevor der Stress chronisch wird und bei Lono eine Sicherung durchbrennt! Er darf vor allem das eigentliche Ziel nicht aus den Augen verlieren, nämlich zu einem gesünderen Lebensstil zu finden."

Lono ahnt indes nichts davon, dass seine Trainerin und seine Ärztin Alarm schlagen. Das Herzrasen, unruhiger Schlaf und Selbstzweifel sind in den letzten Wochen zu seinen täglichen – und nächtlichen – Begleitern geworden. Denn zusätzlich zu den gut gemeinten Ratschlägen verursacht ihm ein weiterer Punkt Stress: Herr Müller-Wechselhaft hat ihm einen Seminarkatalog von einem renommierten Anbieter in die Pfoten gedrückt, der Workshops zu neuen Präsentations- und Arbeitstechniken im Programm hat. In Nord-Löwerika sind diese aktuell der letzte Schrei und laut der Broschüre arbeiten dort sämtliche erfolgreichen Firmen nur noch nach diesen Methoden! Lono fühlt sich dazu genötigt, an den Seminaren teilzunehmen und sämtliche neuen Techniken zu erlernen. In seinem Büro stapeln sich nun die Unterlagen zu „Agiles Löwenprojektmanagement", „Präsentieren ohne LöwenPoint-Folien" oder „Linternet und Lintranet richtig nutzen". Da er jedoch der Einzige in seiner Abteilung ist, der die Schulungen absolviert hat, fällt es ihm schwer, seine Kollegen von den neuen Techniken zu überzeugen: Außer ihm kann niemand nachvollziehen, warum auf einmal alles anders gemacht werden soll und so weigern sich die anderen Löwen standhaft dagegen, die neuen Methoden anzuwenden. Es kommt, wie es kommen muss: Eines sonnigen Nachmittags brennt die besagte Sicherung bei Lono durch. Sein Löwengebrüll hallt über das Firmengelände bei Tiger & Meyer, während er die Fitnessratgeber und die Seminarunterlagen mit seinen scharfen Löwenkrallen in Fetzen reißt und die Papierschnipsel im lauen Frühlingswind davonfliegen. Lonos Wutausbruch wird erst durch das noch lautere Gebrüll seines Chefs Müller-Wechselhaft beendet, der ihn zur Teilnahme an einem weiteren Seminar in der kommenden Woche verdonnert und ihn dann für den Rest der Woche in den Zwangsurlaub schickt, damit er wieder Herr seiner Sinne wird.

Lono wird von allen Seiten mit Informationen überschüttet

Kimba

Der Frühling meint es in diesem Jahr gut mit Löwenland und das anhaltend gute Wetter hebt Kimbas Stimmung. Er hat es sich angewöhnt, sonntags und an vier von fünf Werktagen im SUPER SPORT STUDIO zu trainieren, nur freitags hat er „sportfrei". Am Samstag schnappt er sich sein Rad, oder trifft sich mit Bekannten zu ausgedehnten Spaziergängen. Auch der junge Kollege Dominik Löwerer ist ab und zu mit von der Partie. Im Gegensatz zu Kimba ist Löwerer ein begeisterter Löwerican Football-Spieler, obwohl man ihm dieses Hobby aufgrund seiner eher schmächtigen Statur nicht zutrauen würde. Zwischendurch hat Kimba ein paarmal Lionmails mit dem Lölner Kollegen Jan Leopardsen ausgetauscht und ihm von seinem Trainingsfortschritt berichtet. Daraufhin hat Leopardsen ihm eine ganze Liste mit interessanten Sport-Websites und Büchern zu unterschiedlichen Trainingsmethoden geschickt, die er sich unbedingt anschauen soll.

Dominik Löwerer hingegen schwört auf die Trainingsmethoden von Joe Löwer, dem selbsternannten „Vater des Bodybuilding". Auf dem Schreibtisch des jungen Kollegen stapeln sich zudem seit Neuestem zahlreiche Dosen mit kryptischen Beschriftungen. Kimba entziffert Abkürzungen wie „BCAAs" und Namen wie „Pure-Whey-Isolat". Stirnrunzelnd sucht er das Gespräch mit Dominik Löwerer: „Was sind das eigentlich alles für Kapseln und Pulver, die du da bei dir auf dem Schreibtisch hortest? Hoffentlich nichts Illegales?" Sein Kollege beschwichtigt den skeptischen Kimba: „Illegal? Nein, keinesfalls! Das sind sogenannte Supplements, also Mittel zur Nahrungsergänzung. Die bekommt man ganz legal in jedem Sportfachgeschäft, oder im Linternet bei Lamazon. Jedes Präparat hat seinen eigenen Zweck: Manches nimmt man vor dem Training, um Kraft oder Ausdauerleistung zu steigern. Dann gibt es Präparate, die einem während dem Training nochmal einen Kick geben, wenn man schlappzumachen droht. Andere nimmt man nach dem Training, um die Regeneration zu fördern. Und dann gibt es noch proteinreiche Pulver, die mir dabei helfen, meinen täglichen Eiweißbedarf für den Muskelaufbau zu decken. Ach ja, Vitamine und Präparate zur Stärkung der Knochen oder der Gelenke habe ich auch noch. Und ein Bekannter schwört auf einen sogenannten Fat Burner gegen die überflüssigen Pfunde. Für Zwischendurch habe ich auch noch Protein- oder Energieriegel, die esse ich statt Schokolade." Kimba schüttelt entgeistert den Kopf. „Sag

mal, das muss doch ein Heidengeld kosten. Wie finanzierst
du das denn?" Löwerer kratzt sich verlegen am Kopf. „Ein
Bekannter von mir führt ein Sportgeschäft, da bekomme
ich Rabatt, weil ich dort ab und zu am Wochenende aushel-
fe und mich um die Website kümmere. Ansonsten könnte
ich mir die ganzen Sachen auch nicht leisten." Kimba lässt
es dabei bewenden.

Mittags treffen sie sich mit Ina Panther und der Teamassistenz Iris Löwel in der Kantine. Bereits nach kurzer Zeit
dreht sich das Gespräch wieder um die Ernährung, da Dominik allen Proteinriegel mitgebracht hat und Iris Löwel
ihn kopfschüttelnd davor warnt, dass er seinen Körper mit
diesen künstlichen Produkten doch bloß vergifte. Die über-
zeugte Hobbyköchin kocht stets alles mit frischen Zutaten
selbst. Clean Eating nennt sie diese Ernährungsweise und
schwärmt von ihren gesunden Rezepten. Während Dominik unbeeindruckt davon seine Proteinriegel mampft, verabschiedet sich Kimba und kehrt in sein Büro zurück. Doch
die Empfehlungen seiner Kollegen spuken den ganzen Tag
über noch in seinem Kopf herum.

Am nächsten Morgen setzt er sich nach seinem Training
kurz noch zu Manuel Löwenzier an die Fitnessbar. „Und,
wie läuft dein Training, Kimba?", begrüßt ihn dieser. „Gut,
aber mittlerweile habe ich einen Riesenstapel an Empfehlungen und Tipps von meinen Kollegen bekommen und
weiß nicht recht, was davon für mich wirklich relevant ist.
Könnten wir uns darüber unterhalten und auch gleich meinen Trainingsplan anpassen?" Löwenzier willigt ein und die
beiden verabreden sich für Samstag zur Besprechung mit anschließendem Training. Damit hat Kimba den Kopf wieder

frei für die Aufgaben, die bei Tiger & Meyer heute auf ihn warten.

Im Büro sticht ihm sofort der dicke Katalog ins Auge, der demonstrativ mitten auf seinem Schreibtisch hinterlegt wurde. Das gute Stück stammt von einem Seminaranbieter, den Tiger & Meyer regelmäßig für Fortbildungsmaßnahmen engagiert. Ein Seitenblick auf Dominik Löwerer verrät ihm, dass der junge Kollege dafür verantwortlich ist. „Ich habe mir den von Müller-Wechselhafts Schreibtisch geschnappt", erklärt Löwerer mit einem schiefen Grinsen. „Der Chef hat auch eine Rund-Lionmail geschickt, dass wir uns Gedanken darüber machen sollen, welche Seminare wir dieses Jahr noch belegen wollen, um unser Kontingent auszuschöpfen. Außerdem sollen die Seminare von diesem Anbieter besonders innovativ sein, die Methoden stammen direkt aus Nord-Löwerika." Kimba schlägt das Inhaltsverzeichnis auf und überfliegt die Workshops, die der neue Anbieter im Programm führt. Voller Grauen erinnert er sich an das Seminar „Lexcel für Anfänger", das er zu Beginn seiner Laufbahn bei Tiger & Meyer belegt hatte. Die darin vermittelten Kenntnisse richteten sich eher an Löwen, die Lexcel noch nie in ihrem Leben verwendet hatten, so dass Kimba sich sogar mit seinen rudimentären Programmkenntnissen fehl am Platz fühlte. „Es hatte sich einfach niemand Gedanken darüber gemacht, ob diese oder jene Fortbildung wirklich sinnvoll war. Wir haben einfach eine Liste vorgesetzt bekommen und mussten die Seminare abarbeiten – egal, wie sinnlos sie waren."

Als er aufblickt, begegnet er Dominik Löwerers erwartungsvollem Blick. „Ich hatte mir da schon einmal ein paar Seminare herausgesucht, wollen Sie meine Vorschläge mal

hören?" Kimba muss lachen. „Na, dann schieß mal los!",
fordert er ihn auf. Dominik ist augenscheinlich ganz in seinem Element. Begeistert erläutert er die Vorzüge dieser oder
jener Methode und warum welcher Workshop wie und für
wen sinnvoll wäre. Man müsse unbedingt auf eine andere
Präsentationstechnik umstellen und ein besseres System für
die Aufgabenverteilung verwenden, argumentiert der junge
Löwe und fuchtelt mit einer Liste der Seminare vor Kimbas
Schnauze herum. Er nimmt die Liste und verspricht Dominik, seine Vorschläge bei der Auswahl der Fortbildungsmaßnahmen zu berücksichtigen.

Die nächsten Tage vergehen wie im Flug und am Samstag berichtet Kimba dem Trainer Manuel Löwenzier von
seinen Überlegungen: „Momentan überschütten mich all
meine Kollege mit Ratschlägen. Die sind zwar alle bestimmt
gut gemeint, aber ich weiß nicht so recht, worauf ich nun
hören soll. Außerdem sagt jeder etwas anderes. Ich kenne
mich nicht gut genug in der Materie aus, um abzuschätzen,
was denn nun wirklich stimmt." Manuel nickt mit Bedacht.
„Ja, das kenne ich. Das Wichtigste ist, dass du dich nicht
von all den Vorschlägen verrückt machen lässt. Mit der Zeit
wirst du immer mehr über dein Training und deinen Körper
lernen: Das ist eine Art Grundausbildung in Sachen Ernährung und Fitness, die vor allem auf deinen Erfahrungen
basiert. Denn nur du kannst herausfinden, was dir wirklich gut tut – niemand sonst. Wenn eine Kollegin auf Clean
Eating schwört und dein neuer Mitarbeiter süchtig nach
Proteinriegeln ist, dann heißt das noch lange nicht, dass die
eine oder die andere Variante *besser* ist. Nicht jeder Löwe
ist für jede Sportart oder Ernährungsweise gemacht und du
musst keineswegs alle Ratschläge befolgen. Wenn dich et-

was neugierig macht, dann probiere es ruhig aus. Am Ende zählt aber, dass du dich dabei wohl fühlst. Auf Ratschläge kannst du immer antworten: Ich werde mir überlegen, ob das für mich wirklich sinnvoll ist."

Kimba nickt. Wenn er es recht bedenkt, dann liegt jeder Löwe mit seinen Empfehlungen zumindest nicht komplett falsch. Denn augenscheinlich fühlen sie sich wohl mit ihren Sportarten und ihren Ernährungsweisen. Im Umkehrschluss bedeutet das aber nicht, dass alle Tipps auch für jeden Löwen sinnvoll sind. Jeder muss sich also selbst damit auseinandersetzen, was seinem Körper gut tut, woran er Spaß hat und wie er für sich einen gesunden Lebensstil definiert. „Ach ja", fügt Löwenzier noch hinzu, „sei vorsichtig bei allem, was dir als das *einzig Wahre* und als das *ultimativ Beste* angepriesen wird. Manche Löwen sind so von sich und ihren Methoden überzeugt, dass sie nichts anderes mehr gelten lassen. Das grenzt leider in einigen Fällen mitunter an Fanatismus. Aber glücklicherweise begegnet man solchen Löwen recht selten."

In den darauffolgenden Wochen wird Kimba noch so manches Mal mit gut gemeinten Ratschlägen bombardiert. Doch weder kann ihn Müller-Wechselhaft davon überzeugen, sein hart erspartes Geld in ein Rennrad zu investieren, noch lässt er sich von Dominik Löwerer davon überzeugen, dass er unbedingt dieses und jenes Präparat zur Nahrungsergänzung braucht. Die Rezeptsammlung von Iris Löwel lehnt er dankend ab, da er beim Kochen zwei linke Pfoten hat. Interessiert klickt er sich durch Jan Leopardsens Lesetipps und probiert einige der Übungen aus, die der Kollege aus Löln ihm empfohlen hat.

Zusammen mit Dominik Löwerer geht Kimba noch den Seminarkatalog durch. Dabei erinnert er sich an die Worte von Manuel Löwenzier und weist den jungen Kollegen darauf hin, dass es wenig Sinn macht, die nord-löwerikanischen Methoden einzuführen, ohne deren Sinn für Tiger & Meyer zu hinterfragen. Gemeinsam treffen sie eine Auswahl der Workshops, die für ihre Abteilung von Interesse sein könnten und lassen sich vom Anbieter weiteres Informationsmaterial zu den Kursinhalten schicken. Die Unterlagen verteilen sie dann per Lionmail an ihre Kollegen und bitten sie um ihre Meinung dazu, ob diese oder jene Fortbildungsmaßnahme für die gesamte Abteilung Sinn macht. Nachdem die meisten Kollegen ihre Meinung abgegeben haben, schickt Kimba die beiden jungen Löwen Dominik Löwerer und Ina Panther in die Seminare, die unter den Kollegen die meiste Zustimmung erhalten haben. Er trägt ihnen auf, im Anschluss abteilungsintern Meetings zu organisieren, um allen die neuen Arbeits- und Präsentationstechniken näherzubringen. Bei dieser Gelegenheit sollen sie anhand von Beispielen aus dem Tagesgeschäft prüfen, ob sich die theoretischen Inhalte aus den Fortbildungen überhaupt sinnvoll bei Tiger & Meyer einsetzen lassen. Die beiden freuen sich tierisch über die Gelegenheit, das erworbene Wissen weiterzugeben und ihre eigenen Fähigkeiten unter Beweis zu stellen. Dabei stellt sich heraus, dass einige Techniken sinnvoll in den Arbeitsalltag integriert werden können – andere der hochgelobten Methoden sind für die Firma völlig ungeeignet, so dass sie im Team einstimmig verworfen werden. Müller-Wechselhaft ist mit Kimbas Vorgehensweise zufrieden. Doch als das Seminar „Praxisnahe Steigerung der Produktivität durch Effizienz und Effektivität" bei Simone Löwenbauer ansteht, besteht er darauf, dass er diesmal selbst teilnimmt. Als Kimba über eine Loogle-Suche Informationen zu dem Seminar aufruft, beschleicht ihn mit einem Mal eine böse Vorahnung …

Kimba wählt genau die Informationen aus, die für ihn relevant sind

9

Effektivität und Effizienz steigern: So trainieren die Profis

Lono

Lono schielt seit geraumer Zeit abwechselnd auf sein Liphone und auf die Uhr, die hinter den bemalten Flipcharts an der Wand unerbittlich langsam tickt. Er sitzt heute zusammen mit einer Handvoll ausgewählter Führungskräfte in einem weiterbildenden Seminar namens „Praxisnahe Steigerung der Produktivität durch Effektivität statt bloßer Effizienz". Auch sein Vorgesetzter, Herr Müller-Wechselhaft, nimmt an der Runde teil, weshalb Lono sich nach Leibeskräften bemüht, den Ausführungen der Dozentin Simone Löwenbauer zu folgen. Die Pflichtlektüre vor dem Seminar hat er ebenfalls brav gelesen: „**Die Löwen-Liga. Tierisch leicht zu mehr Produktivität und weniger Stress**", hieß der Titel, hinter dem er sich jetzt unauffällig versteckt. Denn mit ihrem toughen Gebaren flößt ihm die Karrierelöwin gehörig Respekt ein.

In der Vorstellungsrunde hat er erfahren, dass Löwenbauer hauptberuflich als Privatdozentin an seiner alten Alma Mater, der Löwen-Universität zu Löwenstein, doziert. Die Seminare bei Tiger & Meyer sind aus einer Kooperation

© Springer Fachmedien Wiesbaden 2017
S. I. Lackerbauer et al., *Die Löwen-Liga: Fit für die Karriere*,
DOI 10.1007/978-3-658-12138-9_9

hervorgegangen. Inhaltlich bezieht sich die Wissenschaft-
lerin auf Peter Löwenau und Zach Löwis, die Autoren des
Löwen-Liga-Buches. Jetzt gerade malt sie die beiden Worte EFFEKTIVITÄT und EFFIZIENZ auf ein neues Blatt
Papier an das Flipchart [1]. „Meine Löwinnen und Löwen,
wir haben in den vergangenen zwei Stunden analysiert, wie
Ihr Tagesablauf aussieht. Dabei haben wir festgestellt, dass
die wenigsten unter Ihnen wirklich selbstbestimmt arbeiten, sondern dass Sie fremdbestimmt sind. Fremdbestimmt
von Meetings, Anrufen, Lionmails und Mitarbeiterproble-
men. Jetzt werden wir uns dem Kern der Sache widmen
und gemeinsam erarbeiten, wie Sie trotz alledem wieder die
Löwenschaft über Ihren Terminkalender zurückgewinnen
können. Herr Lono," – der Angesprochene fühlt, wie sein
Herz ihm in die immer noch recht eng sitzende Anzug-
hose rutscht – „wie würden Sie diese beiden Wörter definieren?" Lono druckst herum und stammelt vor sich hin.
„Also … Ist das nicht sowieso dasselbe? Es geht doch immer darum, dass man Sachen besser und schneller macht
als man sie vorher gemacht hat, stimmt's?" Simone Löwenbauer stemmt die Hände in die Hüften und legt den Kopf
schief. „Naja, naja. Das geht schon grob in die richtige Richtung. Ich verrate Ihnen jetzt mal mein Lieblingszitat von
Peter F. Lionrucker [2], mit dem Sie sich das merken können: ‚Es ist besser, die richtige Arbeit zu tun – Effektivität –
als eine Arbeit nur richtig zu tun – Effizienz.' Ist doch ganz
einfach, nicht wahr?" Da alle anderen Löwen im Raum nicken, traut Lono sich nicht, nachzufragen. Genau das hatte
er doch auch gesagt – oder? Eine weitere Stunde diskutieren
die Löwen noch über die beiden Begriffe und Simone Löwenbauer trägt der Runde auf, sich bis zum zweiten Teil des

Seminars in zwei Wochen Gedanken darüber zu machen, wie sie die Effektivität in ihrem Arbeitsalltag und auch im Rest ihres Lebens steigern können. „Tappen Sie nicht in die Effizienz-Falle, meine Löwinnen und Löwen – achten Sie wirklich darauf, ihre Abläufe nach den Effektivitätskriterien zu optimieren."

Nach einem üppigen Mittagessen – schließlich wird er heute Abend noch trainieren – sitzt Lono grübelnd an seinem Schreibtisch und denkt über das Zitat von Peter F. Lionrucker nach. Ein Blick auf seine Aufgabenliste verrät ihm, dass heute eigentlich die zeitraubende Erstellung einer Lexcel-Tabelle mit anschließender Übertragung der Ergebnisse in eine LöwenPoint-Präsentation auf dem Plan steht. „Wenn ich mich ranhalte, dann könnte ich damit bis zum Ende des Tages fertig sein", überlegt Lono. „Aber wenn ich nicht mindestens fünfzig Lionmails schreibe, dann sieht es ja so aus, als hätte ich den ganzen Tag lang nichts gemacht. Da ist es doch bestimmt effektiver, wenn ich all die Anfragen von Kollegen beantworte und damit zeige, dass ich überall Bescheid weiß und auf dem Laufenden bin." Lono verschiebt die wichtige Aufgabe auf den nächsten Tag und erfreut sich daran, dass er auf alle Lionmails eine passende Antwort hat. Sogar um Nachrichten, die er nur in Kopie bekommt, bemüht er sich und hat das gute Gefühl, sich wirklich nützlich zu machen.

Bei seinen Kollegen aus anderen Abteilungen sorgt er damit allerdings für Irritation: Wieso kommentiert denn Lono als IT-Projektleiter auf einmal den Marketingplan für das Löwerika-Projekt? Will er sich etwa überall einmischen? Lono bekommt davon zunächst nichts mit. Erst als sein Vorgesetzter Müller-Wechselhaft ihn in einer unmissverständlichen Lionmail darauf hinweist, er solle doch bitte die Pfoten von Angelegenheiten lassen, in denen er nicht um Rat gefragt worden sei, hält Lono inne und schließt erschrocken sein Lionmail-Programm. Diesen Rüffel muss er erst einmal verdauen. Was hat er denn jetzt schon wieder falsch gemacht? Er hat doch sehr effizient seine Lionmails beantwortet, dabei kurze Sätze geschrieben und präzise Informationen gegeben – ganz so, wie er es in einem Seminar („Bessere Lionmails schreiben") gelernt hat. Effizient sollte er doch sein ... oder? Frustriert packt er seine Sachen zusammen und verlässt das Büro. Seine junge Kollegin Ina Panther schickt ihm einen irritierten Blick hinterher, lässt ihn aber von dannen ziehen.

Am Abend im SUPER SPORT STUDIO versteckt sich Lono in der hintersten Ecke des Freihantelbereichs, um Ivera Löwowitz nicht über den Weg zu laufen. Seit seinem Wutausbruch letzte Woche hat er sich nicht mehr getraut, sie anzusprechen. „Dabei habe ich doch einen Sechsmonatsvertrag bei ihr unterschrieben und die Summe aufgrund des löwenmäßigen Rabatts schon vorab komplett gezahlt", schimpft er und ärgert sich am allermeisten über sich selbst, weil er die Beherrschung verloren und die arme Ivera so angebrüllt hat. Schließlich kann sie nichts dafür, dass er mit all den guten Ratschlägen seiner Kollegen völlig überfordert ist. Mittlerweile hat sich Lono auch ein paar der Übungen gemerkt, die Ivera mit ihm in den Wochen vor seinem verzweifelten Ausbruch eingeübt hat. „Wenn ich diese Übungen jetzt einfach immer durchführe, dann kann ich doch eigentlich gar nichts falsch machen", denkt er sich, während er die einzelnen Stationen absolviert: Zuerst etwas für die Schultern, dann für die Arme und die Brust, dann für den Rücken, für den Po und für die Beine. Die Bauchübungen lässt er aus: Wenn er rücklings auf der Matte liegt und wie ein Marienkäfer herumzappelt, fühlt er sich nicht gerade sportlich. Dann lieber noch eine Runde Bankdrücken – die Übung gefällt ihm besonders gut, weil er an die breite Löwenbrust denkt, die er davon bestimmt bald bekommen wird. Grübelnd ruft sich Lono in Erinnerung, was Ivera Löwowitz ihm eingeschärft hatte: Jede Übung wird mehrere Runden lang durchgeführt – diese Runden werden auch „Sätze" genannt. Jeder Satz besteht aus mehreren Wiederholungen. Weil Lono sich nicht mehr ganz genau an die Anzahl der Wiederholungen und Sätze erinnert, führt er jede Übung drei Sätze lang mit jeweils zehn Wiederholungen und dem stets selben Gewicht durch. So kann er sich alles ganz genau merken. Auch bei den Ausdauereinheiten achtet Lono darauf, keine Minute länger auf dem Fahrradergometer oder dem Crosstrainer zu strampeln, als in seinem Plan steht. „Na also", denkt er beschwingt, als er nach anderthalb Stunden das Studio verlässt. „Wozu brauche ich überhaupt eine Trainerin, wenn ich mein Programm auch selbst absolvieren kann?"

Die nächsten Tage vergehen ähnlich monoton: Im Büro versucht Lono, hinter das Geheimnis der Hausaufgabe von Simone Löwenbauer zu kommen. Er nimmt gewissenhaft an allen Meetings teil, die in seinem Kalender stehen. Dass ihm dabei jeden Tag mehr als die Hälfte seiner Arbeitszeit abhandenkommt, weil er die Stunden absitzt anstatt sich den operativen Aufgaben zu widmen, fällt ihm nicht auf. Stattdessen geben ihm die Meetings das gute Gefühl, alles richtig zu machen: Schließlich hält er sich penibel genau an seinen Kalender. Je nach Teilnehmerzahl können sich diese regelmäßigen Zusammenkünfte ziemlich in die Länge ziehen, so dass Lono zwischendurch mit seinem Liphone herumspielt und am Ende oft gar nicht so recht weiß, was konkret beschlossen wurde und wie es danach weitergeht. Doch er käme nie auf die Idee, den Sinn und Zweck dieser Meetings zu hinterfragen: Schließlich ist bei Tiger & Meyer Präsenz gefragt, da möchte er nicht querschießen. Immerhin hat er währenddessen genug Zeit, von seinem gestählten Löwenkörper zu träumen, mit dem er in ein paar Monaten die Löwinnen beeindrucken möchte. „Ich muss jetzt einfach dranbleiben", motiviert er sich selbst und nimmt sich vor, nicht mehr nur an vier, sondern an sieben Tagen pro Woche ins SUPER SPORT STUDIO zu gehen. „Viel hilft bestimmt auch viel", denkt er und führt sein selbst zusammengestelltes Trainingsprogramm konsequent jeden Tag durch.

In der darauf folgenden Woche steht am Freitag der zweite Teil des Seminars „Praxisnahe Steigerung der Produktivität durch Effektivität statt bloßer Effizienz" bei Simone Löwenbauer auf dem Programm. Nach der Begrüßungsrunde fordert die Dozentin die versammelten Teilnehmer dazu auf, von ihrem Fortschritt zu berichten. Lono hat sich gut auf diesen Moment vorbereitet und eine Liste mit all den Punkten aufgestellt, die er in den vergangenen zwei Wochen seiner Auffassung nach optimiert hat. Stolz erzählt er seinen Kollegen von den Lionmails, von seiner gewissenhaften Meeting-Teilnahme und vergisst auch nicht, seinen schlauen Trainingsplan zu erwähnen. Auf einmal springt Herr Müller-Wechselhaft mit hochrotem Kopf auf und brüllt: „Sind Sie des Wahnsinns! Soll das heißen, dass Sie in den vergangenen zwei Wochen nichts anderes gemacht haben als Lionmails zu beantworten, in Meetings zu gehen und Sport zu treiben?! Was ist denn mit den wichtigen Teilzielen im Projekt? Haben Sie hier nichts vorantreiben können? Der Bericht zum Status der Teilbereiche brennt mir unter den Krallen und Sie haben immer noch nicht daran gearbeitet?!" Lono wird kreidebleich: Am liebsten würde er jetzt im Boden versinken. Ein Blick in die fassungslosen Gesichter in der Runde verrät ihm, dass er den wohl kapitalen Fehler begangen hat, die Prioritäten völlig falsch gesetzt zu haben. Aber wie konnte das passieren? „Ich wollte doch nur so effizient wie möglich sein ... "

Da räuspert sich Simone Löwenbauer und tätschelt dem zerknirschten Lono die Schulter. „Ja, Herr Lono, aber das ist ja genau das Problem: In unserem Arbeitsalltag sind wir oft so sehr damit beschäftigt, einfach nur irgendwelche Aufgaben *effizient* zu erledigen. So versäumen wir es, das Ziel und den Nutzen der Aufgaben zu hinterfragen und uns zu überlegen, wie wir stattdessen *effektiver* sein könnten. Zum Beispiel, indem wir nicht ständig unsere Lionmails abrufen und uns nicht in jedes Meeting hineinzusetzen. Sie hätten doch auch ihre Kollegin Ina Panther in die regelmäßigen Zusammenkünfte schicken können. Sie hätte Ihnen dann alles Wichtige erzählen können und Sie hätten in der Zeit die Dinge erledigen können, die wirklich Ihre volle Aufmerksamkeit verdient haben. Und jetzt würde ich vorschlage, dass Sie sich schleunigst an die Tabelle und die Präsentation machen – das ist in diesem Fall nämlich effektiver, als bei mir im Seminar wie ein Häuflein Elend zu sitzen." Lono verlässt fluchtartig den Seminarraum. Den Unterschied zwischen effektiv und effizient hat er zumindest für den Augenblick verstanden ...

Lono hat sich im Seminar zu weit aus dem Fenster gelehnt

Kimba

Erleichtert lässt Kimba sich in seinen Bürostuhl fallen. Er kommt gerade aus dem ersten Teil des Seminars „Praxisnahe Steigerung der Produktivität durch Effektivität statt bloßer Effizienz" mit Simone Löwenbauer. Gut, dass die Weiterbildungseinheit heute nur einen halben Tag lang gedauert hat, denn so hat er noch Zeit dafür, die dringenden Aufgaben aus dem Tagesgeschäft zu erledigen und sich Gedanken über die „Hausaufgabe" der Dozentin zu machen. Zuvor nimmt er sich noch ein paar Minuten Zeit, um das Zitat von Peter F. Lionrucker via Loogle zu suchen: Er will sichergehen, dass er die Worte von Simone Löwenbauer auch richtig verstanden hat. Denn auf den ersten Blick ist ihm doch noch nicht ganz klar, worin der Unterschied zwischen Effizienz und Effektivität besteht. Kurze Zeit später hat er eine leicht verständliche Erläuterung gefunden: „Effektivität bedeutet, die richtigen Dinge zu tun. Effizienz hingegen bedeutet, Dinge richtig zu tun, auch wenn sie falsch sind", liest er laut vor.

Sein junger Kollege Dominik Löwerer spitzt die Ohren. „Was meinst du, Kimba?", fragt der wissbegierige Grünschnabel. „In dem Produktivitätsseminar ging es heute um diese beiden Begriffe: Effektivität und Effizienz. Wir sollen unsere Tätigkeiten analysieren und feststellen, wo wir bloß effizient sind und wo wir effektiv handeln oder unsere Effektivität noch steigern können." Löwerer springt begeistert auf. „Das ist ja genauso wie im Training!", jubelt er. „Was meinst du damit?", hakt Kimba nach. „Also ... ", setzt Dominik an. „Ah, das scheint ein längerer Vortrag zu werden?", witzelt Kimba. „Dann lass mich erst noch ein paar Dinge erledigen und wir sprechen nach Feierabend darüber. Sag mal ... Eigentlich wollte ich ja morgen früh trainieren gehen, aber was hältst du davon, wenn wir heute Abend gemeinsam eine Runde ins SUPER SPORT STUDIO gehen? Dann kannst du mir auch gleich zeigen, was du meinst." Wie erwartet ist der junge Löwe Feuer und Flamme für diese

Idee. Die beiden beenden zügig die noch offenen Aufgaben und verabreden sich für 19 Uhr im Fitnessstudio.

Dort herrscht, wie es fast immer abends der Fall ist, reger Betrieb. Die beiden finden zwei freie Laufbänder nebeneinander und joggen in einem gemächlichen Tempo, um sich für das Krafttraining aufzuwärmen. „Effizienz und Effektivität hattest du gesagt, stimmt's?", beginnt Dominik. „Ja, genau. Auf den ersten Blick klingt beides richtig, aber Effizienz erinnert mich ein wenig daran, dass man oft Gefahr läuft, Sachen monoton um der Geschäftigkeit willen einfach durchführt, anstatt den Sinn zu hinterfragen." – „Du meinst also, dass jemand, der effizient ist, auch etwas falsch machen kann?" Kimba nickt. „Dann ist es ja wirklich wie im Training", fährt Dominik fort. „Siehst du den Löwen da hinten, der mit den Kurzhanteln seinen Bizeps trainiert? Er hat tolle Armmuskeln und eine breite Brust, aber seine Beine sind so dünn wie Antilopenschenkel. Er trainiert anscheinend ziemlich häufig, aber immer nur den Oberkörper und nicht den Unterkörper. Das Training ist zwar effizient, aber er macht sich keine Gedanken darüber, ob es auch effektiv ist. Denn man sollte schon den ganzen Körper trainieren, sonst sieht man am Ende so … naja, unförmig aus wie dieser Löwe." Kimba nickt. „Das macht Sinn. Aber wie soll man denn dann trainieren?" – „Man sollte auf jeden Fall alle Muskelgruppen mindestens einmal pro Woche trainieren, das ist dann ein sogenannter Split-Trainingsplan, wenn man bei jeder Trainingseinheit eine Körperpartie so intensiv reizt, dass man am Ende wirklich keine Kraft mehr hat. Für gewöhnlich stellt sich dann auch ein Muskelkater ein, so dass man am nächsten Tag gar nicht erst auf die Idee kommt, wieder dieselben Übungen zu machen. Außerdem

sollte man immer mit der anstrengendsten und komple-
xesten Übung anfangen, wenn der Körper noch viel Energie hat und der Kopf noch voll konzentriert ist." – „Dann
kann ich dir an dieser Stelle einmal etwas für den Büroalltag
verraten: Morgens, wenn der Kopf noch die meiste Energie hat, verschwendet man sie nicht mit dem Beantworten
von Lionmails, sondern macht sich zuerst an die großen
und wichtigen Aufgaben!" Löwerer grinst beschämt: Für gewöhnlich checkt er zuerst seine Lionmails und verbringt
mindestens die erste Stunde des Tages im Reaktionsmodus,
bevor er in den Aktionsmodus wechselt etwas macht, das
er sich vorgenommen hat. „Schon verstanden, Herr Kimba!
Aber jetzt sollten wir mal langsam an die Geräte wechseln,
wir haben uns genug aufgewärmt. Ich würde vorschlagen,
dass wir heute die Brust und den Bizeps trainieren!"

Kimba folgt dem motivierten Dominik in den Freihantelbereich. „Brust und Bizeps, sagst du? Macht das Sinn?" –
„Nun ja, jeder Sportler hat seine eigenen Vorstellungen da-
von, wie ein guter Split aussieht. Da gibt es tausend verschiedene Meinungen und jeder Löwe muss für sich herausfinden, welche Kombination ihm liegt. Klassisch wären
Brust und Trizeps, Rücken und Bizeps, sowie Beine und
Schultern. Für mich als Löwerican Football-Spieler macht
es Sinn, Brust und Bizeps zusammen zu trainieren, weil viele
Bewegungen aus dem Sport die beiden Muskelgruppen im
Verbund beanspruchen. Ebenso ist es für mich sinnvoll, den
Rücken und den Trizeps miteinander zu kombinieren, oder
sogar noch dazu die Schultern. Für diese Kombination gibt
es viele Übungen, die nicht nur die einzelnen Muskeln stär-
ken, sondern auch ihr Zusammenspiel fördern. Beine und
Po sind die größten Muskeln, die trainiere ich für meinen

Teil immer separat." – „Dazu fällt mir auch ein Beispiel aus dem Büro ein", schmunzelt Kimba. „Wenn du schon mittags mit der Kollegin Ina Panther flirtest, dann kannst du mit ihr dabei auch noch den aktuellen Status für das Löwerika-Projekt abgleichen. Das ist auch eine Gewinn bringende Kombination!" Prompt läuft Dominik rot an. „Wir flirten gar nicht!", ereifert er sich. „Sie hat schon einen Freund. Aber du hast recht, ich werde in Zukunft darauf achten, dass ich mehrere Fliegen mit einer Klappe schlage." – „Genau. Deshalb habe ich die Besprechungen für das Löwerika-Projekt ja auch in die wöchentlichen Meetings integriert, die ohnehin schon stattfinden. Das spart effektiv Zeit. Und erinnerst du dich daran, dass du mit Ina Panther zusammen die Seminare besucht hast, um den Rest der Abteilung dann mit den Informationen zu versorgen? So haben wir auch Zeit gewonnen und mussten nicht alle zusammen viele wertvolle Stunden lang in den Seminaren sitzen."

Während sie trainieren, konzentrieren sich die beiden auf die Übungen. Kimba stellt fest, dass Training zu zweit Spaß macht und dass sie miteinander wetteifern, wer am Ende mehr Gewicht stemmen kann. Nach jedem Satz legt Dominik Löwerer ein wenig mehr Gewicht auf die Langhanteln. „Wenn ich nach zwölf Wiederholungen das Gefühl habe, dass ich noch locker vier mehr geschafft hätte, dann war es nicht schwer genug. Für mein Ziel – nämlich Muskeln aufzubauen – ist das Training nur dann effektiv, wenn ich nach jedem Satz meine Kraftreserven voll ausgenutzt habe. Deshalb mache ich pro Satz auch maximal zwölf Wiederholungen, bei schweren Übungen auch nur acht bis zehn. Für den Fettabbau ist es meines Wissens nach aber effektiver, wenn man etwas weniger Gewicht verwendet und dafür mehr Wiederholungen macht, ich glaube zwischen 16 und 24. Aber nagele mich nicht darauf fest, Kimba, so gut kenne ich mich damit auch nicht aus." Kimba nickt. „Ja, auch das ist wichtig: Wir haben zwar Einblick in die Prozesse aus den anderen Abteilungen, zum Beispiel in der IT oder im Marketing. Aber im Controlling arbeiten wir eben mit anderen Methoden und auf andere Ziele hin. Das muss man respektieren, sonst fühlen sich die Kollegen auf den Schlips getreten. Prozesse, Berichtstrukturen und Projektmanagement unterscheiden sich auch von Firma zu Firma, das wirst du spätestens dann lernen, wenn du den Arbeitgeber wechselst." – „Genau. Und unser Training im Löwerican Football-Verein ist auch ganz anders als das Training hier im Studio. Ich hab das schon verstanden!", grinst Löwerer und stemmt beim Bankdrücken mühelos doppelt so viel Gewicht wie Kimba. Neidlos gesteht Kimba dem Jüngeren den Sieg bei ihrem kleinen Trainingswettbewerb zu und lädt ihn nach der Einheit auf einen Fitnessshake an der Bar ein.

Zwei Wochen später freut sich Kimba schon auf die zweite Hälfte des Produktivitätsseminars bei Simone Löwenbauer und ist gespannt darauf, was die Führungskräfte aus den anderen Abteilungen zu berichten haben. Die Ausführungen eines Projektleiters aus der IT sorgen für Irritation und nach dem bühnenreifen Gebrüll von Müller-Wechselhaft trollt sich der bemitleidenswerte Kollege. Der Rest des Workshops verläuft ohne weitere Störungen.

Am nächsten Morgen im SUPER SPORT STUDIO führt Kimba gewissenhaft einige anstrengende Dehnübungen durch und beobachtet währenddessen gebannt, wie eine durchtrainierte Löwin an einer Querstange Klimmzüge übt. Kraftvoll nimmt sie mit den Beinen Schwung und katapultiert sich in einer fließenden Schlangenbewegung nach oben. Erst jetzt bemerkt er, dass Manuel Löwenzier mit einer Tasse Kaffee und einem Klemmbrett in den Pfoten neben ihr steht. „Bei dem Trainer ist es ja kein Wunder, dass die Löwin so muskelbepackt ist", grinst er in sich hinein. Als die beiden eine Pause machen, trabt Kimba zu ihnen. Er will zwar ihr Training nicht unterbrechen, aber er brennt darauf zu erfahren, wie man diese Übung lernen kann. Denn Klimmzüge gehören einfach zum Repertoire eines sportlichen Löwen: Nicht umsonst ist die korrekte Ausführung auch eine Voraussetzung dafür, an Sporthochschulen oder für die Ausbildung in Spezialeinheiten bei der Löwenpolizei angenommen zu werden. Zwar plant Kimba nichts dergleichen, aber diese Übung möchte er unbedingt auch können. „Hallo ihr zwei. Bitte entschuldigt die Störung. Darf ich euch kurz etwas fragen?" Manuel begrüßt ihn und die schwer schnaufende Löwin stellt sich als Lisa Jaguar vor. „Schieß los, ich muss sowieso noch ein halbe Minute Pause machen", keucht sie. „Okay! Also, die Klimmzüge, die du da machst – wie lernt man die denn?" Lisa Jaguar grinst. „Ich mach mal weiter, erklär du ihm das, Manuel!", ruft sie und eilt zu einer schwer bestückten Langhantel.

„Was macht sie denn jetzt?", wundert sich Kimba, als er sie bei der Übung an der Langhantel beobachtet. „Wir machen gerade ein spezielles Trainingsprogramm, das sich *Every Minute On The Minute* nennt, kurz EMOM. Das heißt etwa: Jede Minute auf die Minute genau. Das ist wie ein kleines Zirkeltraining, aber hier besteht der Zirkel aus drei Übungen. In der ersten Minute ist Übung eins dran, zum Beispiel fünf Klimmzüge. Den Rest der Minute ist Zeit für eine Pause. Dann ist Übung zwei dran, zum Beispiel zehnmal Kreuzheben, wie Lisa es gerade mit einer beeindruckend schwer beladenen Langhantel macht. Der Rest der Minute ist wieder Pause zum Verschnaufen und dann kommt Übung drei, hier eine Bauchübung, wieder mit dem Rest der Minute Verschnaufpause. Dann geht es von vorne los. Wir machen das jetzt insgesamt zehn Runden lang, also dreißig Minuten." Kimba ist sichtlich beeindruckt. „Und was bringt das?" – „Nun, wenn du wirklich an Kraft und Muskelmasse gewinnen möchtest, dann braucht dein Körper unterschiedliche Reize. Die EMOM-Trainings sind hochintensiv und fordern den Körper auf ganz andere Weise als eine normale Trainingseinheit, in der du eine Übung zum Beispiel drei Sätze lang mit jeweils zehn Wiederholungen durchführst. Ein monotones Training ist immer noch besser als gar kein Training, aber eben nicht optimal. Damit kannst du höchstens den aktuellen Status Quo halten oder dich minimal verbessern, aber keine zügigen Fortschritte machen – auch wenn du mehr und mehr Gewicht verwendest. Und insgeheim wünschen sich das viele Löwen: Beim Training rasch Fortschritte sehen. Die Abwechslung ist das erste Geheimnis, wenn man effektiv trainieren will. Und zweitens", fügt er hinzu, nachdem er einen großen Schluck Kaffee genommen hat, „macht das Training auch einfach mehr Spaß, wenn man sich hin und wieder eine neue Herausforderung sucht. Aber jetzt muss ich wieder zurück zu Lisa, sonst macht sie statt zehn Runden noch zwanzig Runden ohne mich. Das mit den Klimmzügen erkläre ich dir gerne ein andermal. Schick mir am besten eine Lionmail, wenn du einmal wieder Zeit hast. Ich beantworte meine

Nachrichten immer abends zwischen 18 und 20 Uhr, tagsüber lenken sie mich sonst zu sehr ab!" – „Sieh an, sieh an", denkt Kimba schmunzelnd, „ob Manuel Löwenzier wohl auch das Seminar bei Simone Löwenbauer besucht hat?"

Kimba ist zufrieden: Er hat im Seminar viel gelernt

Quellen

1. Effektivität („*doing the right thing*") und Effizient („*doing the thing right*"), vgl. z. B.: http://www.diffen.com/difference/ Effectiveness_vs_Efficiency, http://smallbusiness.chron.com/ difference-between-efficiency-effectiveness-business-26009. html, http://www.smartinsights.com/goal-setting-evaluation/ goals-kpis/definition-efficiency-and-effectiveness/
2. http://de.fuehrungskompendium.wikia.com/wiki/Peter_F._ Drucker_Zitate

10

Prioritäten setzen für die körperliche und die geistige Gesundheit

Lono

Lono ist schlecht gelaunt. Ein heftiges Frühlingsgewitter verstärkt seine aktuelle Weltuntergangsstimmung, während der peitschende Wind die Blätter von den Bäumen fegt. Missmutig verkriecht er sich hinter seinem Lion-PC, grummelt vor sich hin und malträtiert die Tastatur. Ina Panther wird hinter ihrem Schreibtisch immer kleiner: So geht das schon seit zwei Wochen, genauer gesagt, seit Lono aus diesem Produktivitätsseminar hinauskomplimentiert wurde. Irgendetwas scheint dort nicht gut gelaufen zu sein, doch sie traut sich nicht nachzufragen. Momentan geht ohnehin alles drunter und drüber bei Tiger & Meyer. Das Löwerika-Projekt nimmt an Fahrt auf und schon bald sollen die ersten Marketingkampagnen von Löwenland aus gestartet werden. Plötzlich prasseln tausend Aufgaben auf einmal auf Lono ein, so ähnlich wie die schweren Regentropfen draußen auf die Erde: unerbittlich und unaufhaltsam.

Leider ist den vielen Aufgaben, anders als dem Regen, nicht einfach mit einem großen Regenschirm beizukommen. Fast im Minutentakt treffen neue Lionmails ein und

© Springer Fachmedien Wiesbaden 2017
S. I. Lackerbauer et al., *Die Löwen-Liga: Fit für die Karriere*,
DOI 10.1007/978-3-658-12138-9_10

Lono kann sie gar nicht schnell genug lesen, geschweige denn priorisieren. Lono sieht es zunächst gelassen: In seinen knapp zehn Jahren bei Tiger & Meyer sind derart arbeitsintensive Phasen durchaus schon häufiger aufgetreten. Mal handelte es sich dabei um einige Tage, mal um mehrere Wochen, in denen er zahlreiche Überstunden angehäuft hat, um alle Aufgaben rechtzeitig zu erledigen. In den wenigen Pausen, die er sich momentan gönnt, verspürt Lono neben Erschöpfung auch Resignation, die sich unbemerkt in sein Gefühlsleben eingeschlichen hat. „Ich erinnere mich gar nicht mehr, wann ich zuletzt im SUPER SPORT STUDIO war", brummt er, nippt an seinem heißen Kaffee und lässt den Kopf hängen. „Aber so ist das nun einmal. Solche Stressphasen kehren regelmäßig wieder, dagegen kann ich auch nichts machen. In ein paar Wochen, wenn das Löwerika-Projekt endlich gestartet ist, nehme ich mir ein paar Tage frei und starte im Fitnessstudio wieder so richtig durch. Bis dahin wird ja mein bisheriger Erfolg nicht einfach so wieder weg sein."

Zweimal hat er es bisher versucht und ist früh morgens noch im Halbschlaf zum Training gegangen. Das war vielleicht eine Qual. Die Teamassistentin Irmgard Ohnelöwe hatte ihm vor Kurzem zwischen Tür und Angel erzählt, dass für sie das Training am Morgen der beste Weg sei, um frisch in den Tag zu starten. „So ein Schwachsinn", grummelt Lono. Als er an der Rudermaschine fast eingeschlafen ist, hat er diesen Plan aber wieder begraben: Lono ist keine früh aufstehende *Lerche*, die morgens schnell aus dem Bett kommt und mit viel Energie in den Tag startet. Nein, Lono ist eher eine nachtaktive Eule, die morgens viel Anlaufzeit benötigt, bis sie einmal in die Gänge kommt, dafür aber abends länger wach und leistungsfähig sein kann. Zumindest im Normalfall, nicht in einer extremen Belastungssituation wie die, in der Lono aktuell bei Tiger & Meyer steckt. Denn auch die zwei abendlichen Trainingseinheiten letzte Woche waren kein Vergnügen: Lono war einfach zu frustriert vom schleppenden Projektfortschritt, steckte gedanklich noch zwischen Lionmails und Lexcel-Tabellen im Büro und konnte sich gar nicht auf die Übungen konzentrieren. Zu allem Übel hat er dann auch noch eine ältere Löwin angeknurrt, die neben ihm auf der Freifläche für seinen Geschmack zu viel Platz beansprucht hat, um ihre Lyoga-Übungen durchzuführen. Allein der Gedanke an sportliche Aktivität lässt Lono jetzt noch weiter in sich zusammensinken. Nicht einmal der starke Kaffee vermag ihm den Energieschub zu geben, den er jetzt für den Rest des Tages bis zum wohlverdienten Feierabend bräuchte.

Am Freitagabend schleicht Lono gegen 20 Uhr erschöpft auf allen Vieren aus dem Büro und lässt sich zu Hause auf sein bequemes Sofa sinken. Momentan endet jeder seiner Tage zwischen 20 und 21 Uhr auf der Couch, die mittlerweile schon eine Kuhle von Lonos immer gleicher Liegeposition bekommen hat. Er merkt zwar, dass diese Haltung auf dem Sofa schlecht für seinen Rücken ist, aber in diesem Moment ist ihm das wirklich egal: Hauptsache, er liegt bequem. Sobald er einmal dort gelandet ist, ist Lono zu nichts mehr zu gebrauchen. Am Wochenende schafft er es gerade noch zum Supermarkt und verbringt den Rest der Zeit im Schlafanzug auf dem Sofa. Seine normalerweise prachtvolle und wohlgepflegte Mähne hängt struppig herunter, Fell und Augen sind stumpf statt glänzend. Nachts quälen ihn Selbstzweifel und Ängste, sein Rücken hat wieder angefangen zu schmerzen und Tage der Appetitlosigkeit wechseln sich mit Fressgelagen ab. Manchmal ertappt er sich dabei, wie er schon am Sonntagvormittag Lionmails auf seinem Dienst-Liphone liest, um sich innerlich für das Chaos am Montag zu wappnen. Danach klickt er sich meistens noch durch zahlreiche Online-Shops und gibt einen nicht unwesentlichen Teil seines Gehaltes für Dinge aus, die er eigentlich gar nicht braucht. Seine Arbeitstage beginnen um sieben Uhr morgens und enden meist um 20 Uhr. Der Gang zur Kantine ist momentan Lonos einzige Pause und obwohl er ab 17 Uhr todmüde ist und oft das künstliche Licht des Bildschirms an seinem Lion-PC kaum mehr erträgt, zwingt er sich dazu, weiterzuarbeiten.

Ina Panther beobachtet besorgt diese Entwicklung. Sie selbst achtet darauf, nur dann Überstunden zu machen, wenn eine wichtige Aufgabe ansteht, die keinen Aufschub erlaubt. Als sich die dritte Woche der Dauerbelastung dem Ende zuneigt und noch kein Umschwung in Sicht ist, alarmiert sie die Betriebsärztin Dr. Katzlein und die Präventologin Sabine Krause-Luchs. Die beiden Frauen bitten Lono zu sich. Erschrocken betrachten sie den Löwen, der in sich zusammengesunken wie ein Häuflein Elend vor ihnen sitzt. „Herr Lono, was ist denn mit Ihnen passiert? Wo ist denn Ihr sportlicher Elan abgeblieben? Sie sehen – mit Verlaub – wirklich furchtbar aus!" Daraufhin muss Lono leise auflachen. „So ist das eben, wenn es gerade einmal wieder stressig ist bei Tiger & Meyer. Ab und zu kommt das vor, dann gibt es nichts mehr außer Arbeit und Erschöpfung. In spätestens zwei Wochen dürfte aber alles vorbei sein. Das ist halb so wild, ich bin das gewohnt." – „Jetzt verstehe ich auch, woher Ihre schlechte körperliche Verfassung kommt – kein Wunder, wenn das seit zehn Jahren schon so geht!", echauffiert sich Sabine Krause-Luchs. „Haben Sie denn niemals daran gedacht, etwas an dieser Situation zu ändern, so dass Sie nicht jedes Mal in diese Abwärtsspirale aus schlechtem Stress rutschen?"

„Etwas daran ändern?", fragt Lono verblüfft. „Wie denn?" Da schaltet sich Dr. Katzlein ein: „Na, so wie viele Kollegen in Ihrer Abteilung auch. Oder sehen Sie außer sich selbst noch jemanden in Ihrer Abteilung, den die Arbeit so fertigmacht? Ihr Fleiß in Ehren, aber der Job hat bei Ihnen eine viel höhere Priorität als Ihr eigenes Wohlbefinden. Auch in stressigen Phasen dürfen Sie Freizeit haben und abschalten, das sollen Sie sogar. Denn wie viel nützen Sie Ihrem lieben Müller-Wechselhaft oder dem Betrieb denn, wenn ich Sie wegen eines Burn-outs sechs Wochen lang krankschreibe und in die Reha schicke?" Bei dieser Ansage wird Lono unter seinem Fell kreidebleich. „Wie, krankschreiben? Das geht nicht! Ich muss das Projekt zu Ende bringen!", stammelt er. „Herr Lono, wenn Sie so weitermachen, werden Sie nicht das Projekt, sondern sich selbst *zu Ende bringen*. Sie bewegen sich auf einem sehr schmalen Grat, denn die gesundheitlichen Schäden von chronischem Stress sind nicht zu unterschätzen. Ihre Leistungsfähigkeit nimmt mit jedem Tag ab und das führt zu noch größerem Druck. Seien Sie bitte vernünftig. Und wann waren Sie eigentlich zum letzten Mal beim Sport? Wie steht es um Ihre Ernährung?"

„Momenten habe ich einfach keine Zeit, mich damit zu beschäftigen!", grummelt Lono. „Das Löwerika-Projekt hat oberste Priorität!" Sabine Krause-Luchs lässt die Ausrede jedoch nicht gelten. Mit erhobener Zeigekralle doziert sie: „Mein lieber Herr Lono, ein weises Sprichwort besagt: ‚Kein

Löwe hat keine Zeit, nur falsche Prioritäten'. Das gilt auch
für Sie. Nicht der Job sollte Ihre oberste Priorität sein, sondern Ihre Gesundheit. Jobs gibt es viele, Gesundheit haben
Sie nur eine. Glücklicherweise startet nächste Woche der
Testpilot für unser neues Präventionsprogramm bei Tiger
& Meyer. Und ich möchte, dass Sie mitmachen. Hier ist
die Informationsbroschüre. Jetzt gehen Sie nach Hause und
erholen Sie sich am Wochenende. Keine Lionmails und keine Ausreden! Wir sehen uns am Montag."

Betrübt schleicht Lono zurück in sein Büro und schnappt
sich wortlos seine Sachen, nicht ohne Ina Panther noch
einen bösen Blick zuzuwerfen. Bestimmt steckt sie dahin-
ter, dass er die beiden Frauen jetzt am Schwanz hat. Als
die junge Löwin zurückzuckt, erschrickt Lono über seine Aggressivität, grinst schief und hebt versöhnlich die
Pfoten. „Bitte entschuldige. War nicht so gemeint." Zu
Hause plagt ihn das schlechte Gewissen nun noch mehr.
Er hat sich und sein Umfeld in den letzten Wochen wirklich zu sehr vernachlässigt. Den Abend verbringt er vor
seinem privaten Lion-PC und lenkt sich einmal wieder
mit einer ausgiebigen Online-Shopping-Tour ab: Neue
Sportschuhe und atmungsaktive Funktionskleidung, eine
Pulsuhr, Schweißbänder und ein neuer LiPod landen in
seinem Einkaufswagen. Wie immer stellt sich ein flüchtiges
Glücksgefühl ein, doch spätestens wenn die Einkäufe ankommen und seine LionCard belastet wird, ist die Freude
schon wieder verflogen.

Am Montag sitzt Lono bereits um sechs Uhr morgens in
seinem Büro bei Tiger & Meyer, um noch die ersten Aufgaben zu erledigen, bevor er um acht Uhr an Sabine Krause-
Luchs' neuem Präventionsprogramm teilnimmt. Auf dem

Plan stehen am Morgen Methoden für „Stressfreies Arbeitsverhalten", mittags wird eine Sportstunde angeboten. Am Donnerstag findet mittags wieder Sport statt und nach Feierabend eine Lektion in Sachen „Achtsamkeitsübungen". In der ersten Stunde erklärt Sabine Krause-Luchs den zehn Teilnehmern: „Stress ist keine (un)heilbare Krankheit, er gehört zum Leben dazu und unser Organismus reagiert entsprechend darauf. Allerdings muss man zwischen gutem Stress, genannt Eustress, und schlechtem Stress, genannt Distress, unterscheiden. Sport verursacht zum Beispiel im Regelfall Eustress, weil der Körper sich anstrengen muss – wenn man es nicht gleich übertreibt. Eine lange Aufgabenliste verursacht oft Distress, weil uns der Anblick zu überfordern droht – andererseits kann eine übersichtliche Liste uns auch dazu motivieren, die Dinge anzugehen. Außerdem ist zwischen unterschiedlichen Stressstufen zu unterscheiden: Manches verursacht ein bisschen, anderes mittelstarken und Schlimmes sogar starken Stress. Auch die Stressdauer ist von Bedeutung: Akuter Stress taucht plötzlich und heftig auf, zum Beispiel bei einem heftigen Streit. Dann gibt es kurzzeitigen Stress, wie vor einer wichtigen Präsentation. Chronisch-intermittierender Stress tritt immer wieder auf, zum Beispiel wenn immer nachts um halb drei ein Zug vorbeidonnert. Und schließlich gibt es noch chronischen Stress unter Dauerbelastung, wenn man sich beispielsweise längere Zeit zu viel Arbeit aufhalst." Dabei straft sie Lono mit einem vorwurfsvollen Blick. Nachdem alle Teilnehmer von ihren Stresssituationen berichtet haben, entlässt die Präventologin die Gruppe mit dem Auftrag, sich bis nächste Woche zu überlegen, wie sie die Dauer und Intensität ihrer negativen Stresssituationen einschätzen und wie ihnen stressfreies Arbeitsverhalten gelingen kann.

Mittags steht Lono im wahrsten Sinne des Wortes auf der Matte, nämlich auf einer knallgrünen Lyoga-Matte in einem kurzerhand zur Turnhalle umfunktionierten Konferenzraum bei Tiger & Meyer. Insgesamt 30 mehr oder minder sportliche Löwen haben sich zu einer Sportstunde eingefunden, bei der Übungen im Vordergrund stehen, die jeder Löwe als Stressausgleich auch zu Hause ausführen kann. Lono staunt nicht schlecht, als er die Trainerin erkennt, die sie alle freudestrahlend begrüßt: Es ist seine junge Kollegin Ina Panther, die im Büro immer so schüchtern und wenig selbstbewusst ist. Sie entpuppt sich als charismatische Motivatorin: Sogar dem erschöpften Lono machen die einfachen, aber trotzdem anstrengenden Übungen Spaß. Obwohl er anfangs dachte, viel zu müde für den Sport zu sein, bewirkt die Bewegung das genaue Gegenteil und er fühlt sich danach sogar frischer als zuvor. Er nimmt sich vor, während der nächsten Online-Shopping-Tour eine knallgrüne Loyga-Matte zu bestellen und Ina Panther von nun an mit anderen Augen zu sehen. Eigentlich will er gar nicht gut drauf sein, weil die Kurse eine Zwangsmaßnahme sind. Aber er muss sich eingestehen, dass es ihm jetzt besser geht als vor der sportlichen Einheit. Fast schon euphorisch eilt Lono zurück in sein Büro und stellt sich dem in der Zwischenzeit weiter angewachsenen Aufgabenberg. Zwei Dinge hat er allerdings vergessen: Erstens, sich zuvor Gedanken darüber zu machen, wie er sein Verhalten ändern kann, um weniger Stress zu haben, anstatt weiter nach demselben Muster vorzugehen. Zweitens, der Dusche einen Besuch abzustatten, bevor er sich nach dem Sport wieder an die Arbeit macht.

Ihm selbst fällt sein Schweißgeruch nicht auf, aber Ina Panther sucht schon bald fluchtartig das Weite, als ihr der herbe
Duft in die empfindliche Schnauze steigt.

Lono kommt beim Lyoga ins Schwitzen

Kimba

Kimba lehnt sich entspannt in seinem Bürostuhl zurück und beobachtet, wie grelle Blitze am grauen Himmel zucken und sich der prasselnde Regen einen Weg durch die dichten Wolken bahnt. Die letzten zwei Stunden hat er in konzentrierter Arbeit hinter dem Bildschirm seines Lion-PCs verbracht und macht jetzt bewusst eine kurze Pause. Seit dem Produktivitätsseminar vor zwei Wochen hat er sich jeden Tag eine Viertelstunde Zeit genommen und darüber nachgedacht, wie er Aufgaben effektiver erledigen kann. Die erste Maßnahme bestand darin, dass er zahlreiche Lion-Rundmails zum Löwerika-Projekt aus seinem Posteingang verbannt hat und eine Regel aufgestellt hat: Lionmails, die er in Kopie „CC" bekommt, werden automatisch in einen Unterordner umgeleitet, in den er in etwas größeren Abständen hineinschaut. Dominik Löwerer erhält alle wichtigen Nachrichten ebenfalls in Kopie und bringt ihn bei Bedarf auf den neusten Stand. Damit spart er jeden Tag viel Zeit ein, denn die zahlreichen, manchmal auch hitzigen Diskussionen rund um das Löwerika-Projekt beinhalten nur selten für Kimba relevante Informationen. Zweitens hat er sich vorgenommen, im Normalfall nur noch viermal am Tag seine Lionmails zu beantworten: Morgens, wenn er ins Büro kommt und die erste eigene Aufgabe des Tages erledigt hat. Dann einmal im Laufe des späten Vormittags, ein drittes Mal nach der Mittagspause, wieder sobald er die erste Aufgabe erledigt hat, die er sich selbst vorgenommen hat. Zum letzten Mal dann ungefähr eine Stunde vor Feierabend, um auf dringende Anfragen noch rechtzeitig reagieren zu können. Die Kollegen wissen, dass sie ihn in dringenden Fällen jederzeit anrufen können und fast immer zu ihm kommen können. Die Tür zu seinem Büro schließt er nämlich nur selten – wenn sie dann aber einmal geschlossen ist, wissen alle, dass Kimba konzentriert arbeitet und nur im Notfall unterbrochen werden sollte. Außerdem hat sein junger Kollege Dominik Löwerer stets ein Auge auf alle wichtigen Themen.

Die dritte Änderung ist zugleich die wichtigste für Kimba. Sie besteht darin, dass er die Anzahl der unterschiedlichen Themen einschränkt, an denen er an einem Tag arbeiten will. Erfahrungsgemäß weiß er, dass es wenig Sinn macht, an zehn Sachen gleichzeitig zu arbeiten und sich damit nur selbst zu stressen. Stattdessen selektiert er möglichst schon am Vorabend die Aufgaben, die für den nächsten Tag wichtig sind. Er sortiert sie außerdem (und zwar nicht nur) nach Dringlichkeit. Zudem schätzt er den realistisch benötigten Zeitaufwand großzügig ein – seine Pfotenregel dabei: „Dauert doppelt so lange wie gedacht." Da Kimba eher eine *Lerche* ist, verfügt er morgens noch über die meiste Energie und geht die komplexen Themen gleich am Vormittag an. Zwischendurch setzt er sich selbst kleine Ziele: „Bis zum Mittagessen will ich die leidigen Lexcel-Tabellen erstellt haben. Eine halbe Stunde nehme ich mir danach Zeit, um mich auf das Meeting mit den Business Intelligence-Kollegen vorzubereiten." Diese Fristen spornen ihn dazu an, die eigenen Ziele zu erfüllen. In einem Gespräch mit Sabine Krause-Luchs hat er erfahren, dass diese Form des Eigenantriebs auch *Eustress* genannt wird, also eine gute Form von Stress darstellt. Er musste ihr allerdings versprechen, keine unrealistischen Erwartungen an sich selbst zu richten: „Gehen Sie nicht zu hart mich sich ins Gericht und akzeptieren

Sie auch, dass es an manchen Tagen besser läuft als an anderen. Sie sind ein Löwe, keine Maschine. Akzeptieren Sie Ihre Schwächen und seien Sie gut zu sich selbst!"

Deshalb hat Kimba eine vierte Änderung in seinem Alltag eingeführt: Er macht nach jedem Aufgabenblock eine kurze Pause, um wieder Kraft zu schöpfen und das Gefühl zu genießen, dass er einen Punkt von seiner Liste streichen kann. Zugegeben: Das Löwerika-Projekt hat an Fahrt aufgenommen und alle Abteilungen haben aktuell mehr zu tun. Aber Kimba ist weit davon entfernt, sich verrückt zu machen. Natürlich könnte er momentan zwölf und mehr Stunden pro Tag am Bildschirm kleben und noch mehr Arbeit erledigen. Aber er weiß, dass nur ein ausgeglichener Löwe, der genug Freizeit und Schlaf hat, auch in diesen Belastungssituationen sorgfältig und effektiv arbeiten kann.

Die fünfte und vorerst letzte Maßnahme zur Steigerung seiner Produktivität besteht deshalb darin, dass er weiterhin viermal pro Woche morgens zum Sport geht und an den Wochenenden jeglichen Gedanken an Tiger & Meyer aus seinem Kopf verbannt. Nicht die Arbeit rangiert auf seiner Prioritätenliste an erster Stelle, sondern sein persönliches Wohlergehen. Vergangenes Wochenende hat er nach langer Zeit einmal wieder ein paar knifflige Kreuzworträtsel gelöst, eine interessante Dokumentation über die Geschichte der mittelalterlichen Burganlage zu Löwenhausen angesehen und mit einer langjährigen Freundin telefoniert. „Der Begriff Work-Life-Balance klingt zwar abgedroschen, aber es ist schon etwas Wahres dran", denkt er und freut sich auf das Training mit Manuel Löwenzier am nächsten Tag. Er hatte den Trainer gebeten, ihm Klimmzüge beizubringen und wird nun endlich hinter das Geheimnis dieser komplexen Übung kommen.

Am nächsten Morgen springt Kimba schwungvoll aus dem Bett und schlüpft in seine Sportkleidung. Mit einer Tasse Kaffee und einer kleinen Portion Müsli stärkt er sich für die bevorstehende Trainingseinheit. Mittlerweile ist der Morgensport zu einem festen Ritual für ihn geworden, das er an den trainingsfreien Tagen sogar manchmal vermisst. Sobald er die Turnschuhe geschnürt hat und seine kleine Wohnung verlässt, spürt er schon die Vorfreude in jedem einzelnen Muskel. Er geht gezielt morgens ins SUPER SPORT STUDIO, weil ihn das positive Erlebnis zu Beginn des Tages beflügelt. Er hat das Gefühl, dass ihm nichts mehr etwas anhaben kann, wenn er nach dem Sport und dem zweiten Frühstück bei Tiger & Meyer den Lion-PC einschaltet, um die tags zuvor priorisierten Aufgaben anzugehen. Manchmal strahlt er vor lauter Energie so sehr, dass die Kollegen ihm verwirrte Blicke hinterherschicken, wenn sie ihm auf dem Gang begegnen.

Laut Sabine Krause-Luchs verursacht die sportliche Betätigung ebenfalls Eustress und wirkt sich generell positiv auf sein Stressempfinden aus: Die zusätzlichen Aufgaben bei Tiger & Meyer vergleicht Kimba eher mit Herausforderungen und sieht sie nicht als Belastung. Als er sich nach dem Aufwärmen im Studio mit Manuel Löwenzier trifft, erzählt er ihm von seinen Gedanken. Der Trainer nickt und grinst: „Das sind gute Überlegungen, die du da hast. Eine meiner Kundinnen hat neulich etwas Ähnliches gesagt. Sie hatte an dem Tag eine wichtige Präsentation und war vormittags bei mir im Training, um ihre Nervosität in den Griff zu bekommen. Der Wortlaut war in etwa: ‚Heute habe ich zum ersten Mal mein eigenes Körpergewicht beim Kreuzheben gestemmt, mich kann gar nichts mehr schocken und die Präsentation wird super.' Ihre Angst war in dem Moment verflogen, in dem sie dieses sportliche Erfolgserlebnis hatte. Und die Präsentation war dann am Ende wirklich gut. Aber jetzt zu deinem sportlichen Erfolgserlebnis. Du willst wissen, wie Klimmzüge gehen, richtig?"

Kimba klatscht begeistert in die Pfoten. „Genau! Ich habe gesehen, wie Lisa Jaguar Klimmzüge mit viel Schwung ausgeführt hat und möchte das auch können." – „Gut. Aber dein Ziel sollte vielmehr sein, die Klimmzüge langsam ohne Schwung auszuführen. Beide Varianten sind hochkomplexe Übungen und setzen eine andere Muskelleistung voraus. Das ist in etwa damit vergleichbar, dass du einen Sprint ganz anders angehst als einen Langstreckenlauf." Kimba nickt und spitzt weiterhin die Ohren. „Wenn der normale Klimmzug dein Ziel ist, dann hat der Kraftaufbau dafür natürlich oberste Priorität. Aber es macht wenig Sinn, nur die einzelnen Muskeln zu trainieren, die an der Durchführung dieser Übung beteiligt sind: Rücken, Schultern, Bizeps, Unterarme und die Rumpfmuskulatur. Du musst auch die einzelnen Bewegungsabläufe einüben, also dich hochzuziehen und dich langsam herunterzulassen. Außerdem sind Stabilität und Körperspannung enorm wichtig, damit du nicht wie eine schlaffe Hyäne an der Stange hängst. Es nützt dir also gar nichts, wenn du dich nur auf den Klimmzug konzentrierst: Das Zusammenspiel der einzelnen Muskeln ist entscheidend für die richtige Ausführung. Dafür gibt es wiederum Übungen, mit denen du deinen Körper an die Belastung gewöhnen kannst. Zum Beispiel, indem du dich von einer Klimmzugstange langsam herunterlässt, oder

indem du auf dem Boden sitzt und dich an einem Seil hoch-
ziehst. Du musst den Klimmzug ganzheitlich denken."

Das gibt Kimba in der Tat zu denken. In seinem Trainingsplan sollte er also – ähnlich wie im Büro – die einzelnen Trainingsschritte priorisieren, um das Gesamtziel zu
erreichen. „Wenigstens gibt es dafür keine Deadline wie
beim Löwerika-Projekt", denkt er erleichtert. Aber der Vergleich ist in seinen Augen gar nicht so verkehrt: Schließlich
besteht auch die Markterschließung in Übersee aus vielen
einzelnen Teilaufgaben, die erledigt werden müssen, um
das Gesamtziel zu erreichen. Er kennt die ausgeklügelten
Projektpläne, die allen Abteilungen dabei helfen, die Übersicht zu bewahren und das Unterfangen voranzutreiben.
Da kommt ihm eine Idee: „Kannst du mir denn einen
Projektplan, ähh, einen Trainingsplan für den Klimmzug
zusammenstellen und mir zusammen mit der Stunde in
Rechnung stellen?" Manuel Löwenzier willigt ein und geht
mit Kimba gleich noch ein paar der relevanten Übungen
durch.

Einige Tage später telefoniert Kimba wieder einmal mit
der Präventologin Sabine Krause-Luchs und erzählt ihr von
seinem neuen Klimmzug-Projekt. „Dieser umfassende Ansatz gefällt mir – und auch, dass Ihnen der Sport dabei hilft,
im Büro die Ruhe zu bewahren. Wir Präventologen verfolgen einen ähnlichen Ansatz, wir nennen ihn *holistisch*,
also ganzheitlich. Wir betrachten den Löwen als Ganzes,
körperlich und seelisch, für sich allein und in seiner Umgebung. Die Parallelen, die Sie zwischen dem Training und
Ihrem Job ziehen, sind überaus nützlich, um *Resilienz* zu
entwickeln. Das ist ein Vorrat an positiven Erfahrungen,
aus dem Sie schöpfen können, wenn es Ihnen einmal nicht

so gut geht. Selbst wenn Sie viele Faktoren des Löwerika-Projekts nicht beeinflussen können: Sie können sich dann zum Beispiel an die letzte Trainingseinheit zurückerinnern und dieses gute Gefühl auf die aktuelle Situation übertragen. Das hilft Ihnen dabei, sich einer Situation nicht mehr ausgeliefert zu fühlen, sondern gut mit dieser umgehen zu können. Es verleiht Ihnen zusätzliche Widerstandskraft und Sie achten automatisch darauf, Ihre *Ich-Zeit* hoch zu priorisieren, um wieder neue positive Erfahrungen zu generieren. Ach ja, eins noch: Schauen Sie doch nächste Woche am Dienstag bei mir vorbei. Ich biete im Rahmen unseres neuen Präventionsprogramms bei Tiger & Meyer mittags einen Kurs namens Progressive Muskelentspannung, kurz PME an. Das könnte vielleicht etwas für Sie sein."

Kimbas Neugierde ist geweckt und er findet sich am Dienstag pünktlich mit einer Handvoll anderer Löwen bei der Präventologin ein. Es stellt sich heraus, dass PME aus einer Reihe von Entspannungsübungen besteht. Die Löwen sollen bestimmte Muskelgruppen nacheinander ganz bewusst anspannen und entspannen. Kimba überrascht die Erkenntnis, dass er ab und zu unbewusst seinen Kiefer anspannt, verkrampft in den Brustkorb atmet oder die Schultern angestrengt nach vorne beugt. „Die Übungen kommen Ihnen allen übrigens auch beim Sport zugute", erklärt Sabine Krause-Luchs am Ende der Stunde. „Für viele Übungen müssen Sie Ihre Beweglichkeit trainieren. Manchmal sind dabei verkürzte Muskeln das Problem. Manchmal liegen Einschränkungen aber auch einfach daran, dass Sie unbewusst Muskeln anspannen, die dann die Bewegung blockieren. Wenn Sie diese Muskeln identifizieren und ganz bewusst entspannen, nimmt auch Ihre Beweglichkeit zu. Das heißt nicht, dass Sie nach einer Stunde PME gleich einen Spagat beherrschen", scherzt sie, „aber konzentrieren Sie sich beim nächsten Mal ganz bewusst darauf und Sie werden staunen." In Gedanken ist Kimba schon wieder bei seinem Klimmzug-Training und freut sich darauf, die neue Technik auszuprobieren. „Und wenn ich erst den Klimmzug beherrsche, dann kann mir wirklich nichts und niemand mehr etwas anhaben", frohlockt er und macht sich gestärkt wieder an die Arbeit.

Kimba genießt die Progressive Muskel-Entspannung

11

Der Komfortzonen-Kosmos: Wie weit willst du gehen?

Lono

An einem sonnigen Montagabend sitzt Lono entspannt im Biergarten und genießt ein kühles Löwenbräu. Der Sommer meint es in diesem Jahr gut mit Katzmünchen und viele Löwen genießen hier inmitten des Löwischen Gartens den wohlverdienten Feierabend. Vor einer Woche wurde das Projekt zur Erschließung der Märkte in Mittel- und Süd-Löwerika bei Tiger & Meyer endlich erfolgreich abgeschlossen. Das operative Geschäft in Übersee verläuft nun in geregelten Bahnen und die Kollegen aus der Business Intelligence-Abteilung in der Lölner Geschäftsstelle werten fleißig die ersten Daten aus.

Für Lono und seine Mannschaft im IT-Projektmanagement gibt es aktuell dafür nichts zu tun, so dass sich alle wieder dem Tagesgeschäft widmen können. Lono ist darüber sehr erleichtert: Die vergangenen zwei Monate waren äußerst anstrengend für ihn und er hat sehr unter der enormen Arbeitsbelastung gelitten. Denn trotz der Bemühungen von Dr. Katzlein und Sabine Krause-Luchs ist es Lono nicht gelungen, die Balance zwischen Arbeit und Freizeit noch während der Projektlaufzeit wiederherzustellen: Er hat sämtliche Energiereserven mobilisiert und monatelang

© Springer Fachmedien Wiesbaden 2017
S. I. Lackerbauer et al., *Die Löwen-Liga: Fit für die Karriere*,
DOI 10.1007/978-3-658-12138-9_11

Raubbau an seinem Körper getrieben, um zu *funktionieren*, anstatt die Aufgaben sinnvoll zu priorisieren oder zu delegieren. Auch die Präventionskurse des Pilotprojektes bei Tiger & Meyer hat er zuletzt nur noch als Last empfunden, anstatt neue Kraft aus den kleinen Auszeiten zu schöpfen. Zum Schluss war Lono ein erschöpfter Schatten seiner selbst und vermied den Blick in den Spiegel, weil ihm beim Anblick des ausgezehrten Löwen darin richtig schlecht wurde. Erst jetzt, da der permanente Zeit- und Arbeitsdruck nachgelassen hat, kann Lono sich wieder entspannen. Es ist fast schon ein seltsames Gefühl, um 19 Uhr nicht noch im Büro zu sitzen, sondern bereits am zweiten Löwenbräu zu nippen: Sein Chef Herr Müller-Wechselhaft hat ihn dazu verdonnert, die angesammelten Überstunden abzubauen und sich um seine Gesundheit zu kümmern. „Löwenbräu ist doch immer noch die beste Medizin", schwärmt Lono und nimmt noch einen kräftigen Schluck.

Die ganze Woche über genießt er den Aufenthalt in seiner persönlichen Komfortzone: Morgens kommt er ausgeschlafen um neun Uhr in seinem Büro bei Tiger & Meyer an, trödelt vormittags herum, gönnt sich exakt eine Stunde Mittagspause, sitzt nachmittags entspannt in Meetings und fährt um Punkt 18 Uhr den Lion-PC wieder herunter. Die Pilotphase des Präventionsprojektes bei Tiger & Meyer ist mittlerweile auch beendet, so dass er sich nicht mit Achtsamkeitsübungen, Mittagssport oder stressfreiem Arbeitsverhalten auseinandersetzen muss. Lono hat sogar genug Zeit, die unzähligen Lionmails in seinem Posteingang zu lesen, zu sortieren und zu archivieren.

Am Donnerstag stößt er morgens auf eine interessante Rundmail von vor drei Monaten, die er in der Zwischenzeit völlig vergessen hatte. Darin geht es um die Einführung einer neuen Software für das Intranet bei Tiger & Meyer. Lono hatte damals in einer Fachzeitschrift begeistert von den Funktionen dieses Tools gelesen und mit seinen Kollegen aus der IT-Abteilung per Lionmail darüber gefachsimpelt. Sie alle waren sich einig gewesen, dass das neue Programm unbedingt konzernweit eingeführt werden sollte. Doch als das Löwerika-Projekt in die heiße Phase ging, blieb keine Zeit mehr, um den Vorschlag einer größeren Runde und der Chefetage vorzustellen. Lono hat nach wie vor große Lust, sich mit der neuen Software zu beschäftigen: Er will in Ruhe mit dem Programm herumspielen und es wäre doch praktisch, das im Rahmen eines firmeninternen Projektes machen zu dürfen. Lono druckt sich die Lionmail aus und vereinbart einen Termin mit Müller-Wechselhaft für den kommenden Tag, um ihm von der Idee zu erzählen. „Vielleicht sollte ich dafür noch eine Präsentation vorbereiten, die Kosten berechnen und den Mehrwert für Tiger & Meyer herausarbeiten", denkt er noch, bevor er sich durch die nächsten Lionmails klickt. Doch dann verwirft er den Gedanken wieder: Es wäre viel zu anstrengend, jetzt schon Zeit in diese Aufgabe zu investieren. Müller-Wechselhaft wird das Projekt bestimmt auch so durchwinken. Lono macht es sich in seinem Bürostuhl gemütlich, schlägt auch den Rest des Tages noch mit alten Lionmails tot und macht früh Feierabend.

Der Grund für seine Lustlosigkeit ist das schlechte Gewissen, das ihn seit ein paar Tagen so penetrant quält, dass er es nicht länger ignorieren kann. Denn aufgrund des Löwerika-Projektes hat er sein Training im SUPER SPORT STUDIO schleifen lassen, oder besser gesagt: völlig auf Eis gelegt. Doch die mittäglichen Sporteinheiten im Rahmen des Präventionsprogramms haben ihm gut getan und das positive Körpergefühl hat ihn wieder daran erinnert, dass er sich nach dem Sport manchmal doch wohl gefühlt hat – obwohl ihn meist am Tag danach ein ordentlicher Muskelkater gequält hat.

Im Studio kramt er den zerknitterten alten Trainingsplan hervor, den er sich schon vor Monaten selbst zusammengestellt hat: Eine Notlösung, da er sich nicht mehr getraut hat, seine Trainerin Ivera Löwowitz anzurufen, nachdem er sie so angebrüllt hatte. Verlegen kratzt er sich die Mähne. „Vielleicht sollte ich mit ihr sprechen und ihr erklären, was los war. Aber wenn ich es recht bedenke, dann habe ich jetzt wirklich keine Lust auf so eine Konfrontation. Das ist mir viel zu unangenehm. Und mit meinem Plan komme ich ja auch so ganz gut klar. Ivera würde bestimmt wieder neue, anstrengende Übungen mit mir machen wollen, darauf habe ich erst recht keine Lust." Zufrieden mit dem Ergebnis seines inneren Monologs trottet Lono gemütlich von Gerät zu Gerät und folgt seinem Plan. Penibel genau achtet er darauf, bloß nicht zu viel Gewicht zu verwenden und ausreichend lange Pausen zwischen den Sätzen zu machen, um sich nicht zu überanstrengen. Er ist überzeugt davon, dass seine Muskeln sich jetzt ohnehin nicht besonders anstrengen dürfen, weil er das Training wochenlang vernachlässigt hat. Es ist ihm ganz recht, dass er dabei noch nicht einmal ins Schwitzen kommt – denn auch das wäre ihm einfach zu anstrengend.

Am nächsten Tag macht Lono es sich auf dem Besucherstuhl vor dem Schreibtisch von Müller-Wechselhaft gemütlich. Ganz entspannt breitet er den Ausdruck der Lionmail

vor sich aus. „Na, Sie sind wohl geistig schon im Wochenende, Herr Lono, wenn ich mir das so ansehe? Legen Sie
doch mal einen Zahn zu, ich habe nicht den ganzen Tag
lang Zeit", brummt sein Chef ungehalten. Doch auch davon lässt sich Lono nicht aus der Ruhe bringen. „Keine Sorge, Chef, es wird nicht lange dauern. Ich wollte mit Ihnen
über eine neue Software für unser Lintranet bei Tiger &
Meyer sprechen." – „Aha, Welche Software soll das sein?
Haben Sie mir dazu etwas vorbereitet?" – „Nein, aber die
Kollegen aus der IT sind davon auch begeistert. Die Software hat ein paar wirklich tolle Zusatzfunktionen: Man kann
eine eigene Wissensdatenbank anlegen, es gibt ein Tool für
Blogs, eine App für das Liphone und alle Daten sind nach
den neuesten Standards verschlüsselt, da haben böse Hacker
keine Chance", schwärmt Lono. – „Und was ist daran so viel
besser als an unserer aktuellen Intranet-Software? Welcher
Mehrwert ist für die Kollegen drin, außer dass die Instal-
lation eine interessante technische Spielerei für Sie wäre?
Warum sollten wir eine Blogfunktion in unserem Lintranet
anbieten, wenn die Hälfte der Mitarbeiter noch nicht einmal ein Foto, geschweige denn persönliche Informationen
dort eingestellt hat?"

Lono merkt, wie er rot anläuft. Mit diesen Fragen hatte
er nicht gerechnet. Warum kann Müller-Wechselhaft ihm
nicht einfach das Budget für die Software genehmigen und
ihn machen lassen? „Also, ähm", setzt Lono halbherzig an.
„Also wissen Sie was, Herr Lono, wenn Sie mir das nächste Mal eine neue Software aufschwatzen wollen, dann sollten Sie schon ein bisschen besser vorbereitet sein. Momentan sehe ich wirklich nicht, welchen Sinn Ihr hochgelobtes
Lintranet-Tool für uns haben sollte." Lono stöhnt innerlich

auf. Eine LöwenPoint-Präsentation basteln, ein Meeting mit
Vertretern aus allen Abteilungen anberaumen, um das Tool
vorzustellen, Überzeugungsarbeit leisten, dann noch allen
hinterhertelefonieren, damit sie die Informationen an die
Kollegen weitergeben und Feedback per Lionmail einsam-
meln, die Kosten ermitteln und zuletzt alles nochmal Müller-Wechselhaft vorführen? Das ist ihm definitiv viel zu viel
Aufwand. Seine ohnehin auf Sparflamme laufende Betrieb-
samkeit hat mit der Absage einen zusätzlichen Dämpfer bekommen und er kann sich mit der Idee gar nicht anfreunden. Dann lieber kein neues Lintranet und noch ein paar
Tage mit Lionmails vertrödeln, bevor das nächste große Projekt ansteht. „Wie Sie meinen, Chef, ich bin dann mal weg“,
brummt er und schleicht aus dem Büro. Müller-Wechselhaft wirft ihm einen verblüfften Blick hinterher. So schnell
hat Lono noch nie aufgegeben, wenn er etwas durchsetzen
wollte. Der Chef zuckt mit den Schultern und widmet sich
wieder seinen Aufgaben.

   Die ruppige Behandlung nagt noch eine ganze Woche
an Lonos Selbstbewusstsein. Sowohl im Büro als auch im
SUPER SPORT STUDIO läuft der sonst so fleißige Löwe auf Sparflamme und zieht sich beleidigt in sich selbst
zurück. Eines Abends liegt er nach dem Training auf dem
gemütlichen Sofa, als plötzlich das Telefon klingelt: Lonos
Mutter ist am Apparat. Nach den üblichen Begrüßungsflos-
keln trägt sie eine Bitte an ihren einzigen Sohn heran: „Mein
Löwenhäschen, könntest du am Wochenende bitte herkom-
men und uns beim Entrümpeln des Kellers helfen? Dein
Vater hat es doch in letzter Zeit so mit dem Rücken und wir
könnten deine Hilfe wirklich gut gebrauchen.“ Lono rollt
mit den Augen. Der Spitzname Löwenhäschen ist die Ge-

heimwaffe seiner Mutter, wenn sie etwas von ihm möchte. Er hat zwar am Wochenende nichts vor, aber seine Stimmung ist immer noch auf dem Nullpunkt und die Fahrt zu seinen Eltern ins tiefste Löwenbayern erscheint ihm viel zu anstrengend. Genervt verweigert er seiner Mutter die Hilfe und knallt das schurlose Telefon in die Ladeschale. Als es erneut klingelt, will Lono erst gar nicht rangehen: Auf eine Schimpftirade seiner Mutter hat er nun wirklich keine Lust.

Als er dann doch abhebt und ein zorniges „Ja?" knurrt, erklingt zu seiner Verblüffung die Stimme der Trainerin Ivera Löwowitz. „Hallo, Lono, endlich erreiche ich dich. Wann machen wir denn mit deinem Training weiter? Du hast noch zwanzig Stunden bei mir offen!" Dermaßen überrumpelt stammelt Lono eine Entschuldigung und erzählt von dem Stress der letzten Monate und von seinem selbst zusammengestellten Trainingsplan. Ivera zeigt sich verständnisvoll, nagelt Lono im selben Atemzug aber auf drei Termine nächste Woche fest. Zwar lobt sie ihn dafür, dass er jetzt wieder angreifen will, macht ihm aber klar: „Wenn du immer nur demselben Trainingsplan folgst, dann wirst du langfristig keine Fortschritte machen. Du bewegst dich damit immer nur innerhalb deiner Komfortzone und dein Körper gewöhnt sich an die gleichbleibende Belastung. Wir müssen ihn aber richtig fordern, damit die überflüssigen Pfunde schmelzen und du die stolze Löwenbrust bekommst, von der du schon so lange träumst. Allerdings hältst du dich ja nicht einmal kontinuierlich an diesen einen Plan: Dieses Problem müssen wir zuerst ein für alle Mal aus der Welt schaffen. Aber das geht nur, wenn du es auch wirklich willst. Also, bist du dabei?" Lono seufzt: Das dürfte wohl eine rhetorische Frage gewesen sein. Bei Ivera hatte er noch nie das Gefühl, wirklich eine Wahl zu haben. Nach dem Telefonat mümmelt er sich wieder auf seinem Sofa in die Kissen. Wenigstens hat er noch ein faules Wochenende vor sich. Jetzt fehlt ihm nur noch eine zündende Idee, wie er die Sache mit seinen Eltern wiedergutmachen kann. „Irgendwann …", murmelt er noch, bevor er trotz des schlechten Gefühls im Bauch sanft entschlummert.

Trotz Personal Trainer macht Lono kaum Fortschritte

Kimba

Die Morgensonne blitzt zwischen den Bäumen hindurch und taucht das kleine Waldstück in der Nachbarschaft in ihr strahlendes Licht. Kimba fühlt sich großartig: Die Joggingrunde so früh am Morgen tut ihm gut und bietet eine willkommene Abwechslung zum Training im SUPER SPORT STUDIO. Noch vor einem halben Jahr hätte er laut aufgelacht, wenn ihm jemand erzählt hätte, dass er freiwillig über Stock und Stein springen würde. Doch als das Löwerika-Projekt gerade in die stressige Abschlussphase überging, hat er eines Morgens einfach seine neuen Laufschuhe geschnürt und ist ganz langsam losgetrabt. Zu Beginn war die Belastung ungewohnt und sein Körper wurde mächtig durchgeschüttelt. Nach der ersten Laufeinheit haben seine Knie und Oberschenkel aufgrund der ungewohnten Belastung sogar so sehr wehgetan, dass er zwei Tage lang nur mühsam herumstaksen konnte. Ungläubig hatte er daran gedacht, wie viel er als Löwenkind und als junger Löwe im Sportverein eigentlich herumgelaufen war: An schwere Beine und schmerzende Gelenke jedoch konnte er sich beim besten Willen nicht erinnern. „Aber so ist das wohl, wenn man die Bewegung so lange vernachlässigt. Was früher angenehm war, ist heute richtig anstrengend." Doch die frische Luft und die Stille im Wald haben ihm dabei geholfen, den Kopf für das Löwerika-Projekt freizubekommen. Er hat das Gefühl, über sich selbst hinausgewachsen zu sein: Die neuen Herausforderungen im Job hat er erfolgreich gemeistert, obwohl kaum ein Tag verging, an dem nicht neue Schwierigkeiten das Projekt bedroht haben. Auch beim Laufen hat er sich stetig verbessert. Mittlerweile spürt er die Kilometer nur noch ab und zu in den Beinen, seine Laufstrecke ist Woche um Woche länger geworden und ein wenig schneller läuft er mittlerweile auch schon.

Seit das Löwerika-Projekt abgeschlossen ist, hat er auch wieder mehr Zeit dafür, sich mit Trainingskonzepten zu beschäftigen. In einem regen Mailwechsel mit Jan Leopardsen, dem sportlichen Kollegen aus Löln, hat er von dessen Leid mit seinen Trainingspartnern beim Kampfsport erfahren: Die meisten Löwen würden sich damit zufriedengeben, ab und zu ins Training zu kommen. Leopardsen selbst jedoch würde gerne bei Turnieren und Meisterschaften mitmachen und die eigenen Fähigkeiten verbessern, schwarze Gürtel erringen und dergleichen mehr. „Ganz schön ambitioniert, der liebe Kollege", überlegt Kimba, während er eines Morgens wieder die übliche Laufrunde absolviert. In Gedanken versucht er, sich in die verschiedenen Löwen hineinzuversetzen und ihre Denkweisen zu verstehen. Von Leopardsen weiß er, dass dieser auch im Job stets einer der Ersten ist, wenn es darum geht, neue Ideen vorzustellen und – manchmal wortwörtlich – durchzuboxen. Offensichtlich hat der Kollege kein Problem damit, sich aus der eigenen Komfortzone des geregelten Alltags hinauszubewegen und sich neuen Herausforderungen zu stellen. Sonst würde er wohl auch kaum mit einem derartigen Eifer an seiner Kampfsportkarriere im Löwenthai-Boxen arbeiten. „Manche Löwen brauchen einfach ständig neue Messlatten und höher gesteckte Ziele", vermutet er. „Aber dem Ottonormallöwen reicht es wahrscheinlich aus, ein bestimmtes Trainingslevel zu erreichen und dann zu halten. Die kämen gar nicht auf die Idee, sich mehr anzustrengen."

Bei Tiger & Meyer ist es ähnlich: Einige wenige Löwen sind immer an vorderster Front mit dabei, wenn etwas Neues ansteht, andere hingegen arbeiten lieber nach bewährten und gewohnten Mustern. Je länger er darüber nachdenkt, desto mehr drängt sich Kimba der Begriff *Komfortzone* auf. Schließlich strebt jeder Löwe danach, sich in seiner Haut und in seinem Leben wohlzufühlen. Aber was genau dieses Wohlgefühl ausmacht, liegt wohl immer im Auge des Betrachters. Bei all diesen Gedanken ist Kimba gar nicht aufgefallen, dass er heute wieder ein Stück weiter gelaufen ist als er eigentlich vorgehabt hatte. Langsam meldet sich zwar die Erschöpfung, aber insgesamt hat sich die Gesamtdistanz für ihn gut angefühlt. „Ich bin anscheinend gerade dabei, meine persönliche Komfortzone *schrittweise* zu erweitern – also die Strecke, die für mich angenehm ist und mit der ich mich wohlfühle."

Bei Tiger & Meyer verlaufen die nächsten Tage recht ereignislos: Nach Abschluss des Löwerika-Projektes ist wieder Normalität eingekehrt und da kein neues Großprojekt ansteht, ist die Arbeitslast erträglich. Viele Löwen nutzen diese ruhige Phase, um ihren Jahresurlaub einzureichen oder Überstunden abzubauen. Auch Kimba genießt die Verschnaufpause und vereinbart mit dem Trainer Manuel Löwenzier ein paar Trainingseinheiten im SUPER SPORT STUDIO, um an seiner Klimmzugtechnik zu feilen und neue Übungen zu erlernen. Als er Löwenzier von seinen Überlegungen zur Komfortzone erzählt, plaudert der Trainer aus dem Nähkästchen: „Es stimmt, dass viele Löwen lieber in ihrem eigenen Wohlfühlbereich trainieren, als sich jedes Mal aufs Neue selbst herauszufordern. Das ist auch nicht negativ gemeint, weil das Leben an sich oftmals anstrengend genug ist und man dann zum Ausgleich im Sport nicht schon wieder unter Druck geraten möchte. Viele der Löwen, die ich trainiere, wollen aber genau das von mir: Dass ich ihnen ein Trainingsprogramm zusammenstelle, das sie herausfordert und es mit ihnen durchgehe. Es ist schwerer, alleine über die eigenen Grenzen zu gehen, als wenn jemand neben einem steht und einen dabei anfeuert. Außerdem passe ich stets darauf auf, dass alle Übungen technisch sauber ausgeführt werden – Unachtsamkeit führt zu Verletzungen, das Risiko ist einfach größer, wenn man alleine trainiert. Viele meiner Löwenkunden sind außerdem wirklich beschäftigte Entscheider, die Verantwortung tragen und im Beruf viel Eigeninitiative mitbringen müssen. Gerade diese Löwen finden umso mehr Gefallen daran, dass sie sich um ihr Training keine eigenen Gedanken machen müssen, sondern dass ich da bin, um sie anzuleiten und nach ihren persönlichen Zielen mit ihnen zu arbeiten. Dann fällt es ihnen auch leichter, aus der eigenen Komfortzone rauszugehen – oder wie du schon sagtest – die eigene Komfortzone zu erweitern, ohne dabei gleich Höchstleistungen von seinem Körper zu verlangen. Natürlich hat das viel mit Vertrauen zu tun, deshalb ist es wichtig, dass man sich mit seinem Trainer gut versteht."

In der Tat findet Kimba es ganz angenehm, sich keinen eigenen Trainingsplan überlegen zu müssen, sondern sich in die erfahrenen Hände von Manuel Löwenzier zu begeben. Auch die Verschnaufpause bei Tiger & Meyer tut ihm gut und er kann die Zeit nutzen, um seine Lionmails nach den Ideen zu durchforsten, die er aufgrund des Löwerika-Projektes nicht weiterverfolgen konnte. Einige sind noch nicht mehr als vage Ideen, andere wurden bereits in kleiner Runde besprochen und befürwortet, aber noch nicht bei Müller-Wechselhaft oder den anderen Abteilungsleitern vorgestellt. Und dann gibt es noch solche Vorschläge, die vom Chef abgeschmettert wurden, weil die Argumente dafür nicht überzeugend genug waren. Als er die Konversationen durchliest, kommt ihm wieder die Sache mit der Komfortzone in den Sinn: „Im Grunde genommen ist bei jeder Neuerung zunächst mit Widerstand zu rechnen. Denn eine Innovation bedeutet immer zusätzlichen Aufwand, den es zu rechtfertigen gilt. Gerade wenn ein Projekt nicht *von oben* aufgetragen, sondern von einem Kollegen initiiert wird, müssen die langfristigen Vorteile für die anderen überwiegen. Nur so kann man sie aus ihrer Komfortzone herausholen und dazu motivieren, initial Zeit in die Innovation zu investieren – wenn sie das Gefühl haben, dass ihnen dadurch danach Arbeit abgenommen wird. Kaum zu glauben, wie bequem wir doch alle sind."

Bei der weiteren Durchsicht der Vorschläge muss Kimba zugeben, dass keine der halbgaren Ideen genug Überzeugungskraft besitzt, um sowohl Müller-Wechselhaft als auch seine Kollegen für sich zu begeistern. „Eigentlich wäre es schön, wenn wir wie manche großen Linternetfirmen aus Nord-Löwerika jede Woche ein wenig Zeit in die Entwicklung eigener Ideen investieren könnten, die nichts mit dem Tagesgeschäft zu tun haben", träumt er vor sich hin. Diesen Trend hat er vor geraumer Zeit entdeckt und verfolgt gespannt die Berichte über spannende neue Projekte, die abteilungsübergreifende Teams in dieser „Freizeit" auf die Beine stellen. Da kommt ihm eine Idee. Flugs sucht er die Telefonnummer seines Lieblingsdozenten von der Löwen-Universität zu Löwenstein heraus. Denn am Unternehmer-

Zentrum der Universität gibt es einige Studentengruppen, die Start-Ups gegründet haben und sich mit ihren eigenen Ideen selbstständig machen wollen. Aus seiner eigenen Zeit dort weiß Kimba noch, dass die „Komfortzone" dieser fleißigen Studenten ziemlich groß ist: Weil sie so ambitioniert (und noch so jung!) sind, arbeiten die Löwen manchmal tagelang voller Elan und ohne Pause an ihren Projekten. Noch dazu verlangen sie nicht viel Geld und profitieren davon, dass sie von renommierten Firmen wie Tiger & Meyer Aufträge erhalten. Große Konzerne wiederum ziehen Nutzen daraus, dass sie die aufwändige Recherche- und Entwicklungsarbeit auslagern können und so ihre eigenen Ressourcen nicht unnötig belasten. Im Gespräch mit seinem ehemaligen Dozenten Prof. Dr. Udo Katzecki lotet Kimba die Möglichkeiten aus, ein studentisches Start-Up zu beauftragen und beschließt, die von Prof Dr. Katzecki empfohlene Truppe für nächste Woche zu Tiger & Meyer einzuladen. Die Vorfreude auf das kleine Projekt spornt ihn in den nächsten Tagen zu Höchstleistungen an – Müller-Wechselhaft ist mit seinem Elan äußerst zufrieden und die nächsten Kilometer seiner Joggingstrecke laufen sich fast wie von selbst.

Kimba ist hoch motiviert und genießt die Trainingsfortschritte

12

Extreme tun nicht jedem Löwen gut

Lono

Beschwingt lässt Lono die Tür seines Büros an einem sommerlich-sonnigen Freitagnachmittag hinter sich zufallen und dreht zur Feier des Tages den Schlüssel zweimal im Schloss um. Zwei Wochen Urlaub hat er von Müller-Wechselhaft kurzfristig genehmigt bekommen – und das sogar kurz bevor der Reisewahnsinn in den Sommerferien beginnt. Lono freut sich tierisch über die freie Zeit und will sich gerade aus dem Staub machen, als plötzlich jemand von innen gegen die Tür hämmert. „Herr Lono, Sie haben mich eingesperrt! Lassen Sie mich raus!" Erschrocken sperrt Lono die Tür wieder auf. „Ach herrje, Ina Panther, Sie hatte ich ja völlig vergessen. Entschuldigung. Sie haben immer noch keinen Schlüssel?" – „Nein, weil der Antrag seit Wochen bei Ihnen auf dem Schreibtisch liegt", erwidert sie mit vorwurfsvollem Unterton. „Oh, äh …" Lono hat in den letzten Wochen seit Ende des Löwerika-Projektes eine ruhige Kugel geschoben – Dienst nach der Uhr, Training nur nach Plan mit seiner Trainerin Ivera Löwowitz, viel Faulenzerei und jede Menge Eis zwischendurch. Das macht sich auch an der Kugel bemerkbar, die Lono in Form seines Löwenbauchs vor sich herschiebt. „Ich war vielleicht etwas

© Springer Fachmedien Wiesbaden 2017
S. I. Lackerbauer et al., *Die Löwen-Liga: Fit für die Karriere*,
DOI 10.1007/978-3-658-12138-9_12

zu nachlässig in letzter Zeit", denkt er zerknirscht und fummelt an seinem Schlüsselbund herum, um Ina Panther den Büroschlüssel zu überlassen. „Was machen Sie denn da, den brauchen Sie doch, Herr Lono", stammelt seine junge Kollegin. „Ja, aber erst in zwei Wochen wieder", grinst Lono. „Ich bin doch jetzt erst einmal im Urlaub."

Ina Panthers Gesichtszüge entgleisen – ein seltener Anblick bei der sonst beherrschten und zurückhaltenden Löwin, deren charismatisches Wesen nur dann so richtig zum Vorschein kommt, wenn sie als Gruppenfitnesstrainerin eine Horde schwitzender Löwen motiviert. „Im Urlaub? Und wann wollten Sie mir das sagen? Gibt es eine Übergabe? Soll ich in Ihre Meetings gehen? Was steht in den nächsten zwei Wochen denn alles an?" Lono druckst herum. Die Sache mit der Übergabe hat er vollkommen verschwitzt. „Ähm ... Ja, gehen Sie mal in meine Meetings, den Kalender haben Sie ja. Ich schicke Ihnen noch die Zugangsdaten für meinen Lion-PC und meine Lionmails. Tun Sie einfach so, als wären Sie ich. Und wenn was ist, dann bin ich ja auch auf meinem dienstlichen Liphone erreichbar. Jederzeit." Mit diesen Worten macht sich Lono hastig aus dem Staub, er nur noch weg und schließlich will auch nicht zu spät zum Training mit Ivera Löwowitz kommen. Unterwegs versendet er noch seine Zugangsdaten an Ina Panther und lässt das Liphone dann in die hinterste Ecke seiner Sporttasche plumpsen. Jetzt ist ohnehin erst einmal Wochenende und Ina Panther wird sich schon zurechtfinden. „Während des Sommerlochs ist noch nie viel passiert, das geht schon in Ordnung", beruhigt er sich selbst und trottet ins SUPER SPORT STUDIO.

„Wie jetzt, du machst zwei Wochen Urlaub? Warum hast du mir das nicht früher gesagt? Dann hätte ich dir einen

Trainingsplan für die zwei Wochen erstellen können. Oder welche Pläne hast du?", bestürmt ihn Ivera, als er sich nach dem Training von ihr für die nächsten zwei Wochen abmeldet. „Schon die zweite Frau, die mich heute auf dem Kieker hat", denkt Lono und verdreht innerlich die Augen. „Also … Ich werde heute Abend noch zu meinen Eltern nach Löwenhausen fahren und im Haus helfen. Danach wollte ich spontan Last-Minute etwas buchen und mir zehn Tage lang einfach die Sonne auf den Pelz scheinen lassen", rückt er mit der Sprache heraus. „Löwenhausen, sagst du? Ich kenne den Besitzer eines schnuckeligen kleinen Studios dort! Es heißt LÖWENFIT. Ich rufe ihn morgen gleich an, damit er sich um dich kümmert, während du dort bist!" Lono heuchelt noch ein wenig Begeisterung und eilt nach Hause, schmeißt Koffer und Sportsachen in den schicken Mietwagen und genießt dann die Stille auf der dreistündigen Fahrt nach Löwenhausen.

Doch zwischendrin plagt ihn das schlechte Gewissen: Ob Ina Panther wohl gut ohne ihn zurechtkommen wird? „Ich hätte wirklich eine ordentliche Übergabe machen sollen … Am besten hätte ich Ina Panther zu einem anderen Kollegen ins Büro gesetzt, so wie Ivera mich jetzt zu einem anderen Trainer schickt." Der Gedanke lässt Lono keine Ruhe, so dass er auf dem nächsten Rastplatz anhält und seinen Kollegen Robert Kraustiger aus der IT-Abteilung anruft. Er bittet ihn, sich in den kommenden zwei Wochen um Ina Panther zu kümmern und ihr Aufgaben zu geben. Der Kollege willigt ein, da einige seiner Mitarbeiter im Urlaub sind und er die Unterstützung gut gebrauchen kann. „Kann sie eigentlich programmieren?", grübelt Lono nach Beendigung des Gespräches. „Ach, das wird schon passen, heutzutage können die jungen Löwen das doch alle, die sind ja dauernd im Linternet unterwegs."

Gegen 22 Uhr trifft er bei seinen Eltern in Löwenhausen ein. Erst nach mehrmaligem Klingeln öffnet seine Löwenmutter verschlafen die Tür. Verblüfft fällt sie ihm um den Hals. „Ja Lono, was machst du denn hier? Warum hast du denn nichts gesagt? Jetzt habe ich noch nicht einmal deinen Lieblings-Löwenkakao im Haus! Und dein Verhalten neulich war wirklich nicht besonders nett. Tu das nie wieder, hörst du!" Lono lässt die Standpauke seiner Löwenmama über sich ergehen. „Die dritte Frau, die sich heute über mich aufregen muss. Wenn das mal kein guter Start in den Urlaub ist", seufzt er im Stillen und entschuldigt sich wortreich bei der alten Dame, als sie ihn endlich zu Wort kommen lässt. Neulich hatte er ihre Bitte ausgeschlagen, ihr beim Entrümpeln des Kellers zu helfen und will dieses Versäumnis nun unbedingt wiedergutmachen. Ivera zuliebe wird er ins LÖWENFIT-Studio gehen. Und wegen Ina Panther sein dienstliches Liphone dabei haben. Er hofft, dass er sich so mit allen drei Frauen wieder gut stellen kann.

An den folgenden beiden Tagen lässt sich Lono ohne Widerworte von seiner Löwenmutter herumscheuchen und entrümpelt den Keller. Abends sitzt er mit seinem Löwenvater bei ein paar Löwenbräu auf der Terrasse des kleinen Hauses und genießt die Stille im ländlichen Löwenhausen. Am Montag trottet er brav morgens schon ins LÖWENFIT-Studio und meldet sich als Iveras Kunde aus Katzmünchen an der Rezeption. Der junge Löwe hinter dem Tresen händigt ihm eine Tageskarte aus. „Ah ja, Ivera hatte am Freitag schon angekündigt, dass Sie kommen würden. Unser Besitzer kommt gleich und kümmert sich um Sie. Viel Spaß!" Lono verstaut seine Sachen in einem Spind und strampelt sich danach auf einem Fahrradergometer warm. Auf einmal bemerkt er, dass sich ein älterer Löwe neben ihm aufgebaut hat und ihn mit verkniffenem Blick mustert. „Ah ja, Sie sind also diese Sportskanone aus Katzmünchen, richtig?" – „Ähm, wie? Meinen Sie mich?" Lono fühlt sich geschmeichelt und zieht den Bauch ein. Dass Ivera ihn als Sportskanone angekündigt hat, versetzt ihm einen kleinen Motivationsschub. „Ja, Sie meine ich. Sie sind doch der aus Katzmünchen, oder?" Lono nickt. „Ah, wunderbar. Endlich mal wieder ein Gleichgesinnter. Martin Lionclaire ist mein Name. Seit wann sind Sie denn da?" – „Seit Freitagabend." – „Und da kommen Sie erst heute? Gestern und vorgestern habe ich Sie hier nicht gesehen." – „Öhm, naja, ich war beschäftigt …" – „Aha. Na dann. So richtig ernst nehmen Sie die Sache aber nicht, oder?" – „Doch, ich möchte schon wieder richtig fit werden, aber …" – „Na gut. Geht mir ja manchmal auch so, dass ich einen schlechten Tag habe und nicht trainiere. Aber man darf das Ziel nicht aus den Augen verlieren, immer dranbleiben." Lono nickt, schnauft und schämt sich neben dem drahtigen Löwen ein bisschen für seine Nachlässigkeit: Kein Gramm Fett ist am muskulösen Körper von Lionclaire zu sehen. Er ist froh, dass sein dichtes Fell den hochroten Kopf verbirgt.

„Aber Sie sind nach wie vor dabei, oder?" – „Dabei?", murmelt Lono verblüfft. „Das Trainingscamp! Ab morgen geht es für zehn Tage auf Miaullorca. Ich bin der Reiseleiter und Coach für das Camp, hier trainiere ich immer, wenn ich gerade nicht auf Miaullorca bin. So wie die meisten Löwen, die morgen mitkommen. Deshalb sind Sie doch hier. Gezahlt ist auch schon alles." Lono ist von dieser Ansage völlig überrumpelt. Hat Ivera das etwa eingefädelt? Zuzutrauen wäre es ihr ja. „Warum eigentlich nicht", denkt Lono dann. „Auf Miaullorca war ich noch nie und wegfahren wollte ich ja ohnehin." Er lässt sich noch den Weg zum Treffpunkt für die Abfahrt erklären und verabschiedet sich von Lionclaire. Kurz danach kommt der Besitzer des Studios mit großen Schritten freudestrahlend auf ihn zu. „Herr Lothar Löwenleder, es ist mir eine Ehre, Sie endlich zu treffen! Ich wollte Sie im Gespräch mit Martin Lionclaire nicht unterbrechen, aber jetzt können wir ja loslegen!" – „Löwenleder? Mein Name ist aber Lono", murmelt der Angesprochene verwirrt. „Oh! Ach, tatsächlich? Ach so, dann sind Sie der Gast, den Ivera angekündigt hat – und nicht der berühmte Triathlet, der mit unserem Martin Lionclaire ins Trainingscamp fahren will. Entschuldigung, ich muss Sie verwechselt haben. Dachte mir schon fast, dass da irgendetwas nicht stimmen kann, Sie sahen so anders aus als auf den Fotos." In den nächsten zwei Stunden hält der Studiobesitzer den armen Lono ordentlich auf Trab. Erschöpft, aber glücklich verbringt Lono den Rest des Tages mit Reisevorbereitungen, geht früh schlafen und träumt von Miaullorca.

Um vier Uhr morgens am nächsten Tag findet er sich – zwar noch im Halbschlaf, aber wenigstens pünktlich – am vereinbarten Treffpunkt ein, verstaut sein Gepäck, setzt sich im Reisebus auf seinen Platz neben dem putzmunteren Martin Lionclaire und verschläft die Fahrt bis zum Flughafen, die Wartezeit am Terminal und den gesamten Flug. So richtig wach wird Lono erst als die Truppe nach dem Flug und einer weiteren Busfahrt gegen Mittag im Hotel eintrifft. „Meine verehrten Löwen, schnell auf die

Zimmer, frisch machen, umziehen: In einer halben Stunde treffen wir uns vor dem Hotel!", brüllt Lionclaire. Lono zuckt zusammen und beeilt sich, der Aufforderung Folge zu leisten. „Ich würde jetzt lieber mit einem Löwentini am Strand liegen", grummelt er, als er sich am Treffpunkt in den Schatten setzt. Erst jetzt nimmt er sich die Zeit, seine Mitreisenden genauer zu betrachten. Prompt fällt ihm die Kinnlade herunter: Da stehen lauter fitte, durchtrainierte, drahtige Löwinnen und Löwen in ultraschicken Laufklamotten, mit aerodynamischen Sonnenbrillen, Pulsuhren und Hüfttaschen, aus denen kleine Wasserflaschen ragen. „Wo bin ich denn hier gelandet?", denkt Lono entgeistert. Als Martin Lionclaire auf ihn zutrabt, ist in beider Gesichter die große Verwirrung nur allzu deutlich erkennbar. „Ähm, wo ist denn Ihre Ausrüstung? Wollen Sie etwa so den Mittagslauf absolvieren?" Lono schluckt schwer. Ivera wird sich schon etwas dabei gedacht haben. „Das passt schon so, keine Sorge", murmelt er und gesellt sich zu den anderen. Bei seinem Anblick beginnen ein paar der Löwinnen zu tuscheln. Lono verdrängt mühsam sein Unwohlsein und absolviert brav die Aufwärmübungen, die Lionclaire vormacht.

Als sich die gesamte Truppe im lockeren Dauerlauf in Bewegung setzt, beißt er die Zähne zusammen. Die ersten zehn Minuten kann er noch folgen, doch auf einmal ziehen sie alle an ihm vorbei, während Lono in der prallen Mittagssonne röchelnd gegen Seitenstiche, Durst und Herzrasen ankämpft. Schwer atmend lässt er sich am Wegesrand nieder und verfolgt die Truppe mit entgeistertem Blick, die eine große Runde läuft und dann wieder an ihm vorbeizieht. Nach der zweiten Runde hält Martin Lionclaire neben ihm an. „Ist alles in Ordnung mit Ihnen? Kommen Sie? Wir haben doch gerade erst angefangen." – „Ja, alles okay, ich komme gleich!", hechelt Lono. Lionclaire prescht wieder davon und Lono startet einen weiteren Versuch, mit dem Lauftempo der Truppe mitzuhalten. Fünf Minuten später sitzt er wieder am Wegesrand und schüttelt ungläubig den Kopf. Das darf doch nicht wahr sein, dass die anderen so leichtfüßig über Stock und Stein laufen, während er schon jetzt völlig am Ende ist! Anderthalb Stunden später ist die Laufeinheit beendet.

Zurück im Hotel kündigt Lionclaire den nächsten Programmpunkt an: „Jetzt die Helme aufgesetzt und rauf auf die Räder!", jubelt er. Bis auf Lono stimmen alle ein und machen sich mit den schnieken Leihrennrädern vertraut. Kurze Zeit später sitzen alle fest im Sattel und radeln los. Lono bemüht sich nach Kräften, der schnittigen Truppe zu folgen, doch schon bald ziehen sie alle an ihm vorbei. Glücklicherweise ist die Straße flach und gerade, so dass Lono den Rest nicht aus den Augen verliert, obwohl die Distanz zunehmend größer wird. Lono beißt die Zähne zusammen und strampelt, so schnell er kann. Eine Stunde später legen die Radler eine Pause ein, so dass Lono aufschließen kann. „Als Nächstes geht es den Berg dort hinten hinauf, danach kommen noch zwei kleinere und dann geht es wieder zurück in die Gerade", erläutert Lionclaire und deutet auf eine weit entfernte Hügelkette.

Lono hat indessen der Mut verlassen und er schleicht zu dem immer noch frisch wirkenden Coach. „Und wie lange fahren wir jetzt?", fragt er kleinlaut. Lionclaire wirft ihm einen verwirrten Blick zu. „Nun ja, die Distanzen für den IronLion im Herbst kennen Sie ja – 3,68 km Schwimmen,

180,2 km Radfahren und 42,195 km Marathonlauf. Wir fahren jetzt ungefähr 90 km bis zum Abendessen." Lono traut seinen Ohren nicht. „IronLion? Wieso IronLion?" – „Aber Herr Löwenleder, deshalb sind Sie doch mitgekommen, weil Sie dieses Jahr auch teilnehmen möchten und wir uns hier im Camp auf den Wettbewerb vorbereiten." – „Aber mein Name ist Lono, nicht Löwenleder!", brummt Lono entrüstet. Wieso wird er denn dauernd mit einem Herrn Löwenleder verwechselt? „Ach herrje!", ruft Lionclaire. „Dann sind Sie gar nicht Löwenleder?" – „Das sage ich doch die ganze Zeit!", knurrt Lono zurück. „Dann sind Sie hier ja völlig falsch … Und wo ist dann der echte Herr Löwenleder?!"

Da durchbricht das laute Klingeln von Lionclaires Liphone die Stille. „Hallo? Ach … Herr Löwenleder, Sie sind das! Wo sind Sie denn? Was … Nein, Ihre Nachricht habe ich nicht bekommen. Ach so, Sie haben sich letzte Woche verletzt? Ja … Nein, kein Problem! Gute Besserung und bis bald!" Lionclaire lässt das Liphone wieder in seiner multifunktionalen Bauchtasche verschwinden. „Also … Herr Löwenleder hat sich verletzt und hatte im LÖWENFIT-Studio zu spät Bescheid gegeben. Und Sie sind jetzt an seiner statt mit dabei, aber Sie sind überhaupt kein Triathlet. Wieso haben Sie denn nichts gesagt?" – „Naja, ich dachte, dass meine Trainerin aus Katzmünchen den Fitnessurlaub für mich arrangiert hat, weil ich doch ein paar Kilos Löwenspeck abnehmen will und mehr Sport treiben soll, deshalb … " Lionclaire bricht in schallendes Gelächter aus. „Okay, verstanden. Aber jetzt sollten Sie lieber zurück ins Hotel fahren und sich an den Pool legen. Das ist nicht böse gemeint, aber unser Programm ist ein klein wenig zu hart für Hobbysportler. Wir bereiten uns monatelang intensiv auf Wettbewerbe wie den IronLion oder ähnliche Veranstaltungen vor und fahren zwei- bis dreimal pro Jahr ins Trainingscamp." Lono nickt erleichtert und schwingt sich auf den Sattel. „Ach ja, die 3000 Leuro für die Reise müssten Sie dann bitte noch an Herrn Löwenleder überweisen, ich setze Sie beide in Verbindung." Da fällt Lono beinahe vom Rad. 3000 Leuro für zehn Tage Miaullorca?! Das ist doch Wucher! Zähneknirschend schluckt er seinen Ärger herunter und macht sich auf den Rückweg ins Hotel. Nicht, dass Lionclaire doch noch auf die Idee kommt, ihn mit dem Rad über diese Berge zu treiben. Den Rest des Tages verbringt Lono dann tatsächlich mit vielen Liontinis und leckeren Snacks am Hotelpool. Als die Triathleten von der langen Fahrt erschöpft zurückkommen, nimmt er einen großen Schluck und spült damit den restlichen Ärger über die hohen Kosten und das schlechte Gewissen wegen seiner Faulheit weg, bevor er selig angetrunken im Liegestuhl einschlummert. Noch ahnt er nicht, dass die süße Ruhe nur von kurzer Dauer sein wird.

Lono muss sich jetzt erst einmal extrem ausruhen

Kimba

Auf den heutigen Tag hat Kimba sich die ganze Woche lang gefreut: Endlich lernt er das Studenten-Team kennen, das er über Prof. Dr. Udo Katzecki an der Löwen-Universität zu Löwenstein engagiert hat. Sein ehemaliger Dozent hat die fleißigen Studenten in den höchsten Tönen gelobt: Sie seien wirklich engagiert und zuverlässig, hätten eine schnelle Auffassungsgabe und die Ambition, sich nach dem Studium mit einer eigenen Firma selbstständig zu machen. Genau solche Löwen braucht Kimba jetzt, um eine seiner Ideen so aufzubereiten, dass er sie seinem Chef Müller-Wechselhaft mit stichhaltigen Argumenten überzeugend präsentieren kann und im Idealfall das nötige Budget für ihre Umsetzung bewilligt bekommt. Neben Kimba ist auch sein Kollege Dominik Löwerer anwesend. Es ist Kimba wichtig, dass der junge Löwe bei allen Ideen mit im Boot ist, da er selbst gerne in ein paar Wochen Urlaub nehmen würde und seine Abwesenheit gut vorbereiten will. Außerdem hat sich Robert Kraustiger aus der IT angekündigt, der mit seinem Team maßgeblich an der Umsetzung von Kimbas Idee bei Tiger & Meyer beteiligt wäre. Im Schlepptau hat er Ina Panther. „Ist das nicht die junge Löwin, die bei dem Kollegen Lono aus dem IT-Projektmanagement sitzt?", überlegt Kimba, als die beiden eintreffen. Ina Panther macht einen gehetzten Eindruck auf ihn, doch bevor Kimba sich darüber Gedanken machen kann, trifft das dreiköpfige studentische Team der Löwensteiner Universität ein. Ein hochgeschossener, schlanker Student kommt freudestrahlend auf Kimba zu und schüttelt ihm die Pfote. „Guten Tag, Herr Kimba. Mein Name ist Leo Tatze, es freut mich sehr, Sie kennenzulernen. Prof. Dr. Katzecki hat Sie in den höchsten Tönen gelobt." – „Und Sie ebenfalls", schmunzelt Kimba. Tatze erweist sich als der Sprecher der Gruppe. Der zweite Student ist ein stiller, in sich gekehrter Programmierer, der die meiste Zeit auf seinem Lionbook wild herumtippt. Die Dritte im Bunde ist augenscheinlich für die Projektplanung verantwortlich und steuert Details bei. Kimba hat ein gutes

Gefühl bei der Sache und präsentiert den Anwesenden seine Idee, woraufhin sich eine lebhafte Diskussion entwickelt.

In der Mittagspause nutzt Kimba die Gelegenheit und zieht Ina Panther beiseite. Während des gesamten Meetings hat sie bisher nicht viel gesagt, sondern nur angespannt auf ihre Unterlagen gestarrt und zwischendurch an ihrem Liphone herumgespielt. „Ist alles in Ordnung bei Ihnen?", fragt er vorsichtig nach. Da bricht es aus der jungen Löwin heraus: „Nichts ist in Ordnung! Lono ist seit dem Wochenende im Urlaub und es gab keine Übergabe! Ich soll seine Mails bearbeiten, an seinen Meetings teilnehmen und er hat mich auch noch an den Kollegen Kraustiger in die IT-Abteilung ausgeliehen! Dabei kann ich doch gar nicht programmieren! Und Müller-Wechselhaft hat lauter Fragen, die ich nicht beantworten kann, weil ich überhaupt nicht weiß, um welche Projekte es geht. Ich müsste Lono dringend sprechen, aber ich traue mich nicht, ihn im Urlaub zu stören …" Kimba kratzt sich am Kopf. Das ist in der Tat keine sehr angenehme Situation. „Ihnen wird aber nichts anderes übrig bleiben, fürchte ich. Es ist ja nicht Ihre Schuld", muntert er sie auf. Dankbar für den Zuspruch zückt Ina Panther daraufhin flugs ihr Liphone und reißt Lono aus seinem Liontini-Dämmerschlaf. Kimba hört das Telefonat mit und ahnt, dass der Kollege seinen Urlaub ab sofort nicht mehr wird genießen können: Allein schon die erste Hälfte des Fragenkatalogs, mit dem Ina Panther ihn überfällt, lässt die Dringlichkeit der liegengebliebenen Aufgaben erkennen. „Der Erholungswert von so einem Urlaub dürfte dann gegen null gehen", stellt Kimba fest, der sich noch einmal fest vornimmt, eine ordentliche Übergabe zu schreiben und Dominik Löwerer einzuschärfen, ihn nur im äußersten Notfall anzurufen.

Momentan steht ihm aber ohnehin mehr der Sinn danach, das Sommerloch für die ressourcenschonende Vorbereitung seiner Idee zu nutzen. Auch der Rest des Meetingtages verläuft produktiv. Es gelingt Kimba, mit den Studenten um Leo Tatze einen Projektplan zu erarbeiten und sich auf ein Budget zu einigen, das er im Namen von Tiger & Meyer in die Aufbereitung der Idee investieren darf. Nach dem Meeting unterhält er sich noch mit Leo Tatze, während der Rest den Raum bereits verlassen hat. Gemeinsam freuen sich die beiden auf das anstehende Projekt. Dann hakt Kimba neugierig nach: „Wie schafft ihr das eigentlich neben dem Studium? Der Arbeitsaufwand ist doch ziemlich hoch, oder?" Leo Tatze zuckt mit den Schultern. „Man kann es sich als Student heutzutage einfach nicht mehr erlauben, nur zu studieren und ein Pflichtpraktikum zu absolvieren. Die großen Firmen stellen fast nur noch Löwen ein, die neben dem Studium schon eigene Projekte gestemmt haben und Arbeitserfahrung sammeln konnten. Trotzdem wird von uns verlangt, dass wir innerhalb der Regelstudienzeit fertig werden, möglichst noch eine Zeit lang im Ausland gelebt haben und uns sozial engagieren. Der Arbeitsmarkt ist einfach extrem geworden – und wenn man Karriere machen will, dann muss man da mitspielen. Wir drei hier arbeiten fast unablässig, für Studentenfeiern und dergleichen haben wir gar keine Zeit. Aber so ist das nun einmal."

Kimba ist erschüttert. „Als ich meinen Abschluss vor zehn Jahren gemacht habe, war das noch nicht so schlimm", merkt er betroffen an. „Das ist auch längst nicht in allen Branchen so", fügt Leo Tatze hinzu. „Und nicht jeder Löwe lässt sich darauf ein, viele sehen das ganz anders. Es ist ja jedem selbst überlassen, welche Extremleistungen er bringen möchte. Ich persönlich mag einfach die Herausforderung. Deshalb bin ich auch ein Ultraläufer." – „Ein was?", hakt Kimba nach. „Ein Ultraläufer. Ich laufe Extremlangstrecken, durch Wüsten und in den Bergen sogenannte Trails. Außerdem nehme ich an Hindernisläufen teil, die nennt man Obstacle Races." Kimba ist baff. Ein Student, der nebenbei arbeitet und noch dazu an allerlei Läufen teilnimmt? „Da hat ansonsten auch nicht mehr viel im Leben Platz", grinst Leo Tatze. „Und jetzt muss ich los, meine Laufpartnerin wartet schon!"

Am Abend ist Kimba in Gedanken immer noch bei Leo Tatze und den Extremen, die der junge Löwe scheinbar spielerisch meistert. Heute ist er deshalb erst so spät im SUPER SPORT STUDIO, weil er sich mit Jan Leopardsen aus Löln zum Training trifft. Denn der Kollege aus der Lölner Geschäftsstelle von Tiger & Meyer ist zu Besuch, um über den Fortschritt der Business Intelligence-Abteilung zu berichten und neue Ziele festzulegen. Ein kräftiger Schlag auf den Rücken reißt ihn aus seiner Grübelei. „Na, Herr Kollege, alles fit?", jubelt Leopardsen und drückt Kimba kurz an sich. Kimba macht erschrocken einen Satz nach hinten, als er das Gesicht des Kollegen aus Löln erblickt: Leopardsen trägt eine martialisch anmutende Atemmaske und schnauft so schwer wie Darth Lyonvader aus LionWars. „Was hast du denn da auf?", fragt Kimba verblüfft, als er sich von dem Schock erholt hat. „Eine Atemmaske, was denn sonst?" – „Und warum?" – „Mit der Atemmaske kann man ein Höhentraining simulieren: Sie regelt über einen Filter den Sauerstoffgehalt der Luft. Je weniger Sauerstoff, desto anstrengender ist das Training und man gewöhnt sich an Konditionen, wie sie sonst nur in dünner Luft hoch oben auf dem Berg vorzufinden sind. Man atmet gegen einen Widerstand und das stärkt die Atemmuskulatur." Kimba ist perplex. „Aber das Training ist doch auch so schon anstrengend genug, wieso muss man es sich damit noch schwerer machen?" – „Sieh dich einmal hier um, Kimba. Auch andere Löwen trainieren mit ganz verschiedenen Accessoires, um die Trainingsbelastung noch zu erhöhen."

Kimba folgt dem ausgestreckten Arm seines Kollegen und sieht sich genau um. Jetzt am Abend ist weitaus mehr los als morgens und Jan Leopardsen hat tatsächlich recht: Ein Löwe trägt Gewichtsmanschetten an den Hinterpfoten, die jeden Schritt erschweren. Ein anderer Löwe absolviert Klimmzüge an einer Stange, wobei eine Gewichtsscheibe an einem Hüftgürtel baumelt, die ihn zusätzlich beschwert. Ein dritter Löwe stakst breitbeinig im Grätschschritt über die Trainingseinheit und hat dabei ein elastisches Band um seine Beine gewickelt. Auf einem Laufband erspäht er eine Löwin, die mit kleinen Hanteln in den Pfoten joggt. „Verrückt", denkt Kimba und folgt Leopardsen staunend auf die Trainingsfläche. „Im Job verwenden wir extrem viele Programme und Tools, um uns die Arbeit zu erleichtern und uns zu entlasten. Aber im Sport machen wir es uns mit solchen Geräten noch schwerer und belasten uns zusätzlich, um Extremleistungen zu vollbringen", sinniert er, woraufhin Leopardsen zustimmend nickt. „Außerdem habe ich beim Löwenthai-Boxen einen Schlag ins Gesicht abbekommen: Meine Nase ist komplett blau und meine Lippe angeschwollen, wenigstens sieht man das unter der Atem-

maske nicht." Kimba fasst sich an den Kopf. „Du machst ja
Sachen …"

Zwei Tage später trifft Kimba sich noch einmal mit Manuel Löwenzier im SUPER SPORT STUDIO und erzählt
dem Trainer von seinen Beobachtungen. „Das sind in der
Tat teilweise schon extreme Belastungen", stimmt Löwenzier zu. „Aber daran siehst du, dass Sport für manche Löwen
eben mehr ist als nur ein Hobby, oder die ‚lästige Pflicht',
als die einige ihn empfinden. Sport wird zu einem Teil der
Lebensphilosophie: Als Ausgleich zum Beruf – und wenn
man im Job unterfordert ist, dann sucht man sich seine
Herausforderungen in anderen Bereichen des Lebens, zum
Beispiel im Sport. Das kann heißen, dass man jeden Tag
ins Training geht oder einer bestimmten Sportart nachgeht,
weil man damit ein persönliches Erfolgserlebnis hat. So wie
deine junge Kollegin Ina Panther, die ihr Selbstbewusstsein
aufbaut, indem sie Gruppenfitnesskurse gibt. Es kann auch
heißen, dass man sich auf ganz extreme sportliche Herausforderungen stürzt, weil man auch im Job richtig Gas geben
muss – so wie der Student Leo Tatze, von dem du mir erzählt
hast. Jeder Löwe, der Sport treibt, integriert ihn auf eigene
Weise in sein Leben. Ich kenne auch viele Löwen, die sagen, dass sie nur dann produktiv arbeiten können, wenn sie
morgens eine Trainingseinheit absolviert haben. Das hilft
ihnen dabei, den Kopf freizubekommen und der positive
Start beflügelt sie während des gesamten Tages. Dazu gehört
auch ein gewisses Maß an Disziplin: Denn auch einen am-
bitionierten Amateursportler kostet es Überwindung, sich
morgens früh aus dem Bett zu quälen oder abends nach einem langen Tag noch ins Training zu gehen. Und manch
einer hat Spaß daran, wenn er aus unserer Sicht extreme Zie-

le erreicht. Aus sportwissenschaftlicher und medizinischer Sicht sind solche Extreme kritisch, weil sie nicht gesundheitsfördernd sind. Das gilt sowohl für lange Tage im Büro, als auch für den Extremsport, wenn sich plötzlich alles nur noch nach der Arbeit oder nach dem optimalen Training richtet. Aber man kann das nicht pauschal verurteilen, weil jeder Löwe seine eigenen Beweggründe dafür hat, warum er etwas macht. Man kann ihn zwar darauf hinweisen, aber letzten Endes muss das jeder Löwe für sich selbst entscheiden."

Kimba nimmt diese neuen Erkenntnisse mit in den Tag und reflektiert seine eigene Einstellung zum Sport: Die körperliche Anstrengung macht ihm Spaß und es würde ihn schon reizen, nach dem Klimmzug (den er leider immer noch nicht komplett beherrscht) ein neues Ziel vor Augen zu haben. Gleichzeitig lässt er sich nicht unter Druck setzen: Bloß weil Leopardsen mit einer Atemmaske trainiert und doppelt so schwere Gewichte wie er selbst stemmt, heißt das nicht, dass er gleichziehen muss. Er strebt auch nicht danach, seine Karriere bei Tiger & Meyer auf Gedeih und Verderb voranzutreiben, indem er sich zusätzliche Projekte aufhalst, um sich vor Müller-Wechselhaft zu profilieren und alles der Arbeit unterzuordnen. „Aber so ein bisschen über mich hinauswachsen möchte ich schon noch in diesem Jahr", überlegt er, während er an seinem Lion-PC das Protokoll vom gestrigen Meeting mit den Studenten liest.

Einige Minuten lang starrt er auf den Kalender zum Projektplan der Studenten und errechnet im Kopf das Datum für die Abgabe. Grinsend kramt er dann aus seiner Aktentasche einen zerknitterten Flyer hervor, den er schon seit gut einem Jahr mit sich herumschleppt: Es handelt sich dabei um die Broschüre eines kleinen Flugplatzes, auf dem Tandemfallschirmsprünge angeboten werden. Bevor er es sich anders überlegen kann, nimmt Kimba den Hörer in die Pfote und vereinbart einen Termin für in drei Wochen. Danach lässt er sich ab diesem Zeitpunkt zwei Wochen Urlaub von seinem Chef Müller-Wechselhaft genehmigen und vereinbart auch gleich einen Termin für die Präsentation seiner Idee, zu dem er neben Müller-Wechselhaft auch Robert Kraustiger, die beiden jungen Kollegen Ina Panther und Dominik Löwerer, sowie die drei Studenten einlädt. Müller-Wechselhafts Frage nach dem Zweck des Meetings weicht er gekonnt aus und erwähnt nur kurz „eine extrem gute Idee". Der Tatendrang hat ihn jetzt endgültig gepackt und er ruft seinen Kollegen Dominik Löwerer zu sich, um mit ihm noch einmal den Kerngedanken seiner Idee durchzugehen:

„In vielen Bereichen des Lebens laufen wir Löwen manchmal Gefahr, uns in Richtung von Extremen zu entwickeln. Mal arbeiten wir extrem viel, mal wollen wir mit aller Macht extreme persönliche Ziele verfolgen, ohne uns über die Konsequenzen oder die notwendigen Schritte wirklich bewusst zu sein. Dabei verwenden wir – unter anderem auch bei Tiger & Meyer – eine große Anzahl unterschiedlicher Werkzeuge und Programme – Tools – die unsere Arbeit eigentlich vereinfachen sollten, sie aber eher verkomplizieren, weil wir zu viel Energie und Zeit darauf verwenden, um sie zu befüllen und zu bedienen. Außerdem verfügen all diese Instrumente über Zusatzfunktionen, die wir überhaupt nicht benötigen. Deshalb ist es sinnvoll, langfristig die Anzahl der unterschiedlichen Tools zu reduzieren und unsere Arbeit zielgerichtet zu fokussieren, um sie damit wirklich extrem zu vereinfachen.

Wir haben uns alle Tools angesehen und festgestellt, dass wir sämtliche Vorgänge in einem einzigen davon bündeln können, das wir mit Hilfe der Studenten ausbauen können. Die Vorteile liegen auf der Pfote: Die externen Studenten sind günstig und nehmen nur wenige unserer internen Ressourcen zur Abstimmung in Anspruch. Zudem haben die jungen Löwen noch einmal eine andere Sichtweise auf das Problem. Das Tool, das wir uns ausgesucht haben, ist bereits in den Arbeitsalltag unserer Mitarbeiter integriert, so dass sich niemand umgewöhnen muss. Und durch die Vereinheitlichung der Werkzeuge gewinnen wir Zeit, die produktiv in andere Projekte investiert werden kann. Und ich kann zwei Wochen in den Urlaub gehen, während die Studenten mit der Programmierung der Änderungen beginnen, falls Müller-Wechselhaft in zwei Wochen das Projekt genehmigt." – „Und ich übernehme dann solange, weil wir gemeinsam eine ordentliche Übergabe machen werden!", ruft Dominik Löwerer begeistert. Kimba nickt. In Gedanken sieht er sich in drei Wochen schon am Himmel schweben. „Ich bin nur froh, dass man bei 4000 Metern Höhe noch keine Atemmaske braucht, so ein Ding setze ich mir bestimmt nicht auf die Schnauze", denkt er und grinst in sich hinein.

Vorfreude ist die schönste Freude

13

Bewegung im Business: Start up to get started!

Lono

Lono ist aus Miaullorca wieder zurück und schleicht am Montagmorgen nach seinem Urlaub auf leisen Pfoten durch die Gänge von Tiger & Meyer. Er ist extra früh zur Arbeit gekommen, um niemandem auf dem Weg in sein Büro zu begegnen. Das schlechte Gewissen nagt sehr an ihm, weil er sich ohne eine ordentliche Übergabe für seine junge Kollegin in den Urlaub verabschiedet hatte. Nur den Zugang zu seinem Lion-PC, zu seinem Terminkalender und zu seinen Lionmails hatte er ihr hinterlassen. Dann hatte er sie zu allem Überfluss auch noch in ein anderes Projekt zu seinem Kollegen Robert Kraustiger verfrachtet. Damit wollte er eigentlich eine gute Tat vollbringen, weil er sie während seiner Abwesenheit versorgt wissen wollte. Doch die gute Absicht alleine reichte nicht aus: Ina Panther war in diesem Projekt völlig fehl am Platz. Zudem hatte Lono in den Wochen vor seinem Urlaub völlig vergessen, dass trotz des Sommerlochs bei Tiger & Meyer einige wichtige Meilensteine für verschiedene Projekte auf dem Plan standen, die er hätte vorbereiten müssen. Das Ende vom Lied war, dass Ina Panther ihn am zweiten Tag seines missglückten Miaullorca-Trainingscamps völlig aufgelöst angerufen hatte und er

© Springer Fachmedien Wiesbaden 2017
S. I. Lackerbauer et al., *Die Löwen-Liga: Fit für die Karriere*,
DOI 10.1007/978-3-658-12138-9_13

die restliche Zeit damit verbrachte, am Pool liegend mühsam auf dem kleinen Liphone Lionmails zu tippen, Berichte und Präsentationen zu lesen und Meetings via Telefonkonferenz beizuwohnen.

Lono kann sich nicht erinnern, jemals einen so wenig erholsamen Urlaub verbracht zu haben. Er fühlt sich wie gerädert und hätte gut noch einmal zwei Wochen Urlaub vom Urlaub nötig. „Aber das kann ich mir jetzt wohl erst einmal abschminken", brummt er niedergeschlagen. „Eigentlich sind nur unsere komplizierten Tools an der ganzen Misere schuld", schimpft er vor sich hin. „Wenn ich nicht jeden Tag an fünf verschiedenen Stellen nachschauen müsste, was wofür zu tun ist, dann hätte ich die Termine auch bestimmt nicht übersehen." Lono denkt an seinen letzten Termin bei Müller-Wechselhaft, von dem er sich eine neue Lintranet-Software für das ganze Unternehmen genehmigen lassen wollte. „Wenn wir die einfach hätten haben können, dann wäre das alles bestimmt gar nicht passiert", sinniert er und versucht, die Schuldgefühle und die Scham zu verdrängen. Erleichtert, niemandem begegnet zu sein, schließt er die Tür zu seinem Büro auf und will sich gerade darin verziehen, als ihm vom anderen Ende des Ganges eine fröhliche Stimme „Guten Morgen, Herr Lono!" entgegenruft. Lono zuckt zusammen. „Auch das noch, die Betriebspräventologin schon wieder. Das geht ja gut los heute!", denkt er und winkt Sabine Krause-Luchs mit einem verkrampften Lächeln auf den Lippen zu. „Sie kommen ja gerade erst an, da haben Sie bestimmt ein paar Minuten Zeit für mich. Darf ich eben mit reinkommen?", strahlt sie ihn so frohgelaunt an, dass er nicht Nein sagen kann. „Ich bin so froh, dass Sie wieder da sind, die arme Ina Panther hatte wirklich viel Trubel in den letzten beiden Wochen." Ist da etwa ein leiser Vorwurf in ihrer Stimme zu hören? Nach einem Blick in das ernste Gesicht der Präventologin revidiert Lono den Gedanken: Der vorwurfsvolle Ausdruck ist eindeutig und eindeutig nicht leise. „Ja, ich habe da wohl einen Fehler gemacht", räumt er kleinlaut ein. „Einen Fehler?!", poltert die Präventologin los. „Die Kollegin war völlig auf sich gestellt, das arme Ding. Aber Sie können das wiedergutmachen", fügt sie mit einem diebischen Grinsen hinzu. Lono hat sich gedanklich bereits in sein Schicksal gefügt und nickt nur ergeben, als die Präventologin ihm von einer neuen Idee erzählt, die sein Leben für immer verändern soll.

Tags drauf lässt sich Lono schon am Vormittag schwer in seinen Bürostuhl plumpsen, um nie wieder aufzustehen. Vom gestrigen Training mit Ivera hat er einen gehörigen Muskelkater und vom Meeting vorhin stechende Kopfschmerzen. Er ist der Meinung, dass er sich seine Sitzpause jetzt redlich verdient hat und denkt gar nicht daran, sich für Gespräche mit Kollegen von seinen vier Buchstaben zu erheben. Lieber ruft er kurz an oder schreibt eine Lionmail. Schließlich bewegt er sich im Sport aktuell doch wirklich ausreichend, beruhigt er sein schlechtes Gewissen. Außerdem befürchtet er, dass er all seine Energiereserven am kommenden Wochenende wird mobilisieren müssen, wenn es darum geht, die Idee der Betriebspräventologin Sabine Krause-Luchs umzusetzen. Natürlich steckt sie dabei mit Ina Panther unter einer Decke, die sich mit Sicherheit an ihm für den Stress der letzten beiden Wochen rächen möchte. „Wobei ich ihr so viel Boshaftigkeit gar nicht zutraue, sie wirkt so zurückhaltend und freundlich. Aber bei den

Löwinnen weiß man ja nie", grummelt er vor sich hin und bemerkt nicht, dass die Kollegin sich inzwischen vor seinem Schreibtisch aufgebaut hat. „Was weiß man bei uns Löwinnen nie, Herr Lono?", grinst sie und stemmt die Pfoten in die Hüften. Lono läuft unter seinem Fell rot an. „Naja, ob ihr es gut mit uns Löwen meint", setzt er halbherzig an. „Und ich wollte mich nochmal für die letzten beiden Wochen entschuldigen, das war keine gute Situation für Sie", fügt er hinzu, wobei ihn das Eingeständnis sichtlich Überwindung kostet. „Vielen Dank für die Entschuldigung, Ihre Worte bedeuten mir sehr viel. Aber das geht schon in Ordnung. Tatsächlich habe ich in den zwei Wochen bei Ihrem Kollegen Kraustiger und als Vertretung in Ihren Meetings sehr viel gelernt. Die zusätzliche Verantwortung hat mich stärker gemacht und mir gezeigt, dass ich hier doch an der richtigen Stelle bin." Lono ist freudig überrascht, dass Ina Panther trotz allem eine positive Erfahrung aus den zwei Wochen seiner Abwesenheit mitgenommen hat. Er erinnert sich noch daran, wie unsicher sie war, als sie direkt vom Managementseminar als High Potential bei ihm in der Abteilung aufschlug. Sie hatte damals trotz ihres beeindruckenden Lebenslaufes daran gezweifelt, ob sie überhaupt dazu befähigt sei, bei Tiger & Meyer im IT-Projektmanagement zu arbeiten. Lono ist stolz auf sie.

Auf sich selbst ist er hingegen weniger stolz. Vier Monate sind bereits vergangen, seit er mit dem Sport angefangen hat, aber für jeden kleinen Schritt nach vorne macht er gefühlt wieder zwei Schritte rückwärts. „Und das, obwohl ich beim Training mit Ivera Löwowitz wirklich kämpfe wie ein Löwe", grummelt er. „Und jetzt opfere ich auch noch ein ganzes Wochenende für diese irrwitzige Idee, die bestimmt mega-anstrengend ist. Ich muss doch verrückt sein." Die nächsten Tage verbringt er deshalb damit, sich möglichst wenig zu bewegen. Dafür schreibt er umso mehr Lionmails und führt zahlreiche Telefonate mit einzelnen Kollegen, die teilweise für Verwirrung sorgen. Sogar die Teamassistenz Irmgard Ohnelöwe beschwert sich bei ihm: „Lono, was soll denn das? Es wäre so viel einfacher, wenn du zu den Kollegen direkt ins Großraumbüro gehen würdest, um die Sachen direkt mit allen zu klären, anstatt einen nach dem anderen anzurufen und Kettenmails zu verschicken. Die Armen schlagen jetzt alle bei mir auf, weil du dich hier verschanzt und sie sich nicht zu dir ins Büro trauen." Lono zuckt mit den Schultern. Für die Feinheiten der Kommunikation hat er sich noch nie besonders interessiert, solange die Arbeit erledigt wurde. Er sei eben kein besonders feinfühliger Löwe. „Ganz anders als du, liebe Irmgard", säuselt er und vergräbt sich wieder in seinen Lionmails.

Seine Bemühungen, sich möglichst wenig zu bewegen, sind von Erfolg gekrönt, wie ihm sein plattgedrückter und schmerzender Hintern beweist. Nur am Donnerstag hat er keine Wahl, denn die nächste Stunde bei Ivera steht an. Mit steifen Gliedern tapst Lono zur Fitnessbar, wo ihn die Trainerin verblüfft empfängt. „Sag mal Lono, was ist denn mit dir los? Du bist ja völlig verspannt und so steif wie Frau Giraffe, die sich einen Nerv im oberen Mittelhals eingeklemmt hat." – „Ich soll am Wochenende bei so einem Präventionsprojekt von Tiger & Meyer mitmachen und wollte mich deshalb die Woche über schonen, damit ich dafür genug Energie habe. Deshalb habe ich im Büro eigentlich nur gesessen." – „Um welches Projekt geht es denn?", hakt Ivera neugierig nach. „Es geht um Bewegung im Alltag", brummt Lono, woraufhin Ivera ein breites Grinsen nicht unterdrücken kann. „Aha – und du bereitest dich auf ein Projekt für mehr Bewegung im Alltag vor, indem du dich möglichst wenig im Alltag bewegst? Lono, du bist einmalig! Aber jetzt lass uns deinen Bewegungsstreik beenden und wieder Leben in deine steifen Glieder bringen."

Wie zu erwarten war, leidet Lono aufgrund der mangelnden Bewegung heute ganz besonders während des Trainings. „Du wirst morgen einen ordentlichen Muskelkater haben, übermorgen wahrscheinlich sogar noch schlimmer", eröffnet Ivera ihm am Ende der anstrengenden Stunde. Lono muss schlucken. „Aber wieso ist er denn am zweiten Tag noch schlimmer? Und ist Muskelkater nicht schädlich?" – „Also. Ein Muskelkater ist in erster Linie das Ergebnis von kleinen Rissen in den Muskelfasern, die der Körper wieder reparieren muss. Die Risse kommen zustande, weil du Muskeln über die Maßen beansprucht hast – weil du zum Beispiel an den Geräten mehr Gewicht als üblich verwendet hast, oder Muskeln eine Weile lang sehr wenig benutzt hast. Das passiert, wenn man den ganzen Tag nur herumsitzt", entgegnet die Trainerin trocken. „Der Körper repariert die Muskeln aber wieder – und zwar so, dass sie danach besser mit der höheren Belastung zurechtkommen, also leistungsfähiger sind. Aber wenn du die Muskeln nicht regelmäßig benutzt, baut der Körper sie eben wieder ab, weil er merkt, dass er sie nicht mehr benötigt. Um den Regenerationsprozess zu unterstützen, solltest du die schmerzenden Muskeln schonen und proteinreich essen. Die Risse am Muskel treten zwar sofort auf und verursachen kleine Entzündungen, aber in den Muskeln selbst sind keine Schmerzrezeptoren [1]. Erst wenn der Körper nach 12 bis 24 h die Entzündungsstoffe ausspült, kommen sie in Berührung mit den Nervenzellen außerhalb des Muskels und verursachen den Muskelkater." Lono stöhnt. Ihm kommt es jetzt schon vor, als sei sein ganzer Körper ein einziger Muskelkater, wie soll es da erst morgen oder übermorgen werden? „Also, immer schön in Bewegung bleiben, dann wird es schon wieder!"

Ächzend und stöhnend schleppt sich Lono durch den Freitag. An diesem Tag ist er mehr unterwegs als in der gesamten Woche, was unter den Kollegen erneut für Verwirrung sorgt. Am Samstag quält er sich früh aus dem Bett und trifft zur vereinbarten Uhrzeit zusammen mit Ina Panther und Sabine Krause-Luchs im Büro ein. Die gespenstisch leeren Räume sind ihm unheimlich und er würde am liebsten auf dem Absatz kehrt machen. Doch Sabine Krause-Luchs weckt seine Lebensgeister mit einer Tasse Kaffee und gesunden Vollwertkeksen. „Dann legen wir mal los!", jubelt sie. Derweilen hat Ina Panther Stativ und Kamera aufgebaut. Die Präventologin atmet tief durch, räuspert sich und legt los: „Liebe Löwinnen und Löwen, herzlich willkommen zu unserer neuen Videoserie *Bewegung im Business*! Wir möchten Ihnen heute Tipps geben, wie Sie mehr Bewegung in Ihren Büroalltag bringen können. Denn obwohl manche unter Ihnen fleißig Sport treiben, sitzen wir doch alle rund acht Stunden pro Tag auf unseren Schreibtischstühlen und sind oft so vertieft in unsere Arbeit, dass die Bewegung dabei zu kurz kommt. Aber machen Sie sich keine Sorgen: Es ist ganz einfach, mehr Zeit im Alltag auf den Beinen zu verbringen. Und damit Sie auch direkt sehen können, was wir meinen, haben wir zwei liebe Kollegen aus unserer Mitte dafür gewinnen können, uns vor der Kamera zu zeigen, wie sie Bewegung ins Business bringen: Ina Panther und Lono aus dem IT-Projektmanagement!" Ina und Lono winken von der Seite ins Bild. „So, jetzt geht es ans Eingemachte", denkt Lono und lässt sich für den Rest des Tages von den beiden Löwinnen durch das Bürogebäude scheuchen, um zu zeigen, welche Übungen sich in den Büroalltag bei Tiger & Meyer bestens integrieren lassen.

Lono wird zum Video-Star bei Tiger & Meyer

Kimba

Der Flurfunk bei Tiger & Meyer läuft auf Hochtouren, die ganze Firma kennt nur noch zwei Themen: Erstens hat Kimbas Team es geschafft, Müller-Wechselhaft und die anderen Abteilungsleiter davon zu überzeugen, die Anzahl der unterschiedlichen Tools für die firmeninternen Prozesse zu reduzieren. Künftig soll nur noch ein Programm dafür verwendet werden, Projekte zu planen, Aufgaben zu verteilen, Meetings aufzusetzen und Ergebnisse zu melden. Viele Löwen hatten sich eine solche Maßnahme gewünscht, doch bevor Kimba sich mit den drei fleißigen Studenten von der Löwen-Universität zu Löwenstein an die Aufgabe herangewagt hat, war die Idee nur als abstrakter Wunsch durch die Büroräume gegeistert.

Das zweite Thema des Flurfunks hat ebenfalls etwas mit Herumgeistern zu tun: Die Betriebspräventologin Sabine Krause-Luchs hat im Lintranet ein neues „Vlog" angelegt – ein Blog mit Videos zum Thema *Bewegung im Business*. In den einzelnen Clips machen zwei Löwen vor, wie die gesamte Belegschaft mehr Bewegung in den Büroalltag integrieren kann. Jeden Tag wird ein neuer Clip veröffentlicht, begleitet von einer Rundmail an den großen Verteiler aller internen Mitarbeiter. Interessiert klickt Kimba sich durch die ersten Videobeiträge und stellt grinsend fest, dass er die beiden Löwen kennt, die vor der Kamera den Anweisungen von Sabine Krause-Luchs folgen: Lono aus dem IT-Projektmanagement und seine Kollegin Ina Panther, die zeitgleich mit seinem jungen Mitarbeiter Dominik Löwerer bei Tiger & Meyer direkt nach dem Studium angefangen hat. Im ersten Clip zeigen die beiden einfache Übungen, die im Sitzen ausgeführt werden können [2]: Die Bauchmuskeln anund wieder entspannen, die angewinkelten oder gestreckten Beine vom Boden heben und in der Luft halten, die Knie diagonal zum Bauch ziehen, oder den gesamten Rumpf mit den Handflächen auf der Sitzfläche vom Stuhl hochstemmen, sind einige der Beispiele. Im zweiten Clip weist Sabine Krause-Luchs darauf hin, dass lange Sitzdauer vermieden werden sollte: „Stehen Sie zwischendurch einfach mal auf, gehen Sie ein paar Schritte in Ihrem Büro auf und ab, holen Sie sich ein Glas Wasser oder machen Sie eine ‚gesunde Raucherpause' mit fünf Minuten an der frischen Luft ohne Zigarette. Sie können es sich außerdem im Alltag auch ein bisschen ‚unbequem' machen. Verstauen Sie Ihre Aktenordner im Schrank, so dass Sie jedes Mal aufstehen müssen, wenn Sie etwas brauchen. Stellen Sie Lebensmittel in der Teeküche in die oberen Hängeschränke oder räumen Sie sie nach ganz unten, so dass Sie sich strecken oder hinabbeugen müssen, um an das Gewünschte heranzukommen. Vermeiden Sie ruckartige Bewegungen und achten Sie auf die korrekte Ausführung der Bewegungen, wie mein Kollege Lono sie Ihnen hier zeigt."

Brav leistet Lono im Video der Anweisung Folge und streckt sich, um eine Packung Müsli aus dem Schrank zu holen. Ina Panther führt dann eine Kniebeuge vor und strahlt in die Kamera. Kimba prustet vor Lachen. „Nehmen Sie die Treppe, nicht den Aufzug. Machen Sie in der Mittagspause einmal einen Spaziergang um das Firmengelände. Halten Sie Ihre Meetings im Stehen ab – Sie werden sehen, dass sie dadurch automatisch kürzer werden, weil alle viel konzentrierter bei der Sache sein werden. Tragen Sie Ihre Einkäufe ganz bewusst nach Hause, missbrauchen Sie zwischendurch eine Wasserflasche für das Arm- oder Schultertraining." Für den nächsten Clip kündigt Sabine Krause-Luchs Fitnessübungen mit dem eigenen Körpergewicht an, die zwischendurch im Büro durchgeführt werden können [3]. Kimba ist darauf schon gespannt und ebenso neugierig, ob und wie die Kollegen die Fitness-Tipps umsetzen werden. Auf einmal klingelt sein Telefon: Müller-Wechselhaft bittet ihn zu sich, wenn möglich sofort.

Kimba findet seinen Chef nicht wie gewohnt hinter dem Schreibtisch thronend, sondern vorbildlich vor dem Fenster stehend. Nervös wippt Müller-Wechselhaft auf seinen Pfoten, verlagert das Gewicht von den Krallen auf die Ballen zu den Fersen und wieder zurück. „Aha", denkt Kimba schmunzelnd, „eine Übung für die Stärkung der Fuß- und Wadenmuskulatur, die kannte ich noch gar nicht." Müller-Wechselhaft räuspert sich. „Kimba, ich habe Sie gerufen, weil Sie doch so gut darin sind, Ideen umzusetzen." Kimba fühlt sich geschmeichelt und tritt zu seinem Chef ans Fenster. „Was für eine Idee möchten Sie denn umgesetzt wissen, Herr Müller-Wechselhaft?", hakt er nach. „Nun … Also, im Rahmen dieser ganzen Betriebspräventionsmaßnahmen habe ich mir gedacht, dass ich auch etwas beisteuern möchte." Kimba wirft seinem Chef einen erstaunten Blick zu. Ist er etwa eifersüchtig auf den Erfolg der Videoclips? „Also … Ich möchte gerne sogenannte Standing Desks einführen, Stehschreibtische. Aber dafür brauche ich von Ihnen einen Plan, wie wir die Maßnahme budgetär abbilden können und den Rest der Mannschaft davon überzeugen, dass der gesundheitliche Nutzen die Kosten überwiegt." Kimba ist verblüfft. Woher kommt auf einmal das Engagement des Chefs, der sich sonst nur mit seiner eigenen sportlichen Leistung auseinandersetzt, indem er mit seinem schicken Rennrad zur Arbeit fährt und oft genug davon schwärmt, wie großartig lange Radausflüge sind? Plötzlich dämmert es ihm: War die Einstellung der Präventologin nicht von vornherein die Idee von Müller-Wechselhaft gewesen? Hegt er etwa heimlich Gefühle für die kompetente Löwin und traut sich nicht, den ersten Schritt zu machen? Sind die Schreibtische etwa eine heimliche Liebeserklärung? Kimba muss sich zusammenreißen, um nicht breit zu grinsen. „Also, Chef", beginnt er. „Um ganz ehrlich zu sein: Ich glaube nicht, dass wir die Stehschreibtische einfach so für die gesamte Belegschaft genehmigt bekommen, da können die Argumente noch so stichhaltig sein. Ich hätte da aber ein paar andere Ideen, wie wir ohne großen Kostenaufwand mehr Bewegung ins Business bringen und gleichzeitig einigen Werten in der Firmenkultur bei Tiger & Meyer wieder mehr Beachtung schenken können. Das ist mit Sicherheit auch ganz im Sinne des Präventionsprogramms, denn Sie wissen ja: Das Löwenleben soll als Ganzes betrachtet werden, nicht nur die einzelnen Aspekte daraus. Lassen Sie uns Folgendes versuchen …"

Die nächsten Stunden verbringen Kimba und Müller-Wechselhaft (stehend) in ein angeregtes Gespräch vertieft, aus dem sich vier Ideen herauskristallisieren, für die der Chef sofort Feuer und Flamme ist. Für den nächsten Tag wird ein spontanes Meeting einberufen, an dem Dr. Katzlein, Sabine Krause-Luchs, Kimba und Herr Müller-Wechselhaft teilnehmen. Gemeinsam besprechen die vier die neuen Erweiterungen des Programms *Bewegung im Busi-*

ness: Erstens soll die Videoreihe fortgeführt werden, ergreift Herr Müller-Wechselhaft das Wort. „Wie Sie ja alle wissen, wollen wir bis zum Ende des Jahres auch eine Geschäftsstelle in Süd-Löwerika eröffnen, die sich um die Projekte auf den mittel- und süd-löwerikanischen Märkten direkt vor Ort kümmern wird. Also müssen wir ab und zu Kollegen dorthin entsenden. Allerdings haben wir dort wahrscheinlich leider kein so wunderbares Präventionsprogramm wie hier bei uns." Kimba grinst, Sabine Krause-Luchs lächelt geschmeichelt. „Deshalb würde ich gerne ein paar Episoden zum Thema *Bewegung auf Businesstrips* drehen. Es ist ja unglaublich, was man alles in einem Hotelzimmer anstellen kann [4]: Liegestütze auf dem Boden, Dips von der Bettkante, Ausfallschritte, Beinheben, Bankstütz, Übungen mit einem Fitnessband, Trampolinspringen auf dem Bett …" Dr. Katzlein kann ein Kichern nicht unterdrücken und auch Kimba ist überrascht: Trampolinspringen auf dem Bett? Der Chef kann ja richtig witzig sein, wenn er möchte. Sabine Krause-Luchs ist begeistert – sogar noch mehr, als sich Herr Müller-Wechselhaft bereiterklärt, an der Ausarbeitung des Drehbuchs für die Videoclips mitzuwirken. „Herr Müller-Wechselhaft, das ist eine ganz hervorragende Idee. Es ist ja oft so, dass Geschäftsreisen eine enorme Belastung für den Körper sind. Man ist in der Fremde, hat vielleicht einen Jetlag, schläft nicht in der gewohnten Umgebung, bekommt nicht immer das zu essen, was man gerne mag, hat den ganzen Tag und oft auch abends noch zu tun – da bleibt wenig Zeit, um Sport zu treiben oder wieder herunterzukommen. Dabei ist es so wichtig, dass man seine kleinen Rituale wie Sport und Achtsamkeitsübungen beibehält, um das körperliche und seelische Gleichgewicht auch in diesen Stresssituationen zu wahren."

Natürlich verrät Kimba nicht, dass die Idee ursprünglich von ihm stammt. Ebenso verhält es sich mit dem zweiten Vorschlag, den Müller-Wechselhaft nun mit wachsender Begeisterung skizziert: „Unter unseren Mitarbeitern bei Tiger & Meyer sind viele Sportbegeisterte. Und deren Wissen über ihre Sportarten sollten wir nutzen, um andere Löwen dazu zu motivieren, diese auch einmal auszuprobieren. Deshalb möchte ich eine Vortragsreihe ins Leben rufen, bei der einmal im Monat drei Löwen ihre Erfahrungen mit den interessierten Kollegen teilen. Egal, ob Bergsteigen, Rudern, Löwentennis, Lyoga, Löwilates oder Löwerican Football – alles ist spannend und so fördern wir den Spaß an der Bewegung mit firmeninternen Mitteln. Zudem ist es ein gutes Präsentationstraining für die vortragenden Löwen." Sabine Krause-Luchs ist begeistert. „Das klingt ja ganz wunderbar, Herr Müller-Wechselhaft. Möchten Sie dann gleich bei der Premiere vortragen und uns von Ihrem Radsport erzählen?" Müller-Wechselhaft ist sichtlich beeindruckt, dass Sabine Krause-Luchs um seine sportlichen Ambitionen weiß und nimmt das Angebot natürlich gerne an.

Mit stolzgeschwellter Brust berichtet er von der dritten Idee, die Kimba ihm eingeflüstert hat: „Dazu passt auch direkt mein nächster Vorschlag: Wir sollten Sportgruppen bei Tiger & Meyer einführen. Es gibt ja jedes Jahr verschiedene Firmenlauf-Events, dafür könnten wir ein Team aufstellen und einen regelmäßigen Lauftreff veranstalten. Und in Verbindung mit einer Spendenveranstaltung ist das sogar richtig gute PR für Tiger & Meyer: Wir kümmern uns um unsere Angestellten und geben der Gesellschaft sogar

noch etwas zurück. Außerdem fände ich es schön, Wander-
reisen für unsere Kollegen auf die Beine zu stellen, testweise
könnte man das sogar in diesem Herbst noch machen. Und
die Konkurrenz veranstaltet seit Jahren im Sommer ein fir-
meninternes Löwenball-Turnier, der Sieger wird auf dem
Sommerfest gekürt. Das hätte ich auch gerne für nächstes
Jahr. Was sagen Sie, würden Sie sich dessen annehmen?"

Sabine Krause-Luchs fällt Herrn Müller-Wechselhaft begeistert um den Hals. „Das sind ganz wunderbare Ideen, ich
hätte ja nie gedacht, dass ausgerechnet Sie sich so sehr dafür engagieren würden!" Das „ausgerechnet Sie" überhört
Müller-Wechselhaft glücklicherweise und stellt die vierte,
somit letzte Idee in den Raum: „Aber zur Gesundheit gehört
ja auch die geistige Fitness. Deswegen haben wir uns gedacht, dass ein Quizabend einmal pro Monat eine spannende Sache wäre. Oder vielleicht sogar im Lintranet eine Quiz-
Lionmail mit neuen Quizfragen, die jede Woche herumge-
schickt werden. Unsere Löwen könnten die Mittagspausen
oder freie Zeit zwischendurch nutzen, um an den kniffligen Rätseln zu knobeln und aus der üblichen Büro-Lethar-
gie zu erwachen. Wer teilnimmt, könnte jede Runde etwas
gewinnen, oder selbst Quizfragen und Rätsel einreichen.
Dafür bräuchte man natürlich entsprechende Ressourcen,
also würde ich diese Idee zunächst hintenanstellen. Aber
langfristig gesehen halte ich es durchaus für realistisch, dass
wir unser Fitnessprogramm auch auf die grauen Zellen aus-
weiten und den Kollegen zusätzliche Anreize bieten, sich
innerhalb der Firma geistig zu engagieren." Die strahlenden
Blicke der Betriebsärztin Dr. Katzlein und der Präventologin zeigen Kimba und Herrn Müller-Wechselhaft, dass die
Aktion ein voller Erfolg war. Kimba ist schon gespannt, wie

sehr sich das Betriebsklima verändern wird, wenn die neuen Videos zur Verfügung stehen, die ersten Vorträge gehalten werden, sich Sportgruppen herausbilden und die Köpfe bei den kniffligen Rätseln um die Wette rauchen. Zufrieden stiehlt er sich davon und lässt sich in seinen Bürostuhl plumpsen. Ab und zu tut es doch ganz gut, einfach mal zu sitzen und alle vier Pfoten von sich zu strecken.

Kimbas Präventions-Vorschläge kommen gut an

Quellen

1. http://www.zeitschrift-sportmedizin.de/fileadmin/content/
   archiv2000/heft02/int_0200.pdf
2. Weitere Übungen z. B. hier: http://www.fitforfun.de/workout/
   bauchweg/straffer-bauch/bauchuebungen-fuers-buero-
   bauchtraining-im-alltag_aid_9400.html,   http://www.spiegel.
   de/gesundheit/ernaehrung/fit-im-buero-mit-achim-achilles-
   der-steinbrueck-stuetz-a-862005.html,   http://www.wiwo.de/
   erfolg/beruf/gerade-sitzen-unauffaellige-gymnastikuebungen-
   fuers-buero/10811964.html
3. Weitere Übungen z. B. hier: http://www.womenshealth.
   de/fitness/workouts-trainingsplaene/fitnessuebungen-fuer-
   den-alltag.22491.htm#1, http://www.jolie.de/beauty/sport-
   und-fitness-fuer-faule-so-ueberwinden-sie-ihren-inneren-
   schweinehund-5, http://www.brigitte.de/figur/fitness-
   fatburn/figur-fatburn/fitness-rituale-570991/, http://www.
   focus.de/gesundheit/diverses/gesundheit-kleine-uebungen-
   im-alltag-ersparen-das-fitness-studio_aid_817969.html
4. z. B. http://fitnessuebungen-zuhause.de/trizeps_ohne_
   geraete_trainieren_eigengewicht.html

14

Kleine Etappensiege und das große Gesamtziel

Lono

Der Hochsommer macht Lono in diesem Jahr ordentlich zu schaffen: Seine Beine sind angeschwollen und sein klatschnasses Fell klebt unter dem Hemd unangenehm auf seiner Haut. „Jetzt einen Liontini auf Miaullorca, das wäre großartig, aber bitte ohne das blöde Trainingscamp", jammert er leise vor sich hin. Ina Panther schaltet den Standventilator ein und dreht ihn vorsichtig so, dass er Lono nicht frontal erwischt. „Das wird schon wieder, Herr Lono. Jetzt sollten Sie aber zu Müller-Wechselhaft gehen, er erwartet Sie doch in fünf Minuten." Seufzend nimmt Lono Abschied von seinen Cocktail-Träumen und trottet zu seinem Chef.

Aufgrund des Löwerika-Projektes haben sich die für Juni angesetzten, halbjährlichen Mitarbeitergespräche nach hinten verschoben – und heute ist Lono dran. Dabei sollen die Zielvereinbarungen vom Anfang des Jahres angepasst werden, außerdem kommen Maßnahmen zur persönlichen Weiterbildung zur Sprache. Nachdem Müller-Wechselhaft neuerdings ein großer Fürsprecher der präventologischen Maßnahmen bei Tiger & Meyer ist – unter anderem wegen der charmanten Präventologin Sabine Krause-Luchs – fin-

© Springer Fachmedien Wiesbaden 2017
S. I. Lackerbauer et al., *Die Löwen-Liga: Fit für die Karriere*,
DOI 10.1007/978-3-658-12138-9_14

det das Treffen im Stehen statt. Lono tritt unruhig von einer Pfote auf die andere. Müller-Wechselhaft brummt, grummelt und nickt, während er Lonos Personalakte studiert. Das macht Lono nervös: Eigentlich hat er sich gerade in der letzten Zeit besonders für die Firma verausgabt, da könnte er die Fühler vielleicht nach einer Gehaltserhöhung ausstrecken ... „Herr Müller-Wechselhaft, ich hätte gerne zehn Prozent mehr Gehalt! Ich bin jetzt seit fast zehn Jahren bei Tiger & Meyer, im Oktober werden es genau zehn Jahre. Zum Abteilungsleiter können Sie mich wohl nicht machen, das ist ja Ihr Job. Aber ein bisschen mehr Gehalt wäre doch bestimmt endlich drin, oder? Schließlich mache ich meine Sache doch richtig gut."

Müller-Wechselhaft betrachtet ihn verblüfft. „Sie wollen also mehr Geld? Und warum genau sollte ich Ihnen eine Gehaltserhöhung geben? Sie wissen doch, dass wir bei Tiger & Meyer aktuell sparen müssen und uns so etwas nicht leisten können. Außerdem erinnere ich mich daran, dass Sie manches nicht so wirklich im Griff haben und oft nicht gut vorbereitet sind, beispielsweise als Sie mich vor ein paar Wochen davon überzeugen wollten, Ihre Software für das neue Lintranet zu genehmigen. Ihren Urlaub hatten Sie auch nicht ordentlich vorbereitet, ansonsten haben Sie eigentlich nur Dienst nach Vorschrift gemacht und dafür werden Sie bereits bezahlt. Ihre Leistung hat eher nachgelassen. Ich kann Ihnen beim besten Willen so nicht mehr Gehalt geben. Aber sehen wir uns doch einmal die Ziele für den Rest des Jahres an. Wenn Sie die erreichen, dann können wir im Januar noch einmal darüber sprechen. Außerdem winkt Ihnen ohnehin ein Weihnachtsbonus, weil unsere Abteilung die Ziele für das erste Halbjahr erreicht hat – mit etwas Fleiß können Sie den auch noch steigern."

Lono sackt in sich zusammen. Bei diesen Temperaturen wird doch jede zusätzliche Anstrengung zur reinen Qual. „Jetzt stellen Sie sich wieder aufrecht hin, haben Sie denn gar nicht aufgepasst, als Sie für die Präventionsvideos vor der Kamera gestanden haben? Eine gerade Haltung schont den Rücken! Oder wollen Sie in Ihrem Alter schon einen Katzitis-Buckel bekommen?" Eine halbe Stunde später verlässt Lono betrübt das Büro von Herrn Müller-Wechselhaft. Die Ziele bis zum Stichtag für den Weihnachtsbonus sind äußerst ambitioniert und er weiß momentan nicht, wie er bei dieser Hitze Energie dafür aufbringen soll. Frustriert zieht er eine Riesenpackung Kekse aus seiner geheimen Süßigkeiten-Schublade und mampft betrübt vor sich hin. „Eigentlich wollte ich mich endlich einmal wieder auf die Waage stellen, aber nach der Packung kann ich das heute mal wieder vergessen. Lieber warte ich noch ein paar Tage damit. Ich muss es erst schaffen, ein bisschen weniger zu essen, sonst traue ich mich nicht. Was für ein Teufelskreis!", denkt er noch, als er die letzten Krümel aus der Verpackung aufisst.

Abends schleppt Lono sich widerwillig ins SUPER SPORT STUDIO. „Wenigstens sind die Räume hier gut belüftet. Ich will mir gar nicht vorstellen, wie es ohne Klimaanlage mit all den schwitzenden Löwen hier riechen würde – vermutlich wie in einem Pumakäfig." Die Trainerin Ivera Löwowitz erwartet Lono schon an der Fitnessbar. „Hallo, Lono, du siehst aber heute gar nicht fit aus. Macht dir die Hitze zu schaffen?" – „Ja, können wir das Training heute vielleicht ausfallen lassen? Meine Beine sind ganz angeschwollen und ich bin jetzt schon völlig verschwitzt." Ivera verschränkt die Pfoten. „Dasselbe hast du vorgestern auch schon gesagt, mein lieber Lono. Natürlich müssen wir bei der Hitze übermäßige Belastung vermeiden, weil dein Organismus ohnehin schon richtig viel zu tun hat. Aber ich sage dir noch einmal, dass moderate Bewegung genau das Richtige ist, um das überschüssige Wasser in den Beinen wieder loszuwerden. Das bringt außerdem deinen Kreislauf in Schwung und du schläfst heute Nacht besser. Komm, wir gehen in den Pool und feilen an deiner Schwimmtechnik, das wird dir guttun!"

Lono murrt, doch selbst die Ausrede, er habe keine Badehose dabei, lässt Ivera nicht gelten. Sie drückt ihm ein pinkfarbenes Modell in die Pfoten, auf dessen Hinterteil fett SUPER SPORT STUDIO geschrieben steht. Lono quetscht sich in die hautenge Badehose und betritt beschämt den Poolbereich. Er spürt, wie das Badehöschen seinen stattlichen Löwenbauch einquetscht und sich über dem Bund kleine Löwenspeckröllchen bilden. Beschämt hastet er vom Eingang zum Beckenrand und will gerade nach der Leiter greifen, als er auf dem nassen Boden ausrutscht, über den Rand stolpert und mit voller Wucht einen unbeabsichtigten Bauchplatscher ins Wasser hinlegt. Dabei scheucht er eine ganze Horde älterer Löwinnen auf, die ihn erbost anbrummen und sich über sein flegelhaftes Benehmen ärgern. Verzweifelt guckt er sich um: Wo bleibt nur Ivera? Plötzlich setzt laute Dance-Musik ein und die älteren Löwinnen jubeln. Jemand drückt ihm ein Paar Hanteln mit Schaumstoffüberzug in die Pfote und schubst ihn nach vorne, bis er von wild die Hanteln schwingenden Löwinnen in geblümten Badekappen umringt ist. Am Beckenrand steht eine fitte Löwin im knappen Sportoutfit und begrüßt die Schwimmerinnen: „Meine Damen, herzlich willkommen zu unserem Aqua-Fitness-Kurs! Wie ich sehe, haben wir heute auch einen männlichen Gast, herzlich willkommen! Kommen Sie, wir legen direkt los! Schön abwechselnd die Knie nach oben anziehen und die Arme gegengleich beugen! Yeah!"

Lono bricht in Panik aus: Wieso ist er auf einmal bei der Wassergymnastik gelandet? Es gibt kein Entrinnen und zu allem Überfluss hat seine Badehose bei seiner verzweifelten Wasserlandung einen Riss bekommen. Sie droht, sich selbstständig zu machen und ihn zu verlassen. Widerwillig folgt Lono den Anweisungen der Trainerin und strampelt eine Stunde lang fleißig im Wasser mit – und irgendwie macht ihm das Ganze dann sogar Spaß, als er sich einmal dazu überwunden hat. Im Wasser fühlen sich seine Beine nicht mehr so schwer an und trotz seiner Leibesfülle hat er das Gefühl zu schweben: Das ist ein ganz anderes Körperempfinden als sonst, ein Gefühl der Leichtigkeit, das er so nicht kennt. Als die Stunde vorbei ist, schwimmt er zufrieden an den Beckenrand. Als er sich gerade aus dem Wasser hievt, bemerkt er, wie Ivera ihm halb grinsend und halb entsetzt zuwinkt. „Halt, halt, Lono! Deine Badehose!" Die älteren Damen kreischen begeistert, als sie einen Blick auf seinen blanken Hintern erhaschen, bevor er sich schnell wieder zurück ins Wasser plumpsen lässt und sich von Ivera ein Handtuch geben lässt, mit dem er das eingerissene Höschen und seine Blöße bedecken kann. „Entschuldige, ich hatte nicht bedacht, dass der Wassergymnastikkurs stattfindet. Aber so schlecht sah das von außen betrachtet gar nicht aus. Du scheinst Spaß gehabt zu haben!" Lono mustert Ivera. So recht will er ihr nicht glauben, dass sie von dem Kurs nichts wusste – und schon gar nicht, dass ihm sein Gefallen daran angesehen hat. „Ja, ich fühle mich jetzt tatsächlich etwas besser als zuvor. Es war gar nicht so schlimm“, gibt er nach einigem Herumdrucksen zu.

Ivera klopft ihm auf die Schulter. „Siehst du, manchmal muss man sich eben einfach selbst ‚ins kalte Wasser werfen‘ und sich dazu zwingen, etwas Neues auszuprobieren, wenn man sein Ziel erreichen will. Apropos, hast du dich inzwischen einmal wieder auf die Waage gestellt und den Bauchumfang gemessen? Nein? Wie steht es mit der Ernährung, hast du dir meine Tipps denn zu Herzen genommen und an dieser Stellschraube gedreht? Auch nicht?“ Lono fühlt sich ertappt und steht nicht nur wegen des Wassers da wie ein begossener Löwe. Er hatte zwar einige Male daran gedacht, aber sich tatsächlich seit Beginn seines sportlichen Abenteuers nicht mehr auf die Waage gestellt. Denn anstatt kontinuierlich an sich zu arbeiten und Fortschritte zu machen, hat er eher das Gefühl, seinem Ziel so fern wie eh und je zu sein. Ivera reicht ihm ein großes Handtuch. „Jetzt mach nicht so ein Gesicht. Deine Gesundheit hängt nicht allein von der Zahl auf der Waage ab, deshalb darf man sich auch nicht zu oft draufstellen. Aber um deinen Erfolg zu messen, solltest du ab und zu deine Werte erfassen. Dein großes Gesamtziel ist ja, Körperfett zu reduzieren, Muskelmasse aufzubauen und allgemein fitter zu werden, damit sich dein Gesundheitszustand verbessert. Solche Trainingseinheiten wie heute sind dabei kleine Etappensiege. Und jedes Mal, wenn du auf eine ungesunde Mahlzeit verzichtest, ist das auch ein Etappensieg. Aber damit du bis zum Ziel durchhältst, brauchst du für deinen Kopf eine sichtbare

Erfolgskurve. So funktioniert auch mein Trainingskonzept für dich. Oder so würde es funktionieren, wenn du nicht jede zweite Stunden mit irgendeiner Ausrede absagen würdest und mich nicht anschummeln würdest, wenn ich dich frage, was du gegessen hast. Du musst dranbleiben, Lono! Also, sehen wir uns am Samstag zur nächsten Stunde?" Lono brummt widerwillig und signalisiert damit halbherzig seine Zustimmung. „Verlier dein Gesamtziel nicht aus den Augen. Selbst wenn es schwer erreichbar scheint: Jeder kleine Etappensieg bringt dich ein Stück näher an dein Ziel heran. Auch wenn es manchmal schwer fällt und du dich dazu zwingen musst – nur so wirst du letztendlich über dich hinauswachsen. Und besorg dir für das nächste Mal eine ordentliche Badehose!", grinst sie frech und verabschiedet sich vor der Umkleide von Lono.

Der sitzt am nächsten Tag wieder in der brütenden Hitze hinter seinem Schreibtisch und starrt die Ziele an, die er mit Müller-Wechselhaft vereinbart hat. Momentan hat er den Eindruck, als würden *sie* eher über ihn hinauswachsen. Seine junge Kollegin Ina Panther bemerkt Lonos trübsinnige Stimmung. „Herr Lono, warum sind Sie denn so unglücklich über die Zielvereinbarung? Es ist doch toll, dass Müller-Wechselhaft Ihnen zutraut, dass Sie diese Ziele erreichen können. Sie sollten jetzt nur damit anfangen, das große Gesamtziel in kleine Etappen aufzuteilen. Wollten Sie nicht diese neue Software für das Lintranet vorstellen? Ihr Kollege aus der IT, Robert Kraustiger, hat mir davon erzählt und ich finde die Idee ganz großartig. Sie hatten nur bei Müller-Wechselhaft ein wenig ungeschickt argumentiert, weil Sie nur die technischen Vorzüge angepriesen haben, aber nicht den Wert für uns Normalnutzer. Wenn wir das ent-

sprechend anders verpacken, könnten wir Müller-Wechselhaft immer noch überzeugen und dieses Ziel hier erreichen:
Durchführung eines initiativ gestarteten Projektes. Und schau-
en Sie mal, dieses Ziel hier haben Sie schon erreicht: *Erfül-*
lung der Vorbildfunktion als Projektleiter durch außerordent-
liches Engagement in einem Projekt zum Wohl der gesamten
Firma. Sie waren doch der Star in unseren Videoclips zu
Bewegung im Business. Wenn das mal kein außerordentli-
ches Engagement ist!" Lono brummt vor sich hin. Ganz so
Unrecht hat Ina Panther ja nicht. Ivera meinte ja auch, dass
kleine Etappenziele Lono beflügeln und motivieren würden,
um sein Gesamtziel zu erreichen. „Los, Herr Lono, wir machen das jetzt! Mit ein bisschen Zusatzaufwand, viel Geduld
und Durchhaltevermögen kriegen wir es schon hin, dass Sie
am Ende Ihre Ziele erreicht haben – und ich meine damit
automatisch auch!", motiviert ihn Ina Panther und macht
sich eifrig daran, die Präsentation für das „Projekt Lintranet" zu erstellen.

Lono findet Gefallen an Wassergymnastik

Kimba

Kimba ist heilfroh, dass er sein Training längst hinter sich hat, als die Temperatur gegen Mittag unerträglich wird und es voraussichtlich auch bis in den Abend hinein so heiß bleibt. „Als Frühaufsteher hat man es im Sommer bedeutend leichter", murmelt er, während er sich mit einer Mappe erfolglos Luft zufächelt. Da klingelt sein Telefon – Dr. Katzlein ist am Apparat. „Hallo Kimba, bitte erschrecken Sie nicht, aber ich bin gerade vom Krankenhaus angerufen worden: Dominik Löwerer ist dort über Nacht geblieben. Er hat an seinem freien Tag gestern zu lange in der Sonne gelegen und sich danach beim Löwerican Football so sehr angestrengt, dass sein Kreislauf kollabiert ist. Sie behalten ihn zur Beobachtung noch bis morgen da, aber es geht ihm anscheinend schon wieder besser."

Kimba ist erschrocken. Sogar ein fitter und junger Löwe wie sein Kollege ist vor Unachtsamkeit und den Gefahren der prallen Sonne nicht gefeit. „Apropos Unachtsamkeit, ich hätte ja fast meinen Termin bei Müller-Wechselhaft vergessen", ruft Kimba aus und eilt ins Büro seines Chefs. Dass dieser vollends vom Präventionsprogramm zu *Bewegung im Business* überzeugt ist, zeigt die wunderliche Konstruktion, die er in seinem Büro aufgebaut hat: Das schicke Rennrad steht in der Mitte des Raumes und das Hinterrad ist dabei in eine Art Laufband eingespannt. Auf dem Rad selbst thront Müller-Wechselhaft in voller Radfahrermontur, strampelt und studiert dabei Kimbas Personalakte, die auf einem Stehtisch vor ihm liegt. Ein Ventilator bläst seinem Chef die verschwitzte Mähne aus dem Gesicht. Der Chef bemerkt Kimbas erstaunten Blick. „Der Ventilator ist klasse, fühlt sich fast so an wie Fahrtwind. Man muss nur aufpassen, dass er die Papiere nicht vom Tisch fegt. Das Beste daran ist aber, dass ich hier drinnen keinen Helm brauche." Kimba kann sich das Lachen nur schwer verkneifen. „Bleib ernst, Kimba, es geht hier um deine Jahresziele, das ist ein ernstes Gespräch!", ermahnt er sich gedanklich selbst und stellt sich neben Müller-Wechselhaft.

„Wollten Sie nicht eigentlich Urlaub machen, Kimba?" – „Ja, aber ich möchte damit noch warten, bis die ersten Änderungen an unserem Tool von den Studenten implementiert und von unserer IT abgenommen worden sind. Wenn alles nach Plan läuft, kann der Kollege Dominik Löwerer dann für zwei Wochen übernehmen. Bis Ende des Jahres habe ich meinen Urlaub auf jeden Fall verbraucht." – „Gut, denn die Personalabteilung hat uns Abteilungsleiter dazu angehalten, dass kein Löwe Urlaubstage ins nächste Jahr mitnimmt. Das ist Teil unserer Zielvereinbarung. Ich möchte dabei vermeiden, dass Mitte Dezember plötzlich die gesamte Mannschaft weg ist, weil alle noch so viele Urlaubstage übrig haben. Gut. Genug von meinen Zielen, jetzt geht es um Sie." Müller-Wechselhaft blättert in Kimbas Akte und nickt zufrieden. „Ihr Engagement zur Vereinheitlichung und Bündelung der Arbeitsverteilungsprozesse in einem Tool ist sehr lobenswert. Bis zum Stichtag für den Weihnachtsbonus sollte das Projekt abgeschlossen sein, dann kann ich Ihnen einen schönen Bonus dafür geben. Und wenn Sie bei den restlichen Zielen genauso viel Gas geben, dann ist vielleicht sogar eine Gehaltserhöhung drin. Im Oktober sind Sie genau zehn Jahre bei uns, richtig?" Kimba nickt. „Das ist schon eine ganz stattliche Leistung, heute ist die Fluktuation ja gerade unter den jungen Löwen so viel höher als früher und Loyalität zum Arbeitgeber wird bei vielen nicht mehr groß geschrieben. Man kann es ihnen aber andererseits auch nicht verdenken: Heute setzen sich die Berufseinsteiger eben andere Ziele als ich vor zwanzig Jahren oder Sie vor zehn Jahren. Für die sind einzelne Unternehmen oftmals nur Etappen auf ihrem Karriereweg. Manchmal frage ich mich, welches Gesamtziel die dann verfolgen. Die berufliche Laufbahn geht mehr in einer Zickzackkurve hin und her, anstatt sich wie ein roter Faden logisch durch das Leben zu schlängeln." – „Ich kann mich gerne einmal bei unseren Studenten erkundigen, wie sie das sehen. Sie sind nächste Woche zur Besprechung des

Zwischenstandes ohnehin im Haus." – „Tun Sie das. Und immer schön weiter so, Kimba, Sie sind ein wertvolles Asset für Tiger & Meyer." Stolz verabschiedet Kimba sich und trabt zurück in sein Büro, auch wenn er sich ein wenig über die Bezeichnung „Asset" wundert. „Scheinbar haben die Geschäfte in Löwerika größeren Einfluss auf unseren Müller-Wechselhaft, als er vielleicht selbst merkt. ‚Mitarbeiter' hätte es stattdessen auch getan", denkt er. Er muss allerdings zugeben, dass die löwerikanischen Begriffe aufgrund der Globalisierung in vielen Bereichen des Geschäftslebens heute kaum mehr wegzudenken sind. „Und auch im Sport klingen Begriffe wie Squats oder Lunges irgendwie sportliche als die guten alten Kniebeugen und Ausfallschritte. Da kann man ja glatt noch ein paar nützliche Vokabeln lernen."

Einige Tage später treffen die drei fleißigen Studenten der Löwen-Universität zu Löwenstein zum nächsten Gespräch bei Tiger & Meyer ein. Dominik Löwerer ist wieder gesund und sitzt neben Kimba im Konferenzraum, auch Ina Panther und Robert Kraustiger aus der IT sind zu ihnen gestoßen. Leo Tatze, der Sprecher der drei, präsentiert die Vorabversion der in Auftrag gegebenen Änderungen. Kimba ist zufrieden: Die drei haben die vereinbarten Funktionen erfolgreich umgesetzt und einen Prozess entwickelt, mit dem Datensätze aus einem der fünf anderen Programme, die bei Tiger & Meyer für die Projektplanung verwendet werden, nahtlos übertragen werden können. „Nach der Implementierung der Änderungen können wir dieses eine Programm schon komplett ersetzen. Im nächsten Schritt entwickeln wir dann die Schnittstelle, um Daten aus dem zweiten Programm übertragen zu können und implementieren die entsprechenden Funktionen in unser Tool. Und so geht es Monat für Monat weiter, bis im November alle Änderungen umgesetzt sind und Sie und Ihre Kollegen für sämtliche Vorgänge nur noch dieses eine Programm benötigen. Was sagen Sie?"

Kimba klopft Leo Tatze begeistert auf die Schulter. „Genauso hatte ich mir das vorgestellt, Schritt für Schritt und eines nach dem anderen, damit kein Chaos entsteht." Leo Tatze grinst. „Wissen Sie, ich wünschte mir, dass es bei uns im Studium auch so wäre, aber wir haben dummerweise alle Prüfungen auf einmal gebündelt in zwei Wochen im Januar. Das ist jedes Mal ganz schön anstrengend, weil man gleichzeitig für alle Prüfungen lernen muss und nicht ein Thema nach dem anderen abwickeln kann." Kimba lächelt schief. „Das ist im Beruf leider auch nicht anders. In den seltensten Fällen hat man wirklich das Privileg, sich um nur ein Projekt kümmern zu dürfen. Meistens gibt es das Tagesgeschäft und zusätzlich daneben mehrere Themen, die man vorantreiben muss, um seine Ziele zu erreichen. Die werden auch alle an einem Stichtag fällig, das ist dann in etwa so wie Ihr Prüfungsmarathon: Man muss an allen Projekten gleichzeitig arbeiten und ob es sich gelohnt hat, zeigt sich erst am Ende."

Kimba kann sehen, dass dieser Gedanke Leo Tatze beschäftigt. Nach dem Meeting zieht er ihn beiseite und fragt ihn nach seinen Karriereplänen – auch deshalb, weil Müller-Wechselhaft ihn ja indirekt damit beauftragt hatte. „Ich hatte Ihnen ja erzählt, dass ich ein Ultraläufer bin", leitet Leo Tatze seine Antwort ein. „Dabei habe ich natürlich ein großes Ziel vor Augen, nämlich so viele Extremläufe wie möglich zu absolvieren, ohne mich dabei zu verletzen oder vor lauter Sport den Rest meines Lebens zu vernachlässigen. Mal geht es durch die Wüste, mal laufe ich im Schnee, mal in den Bergen, und so weiter. Das sind ganz unterschiedliche Etappen und ich bereite mich auf jedes Rennen entsprechend anders vor. Für meine Karriere stelle ich mir das ähnlich vor: Mein Gesamtziel besteht darin, einen guten Job zu machen, aber die Arbeit nicht über alles andere zu stellen. Außerdem habe ich es mir zum Ziel gesetzt, nur an Projekten zu arbeiten, die mich wirklich interessieren, bei denen ich etwas lerne und im Leben vorankomme. So wie viele Löwen sich damit wohlfühlen, lange Zeit einem Unternehmen anzugehören und dort ihr Karriereziel verfolgen, finde ich es für mich erstrebenswert, viele unterschiedliche Stationen zu absolvieren."

Kimba ist beeindruckt. Es kommt ihm vor, als sei er selbst als Student weitaus grüner hinter den Ohren gewesen als Leo Tatze, der so souverän und selbstbewusst von seinen Zielen spricht. Andererseits ... „Das klingt alles sehr vernünftig, Herr Tatze. Aber vergessen Sie dabei eines nicht: ,Leben ist, was passiert, während man andere Pläne macht'. Was ich damit sagen will: Ihr Vorhaben klingt sehr stimmig und entspricht auch Ihrem Wesen, so wie ich Sie bis jetzt kennengelernt habe. Es kann allerdings immer sein, dass etwas Unvorhergesehenes passiert und Sie Ihr großes Lebensziel entsprechend anpassen müssen. Das verändert auch die einzelnen Etappen. Bleiben Sie geistig auf jeden Fall flexibel genug, um sich darauf einstellen zu können. Ein Plan B schadet nie – und wenn Sie drei die Sache hier bei Tiger & Meyer gut machen, kann ich Sie auch für eine Festanstellung für die Anfangsphase nach dem Studium an die Kollegen weiterempfehlen." Ein bisschen altklug kommt sich Kimba dabei zwar vor, aber es fühlt sich trotzdem gut an, seine eigenen Erfahrungen an einen jungen Löwen weitergeben zu können. Außerdem regt es ihn dazu an, über seine eigenen Ziele nachzudenken.

Zurück in seinem Büro liest er sich die Zielvorgaben noch einmal genauer durch und stellt für sich selbst einen groben Aktionsplan mit Meilensteinen auf, die er erfüllen möchte, um das Erreichen des Gesamtziels zu gewährleisten. Dazu gehören zum Beispiel der Abschluss des aktuellen Projektes, die Erstellung der Budgetpläne für das folgende Jahr, die korrekte Abrechnung aller Posten aus dem laufenden Jahr und eine Liste mit Maßnahmen zur Kostensenkung. Kimba unterteilt diese großen Aufgaben in kleinere Schritte und plant jede Woche etwas Zeit zur gezielten Arbeit an jedem der Ziele ein. So hat er das gute Gefühl, kontinuierlich an deren Umsetzung arbeiten zu können und freut sich schon darauf, den Abschluss der einzelnen Etappen zu feiern.

Am folgenden Wochenende steht auch schon einer dieser kleinen Etappensiege in Kimbas Terminkalender: Der lang ersehnte Tandemfallschirmsprung aus stolzen 4000 Metern Höhe, den er vor Wochen schon geplant hatte! Bei besten Wetterverhältnissen steigt Kimba mit einem erfahrenen Fallschirmspringer zusammen in die Luft und lässt beim Sprung aus dem Flugzeug vor Begeisterung ein markerschütterndes Brüllen erklingen. Die Erfahrung ist unbeschreiblich und Kimba verbucht diesen kleinen Etappensieg als großen Triumph: Endlich kann er den Punkt „Fallschirmsprung" von seiner ultrageheimen *100 Dinge, die ein Löwe getan haben sollte-Liste* streichen. Diese hatte er einst als Löwenjunges angelegt, als Teenager-Löwe erweitert und dann jahrelang vergessen, bis sie ihm Anfang dieses Jahres wieder in die Pfoten gefallen war. Manch anderer Löwe würde eine solche Liste vielleicht für kindisch halten, aber Kimba ist davon überzeugt, dass die Träume nach wie vor ihre Berechtigung haben. „Ich glaube zwar nicht, dass es insgesamt wirklich 100 Punkte sind, aber ich muss mich auf jeden Fall ranhalten, wenn ich das alles in diesem Leben noch schaffen will", denkt er und grinst, als er sich an einen weiteren Punkte erinnert: „So stark werden wie Dwayne ‚The Mountain' Löwson. Und die nächste Trainingseinheit morgen wird mich diesem Ziel wieder einen Schritt näher bringen."

Am Tag darauf trifft er den Trainer Manuel Löwenzier an der Fitnessbar im SUPER SPORT STUDIO. Begeistert unterhalten sich die beiden über das Fallschirmspringen, da Manuel selbst eine Ausbildung zum Fallschirmspringer absolviert hat. „Und wie läuft es mit dem Training, Kimba?" – „Ganz gut, aber ich brauche, glaube ich, ein paar neue Etappenziele. So richtig erfolgreich war ich in letzter Zeit nicht, habe mehr so vor mich hin trainiert." – „Ja, Erfolg passiert nicht einfach, Erfolg wird erlernt und trainiert – eines meiner Lieblingszitate [1]. Man kann es auch so sehen: Für dein Gesamtziel brauchst du eine Strategie und für die einzelnen Etappensiege die richtige Taktik." Kimba nickt. Manchmal ist es ihm schon fast unheimlich, wie viele Parallelen es zwischen dem Beruf und dem Sport gibt.

„Außerdem sehe ich meine Jahresziele bei Tiger & Meyer ja auch relativ sportlich: Ich möchte zwar gerne den zusätzlichen Bonus und die Gehaltserhöhung erreichen, aber längst nicht um jeden Preis. Für mich zählt, dass ich vorankomme – der Weg ist das Ziel." Den letzten halben Satz hatte er tatsächlich laut ausgesprochen und Manuel Löwenzier nickt: „Stimmt. Das eine ultimative Endziel gibt es ohnehin nicht." – „Aber zwei Ziele hätte ich: Ich würde gerne einmal im Leben einen Marathon laufen und herausfinden, wie stark ich innerhalb von einem Jahr werden kann." – „Gut, aber beides auf einmal funktioniert natürlich nicht. Denn für einen Marathon musst du leicht, ausdauernd und schnell sein – für die Kraft brauchst du Muskelmasse und musst alle Reserven im Moment der Belastung aktivieren können." Das leuchtet Kimba ein. Er lässt sich von Manuel Löwenzier erklären, dass ein Marathontraining sowohl aus langen Laufeinheiten im langsamen oder mittleren Tempo, als auch aus intensiven, kurzen Sprints besteht. Krafttraining mit leichten Gewichten unterstützt die Körperspannung, stärkt Rumpf und Beine und trainiert die Koordination, um Verletzungen vorzubeugen. Auch die Ernährung muss entsprechend angepasst werden, um die Energieversorgung des Körpers während langer Phasen der Belastung zu gewährleisten. „Gut, das Ziel, einen Marathon zu laufen, passt momentan nicht in mein Leben und ich finde es nicht erstrebenswert. Aber lass uns doch nächste Woche einmal wieder einen Termin vereinbaren und über das Krafttraining sprechen. Denn darauf habe ich wirklich Lust!" – „In Ordnung, aber beschwer dich nicht, wenn du am Ende zu einer richtigen Kraftmaschine wirst", lacht Manuel Löwenzier und verabschiedet sich von Kimba, um seine nächste Kundin zu betreuen.

Kimba freut sich über das positive Feedback zu seinen Leistungen

Quellen

1. „Erfolg ist nicht etwas, das einfach passiert – Erfolg wird erlernt, Erfolg wird trainiert." (George Halas) https://de. wikipedia.org/wiki/George_Halas

15

TEAM ist nicht gleich Team: zwei Sportstypen im Vergleich

Lono

Lono lehnt sich entspannt in seinem Bürostuhl zurück. Momentan läuft es für ihn wirklich gut. Dreimal pro Woche trainiert er jetzt regelmäßig mit Ivera, einmal pro Woche schwimmt er ein paar Bahnen und nimmt dann heimlich an einem Aqua-Fitness-Kurs teil. Heimlich deshalb, weil es ihm doch unangenehm ist, zwischen all den älteren Löwinnen der einzige Löwe im Korb zu sein. Die Damen hingegen freuen sich über seine rege Teilnahme – eine Verehrerin hat ihm sogar einmal einen selbst gebackenen Kuchen ins SUPER SPORT STUDIO mitgebracht. Dem Gebäck ist die hohe Luftfeuchtigkeit im kleinen Hallenbad zwar nicht so gut bekommen, aber Lono hat den gesamten Kuchen trotzdem nach dem Training zu Hause zur Belohnung am Stück verdrückt. Leider hat er immer noch nicht so recht verstanden, dass all der Sport nur begrenzt nutzt, wenn er seine Essgewohnheiten nicht entsprechend anpasst: Seine Trainerin Ivera Löwowitz redet seit Monaten mit Engelszungen erfolglos auf ihn ein. Aber Lono hat Spaß am Training und lässt sich gerne von Ivera herumscheuchen, solange er sich

© Springer Fachmedien Wiesbaden 2017
S. I. Lackerbauer et al., *Die Löwen-Liga: Fit für die Karriere*,
DOI 10.1007/978-3-658-12138-9_15

selbst keine Gedanken um sein Training machen muss. Das ist ein echter Fortschritt, wenngleich Lono meist nicht bereit ist, sich auch nur eine Minute länger als unbedingt notwendig anzustrengen. Bei Tiger & Meyer verhält er sich momentan ähnlich: Um das Teamziel für dieses Jahr zu erreichen und den Weihnachtsbonus dafür zu kassieren, wollen Lono und seine junge Kollegin Ina Panther die Einführung einer neuen Lintranet-Software beim Abteilungsleiter Müller-Wechselhaft durchsetzen. Nachdem Lono zunächst am Chef gescheitert ist, arbeitete er zusammen mit Ina fieberhaft an einer fundierten Präsentation, um Müller-Wechselhaft doch noch zu überzeugen. Das heißt: Eigentlich war es Ina Panther, die fieberhaft an der Präsentation arbeitete, während Lono sich nur dann aktiv daran beteiligte, wenn Ina nicht weiter wusste. Am Bildschirm von Lonos Lion-PC klebt passend dazu ein Notizzettel mit dem Wort TEAM – was für Lono so viel heißt wie „Toll, ein anderer macht's".

Überhaupt betrachtet Lono sich selbst nicht als Teamplayer, sondern als Einzelkämpfer. Wenn er im Pool seine Bahnen zieht, wirbelt er manchmal absichtlich viel Wasser auf, um die anderen Löwen in ihrem Schwimmrhythmus zu stören, die ihm zu nahe kommen. Dafür hat er schon so manchen Rüffel im Schwimmbecken kassiert, den er aber jedes Mal geflissentlich überhört hat – wenn dem verärgerten Löwen etwas nicht passt, dann soll er doch woanders schwimmen gehen und ihm nicht „seine" Bahn wegnehmen. Ein paar der älteren Löwinnen aus der Wassergymnastik hatten sich neulich mit ihm zum Schwimmen in einem anderen Hallenbad in der Stadt verabredet. Doch aus dem gemeinsamen Schwimmen wurde eher ein gegeneinander Schwimmen: Lono preschte den Damen regelrecht davon und war voller Stolz, dass er die vereinbarte Strecke schneller als sie absolviert hatte. „Komisch, seitdem haben die drei kein Wort mehr mit mir geredet. Ob sie wohl beleidigt sind, weil ich schneller war?", grübelt er und nickt geistesabwesend die Unterlagen für Müller-Wechselhaft ab, die Ina Panther ihm zur Freigabe vorlegt.

Bisher war er mit allem einverstanden gewesen, was sie vorbereitet hatte, da muss er sich jetzt nicht die Mühe machen und alles noch einmal durchgehen. Schwungvoll erhebt er sich aus seinem Stuhl und folgt der jungen Kollegin zu Müller-Wechselhaft, um ihn mit der sorgfältig ausgearbeiteten Präsentation endlich davon zu überzeugen, die neue Lintranet-Software zu genehmigen. Als sie vor der Tür warten, bis der Chef sie zu sich hineinbittet, überlegt Lono zufrieden, dass sich sein Arbeitsalltag merklich vereinfacht hat, seitdem Ina Panther ihm zur Seite steht. „Wie lange werden Sie mir eigentlich noch erhalten bleiben, Fräulein Panther? Sie sind ja seit fast einem halben Jahr bei mir, darüber hatten wir noch gar nicht gesprochen." Die junge Kollegin grinst schelmisch. „In der Tat. Diese Woche ist meine letzte Woche bei Ihnen, Herr Lono. Wir High Potentials sollen ja durch verschiedene Abteilungen bei Tiger & Meyer rotieren. Deshalb bin ich ab nächster Woche für ein halbes Jahr bei den Kollegen in der IT. Herr Kraustiger kümmert sich dann um mich. Eigentlich hätte ich ein ganzes Jahr bei Ihnen bleiben sollen, aber während Ihres Urlaubs ist mir klar geworden, dass ich in der IT mehr lernen kann – zum Beispiel das Programmieren – und auch einen größeren Gestaltungsspielraum habe. Außerdem arbeitet Herr Kraustiger mit seinen Leuten wirklich im Team.", fügt sie noch schnippisch hinzu. Bevor Lono eine passende Erwiderung darauf einfällt, brüllt Müller-Wechselhaft sein allseits bekanntes „Herrrrrein!", und die beiden begeben sich in die Höhle des Löwen, um für ihre Idee zu kämpfen.

Eigentlich bestreitet Ina Panther den gesamten Kampf alleine und schlägt sich dabei erstaunlich gut. Gewissenhaft hat sie die Vorteile der neuen Software für das Lintranet recherchiert und die technischen Spielereien ausgeblendet, die Lono so sehr faszinieren, aber für die Endnutzer – sämtliche Kollegen bei Tiger & Meyer, auch solche ohne technisches Hintergrundwissen – völlig uninteressant sind. Lono ist baff. Im Prinzip hat sie keines der Argumente für die Software übernommen, die er damals mit den Kollegen aus der IT gesammelt hatte. So wie sie das Projekt präsentiert, macht es auf einmal tatsächlich Sinn für Tiger & Meyer. Auch Müller-Wechselhaft ist sichtlich beeindruckt. „Fräulein Panther, Sie haben mich überzeugt. Nachdem die Kosten für das neue Lintranet weitaus geringer sind als gedacht und Sie das Projekt mit ein paar Studenten von der Löwen-Universität zu Löwenstein stemmen können, dürfen Sie sich an die Umsetzung machen. Ab nächster Woche sind Sie ja ohnehin in der IT beim Kollegen Robert Kraustiger, der ist genau der richtige Ansprechpartner dafür. Gut gemacht!" Der Chef klopft Ina Panther wohlwollend auf die Schulter, während Lono bedröppelt danebensteht. „Und wollten Sie auch noch etwas hinzufügen, Lono?", taxiert Müller-Wechselhaft ihn mit hochgezogener Augenbraue. „Nein? Dann Abmarsch, schließlich sollen Sie der Kollegin bei der Umsetzung helfen!"

Von dem Schock muss sich Lono erst einmal erholen: Er soll Ina Panther bei der Umsetzung helfen? Seit wann hat sie denn die Führung für das Lintranet-Projekt übernommen?

Und Robert Kraustiger ist ihm auch noch in den Rücken gefallen! Dabei wollten sie das Projekt gemeinsam umsetzen. Irgendetwas scheint ihm da entgangen zu sein. „Und was wird jetzt aus meinem Weihnachtsbonus?", mault er auf dem Weg zurück in sein Büro. Ina Panther zuckt mit den Schultern. „Naja, Herr Lono, vielleicht überlasse ich Ihnen ja die Projektplanung, dann können Sie das Lintranet auch als Ihren Erfolg verbuchen." – „Die Runde geht an Sie", knurrt Lono und schluckt seine Enttäuschung herunter. Doch sein Ego ist definitiv angekratzt.

Auch der Aqua-Fitness-Kurs am nächsten Abend kann ihn nicht so richtig aufmuntern. Dabei strampelt er wie wild im Wasser herum, so dass die Löwinnen aus der Gruppe einen extra großen Abstand zu ihm halten. Als er einen Satz nach hinten macht, rammt er aus Versehen eine Schwimmerin, die im freien Bereich neben der Gruppe ihre Bahnen zieht. „Hoppla, passen Sie doch auf! Aber ... Herr Lono, sind Sie das etwa?!" Entgeistert starrt Lono in das von der Schwimmbrille zerknautschte Gesicht. „Irmgard Ohnelöwe, was machen Sie denn hier?" Die Teamassistentin und Sekretärin von Müller-Wechselhaft grinst. „Ich schwimme. Und was machen Sie? Doch nicht etwa den Wassergymnastikkurs, oder etwa doch?" Lono versucht erfolglos, die mit Styropor überzogenen Hanteln hinter seinem Rücken zu verstecken. „Nein, ich bin bloß zufällig hier", knurrt er gegen die Musik an. „Ich wollte auch nur schwimmen." Frau Ohnelöwe lacht und schießt schnell wie ein Pfeil im Wasser davon.

„So ein Mist", schimpft Lono vor sich hin. „Nirgendwo ist man vor den Kollegen sicher." Momentan steht ihm wirklich nicht der Sinn danach, anderen Löwen von Tiger

& Meyer zu begegnen – nicht im Büro und schon gar nicht außerhalb des Firmengeländes. Seitdem er gestern sein Herzensprojekt an Ina Panther verloren hat, möchte er einfach nur in Ruhe gelassen werden. Er beschließt, Job und Freizeit fortan strikt zu trennen und keine privaten Details aus seinem Leben mehr mit den Kollegen zu besprechen. Als Einzelkämpfer will er nun bei Tiger & Meyer allen zeigen, dass er auf niemanden angewiesen ist. Freundschaften innerhalb der Firma sind ab sofort passé, gegessen wird alleine in der Kantine und die Bürotür bleibt zu! Als er später seiner Löwenmama davon am Telefon erzählt, schimpft sie ihn, anstatt ihn zu trösten. „Mein lieber Sohnemann, sei doch nicht so eingeschnappt und gönne der jungen Löwin ihren Erfolg! Sie muss sich ihre Sporen doch erst noch verdienen. Was bringt es dir denn, wenn du dich jetzt von allen komplett abkapselst? Aber du warst schon immer so: Anstatt gemeinsam mit den anderen zu spielen, hast du immer Wettbewerbe gegen sie veranstaltet. Das führt nur wieder zu Ärger und Enttäuschung, so wie das eine Mal, als die anderen Löwenkinder dir aus Rache die ganze Schatzkiste voller Süßigkeiten stibitzt haben, weil du sie beim Versteckspiel ausgetrickst hast." An dieses traumatische Erlebnis möchte Lono nun wirklich nicht erinnert werden und beendet das Gespräch. Aber der Wettbewerbsgedanke bringt ihn auf eine Idee.

Am darauf folgenden Samstag steht Lono am frühen Morgen müde und finster dreinblickend auf dem Löwenballfeld, das vor Kurzem auf dem Firmengelände von Tiger & Meyer fertiggestellt wurde. Vor ein paar Wochen hatte Müller-Wechselhaft gemeinsam mit der Betriebspräventologin Sabine Krause-Luchs eine Initiative für den

Firmensport gestartet. Der Chef selbst und der Kollege Robert Kraustiger hatten sich sofort für das erste Löwenball-Turnier aufstellen lassen. Nach den Ereignissen rund um das Lintranet-Projekt tat Lono es ihnen gleich: „Wenn ich mich schon nicht im Büro mit euch messen kann, dann kriege ich hier wenigstens meine wohlverdiente Vergeltung", brodelte es in ihm.

Es haben sich genug Löwen eingefunden, um zehn Teams à fünf Löwen zu bilden. Voller Elan wirft sich Lono in den Kampf um den Löwenball – obwohl sein letztes Spiel mittlerweile gut zehn Jahre her ist. Fehlende Technik und Kondition versucht er durch aggressive Angriffsmanöver und einschüchterndes Kampfgebrüll wettzumachen. Anstatt sich mit seinen Teamkollegen abzusprechen, prescht er im Alleingang vor und lässt seinem gesamten Frust freien Lauf. Insbesondere in den Spielen gegen die Mannschaften von Kraustiger und Müller-Wechselhaft benimmt er sich so ruppig, dass er zwei gelbe Karten kassiert. Ein ums andere Mal versenken die gegnerischen Mannschaften das Leder im Tor seines Teams. Frustriert trampelt er auf dem frischen Rasen herum, so dass Grashalme und kleine Erdbröckchen nur so durch die Gegend fliegen. So hatte er sich das nicht vorgestellt! Am Ende scheidet Lonos Mannschaft bereits in der ersten Runde aus und muss zur Strafe den zuschauenden Freunden und Familienangehörigen dabei helfen, das Barbecue für die Siegesfeier vorzubereiten. Die anderen Löwen achten allerdings penibel genau darauf, mindestens zwei Meter Sicherheitsabstand zu Lono zu halten, der auch Stunden später vor Wut und Frust noch schäumt und am Ende des Tages mit viel zu viel Löwenbräu im Bauch am Rande des Spielfelds einschläft. Ganz diskret entfernt Sabine Krause-Luchs Lono daraufhin aus dem Verteiler für die Rundmail zum nächsten Löwenball-Turnier und informiert sich über die Möglichkeit, ein Anti-Aggressions-Seminar bei Tiger & Meyer anzubieten.

Aggressionen, Frust und Löwenbräu haben Lono außer Gefecht gesetzt

Kimba

Kimba ist stolz auf sein Team: Mittlerweile haben die drei Studenten von der Löwen-Universität zu Löwenstein um Leo Tatze die Daten aus dem zweiten Projektplanungsprogramm in das Zielprogramm übertragen und dieses um die dazugehörigen Funktionen erweitert. Drei weitere Tools müssen noch ersetzt werden, dann können die Kollegen bei Tiger & Meyer aus sämtlichen Abteilungen endlich alle projektrelevanten Aufgaben über ein einziges Programm planen und abwickeln. Robert Kraustiger kümmert sich mit Ina Panther darum, dass die Entwickler bei Tiger & Meyer stets im Bilde sind und notwendige Änderungen am firmeninternen System vornehmen können, auf das die externen Studenten keinen Zugriff haben. Dominik Löwerer erweist sich als zuverlässiger Protokollant und Moderator in den Meetings, so dass Kimba sich auf die Dokumentation und Kommunikation der Änderungswünsche seiner Kollegen konzentrieren kann, sowie auf die Berichterstattung zu Müller-Wechselhaft. Auch sein Chef ist mit dem Projekt zufrieden.

Ganz besonders freut Kimba sich, dass Ina Panther die drei Studenten für die Implementierung einer neuen Lintranet-Software gewinnen konnte. Zwar bedeutet das eine zeitliche Verzögerung der Fertigstellung seines Projektes, aber auf diesen Fall war Kimba schon von vornherein vorbereitet gewesen: Dank des flexiblen Projektplans und der harmonischen Zusammenarbeit bleibt bis zum Stichtag trotzdem genug Zeit, um beide Vorhaben fristgerecht zu realisieren. An einem Freitagabend lädt er deshalb die Truppe zu sich in sein Büro ein und spendiert eine große Pfanne Paella aus der Kantine von Tiger & Meyer. „Es ist wirklich schön, mit einem so guten Team wie euch zu arbeiten!", bedankt er sich bei den Anwesenden. Dass er dem Weihnachtsbonus und der möglichen Gehaltserhöhung im Januar immer näher kommt, spielt dabei für Kimba nur eine untergeordnete

Rolle – die Umsetzung seines Projektes, das der ganzen Firma zugutekommt, bedeutet ihm weitaus mehr. Am Ende des kleinen Festessens umarmt Kraustiger ihn überschwänglich. „Das läuft wirklich gut, ich freue mich, dass wir mit diesen engagierten jungen Löwen zusammenarbeiten – und dass du uns alle zusammengebracht hast! Hör mal, willst du nicht in der neuen Firmenlaufgruppe mitmachen? Wir treffen uns nächste Woche Montagabend, um uns alle mal zu beschnuppern. Überleg es dir, das wird bestimmt toll!"

Lange muss Kimba nicht überlegen: Schon seit einiger Zeit trägt er sich mit dem Gedanken, mehr Zeit in sein Lauftraining zu investieren, obwohl er den Wunsch, einen Marathon zu laufen, erst einmal hintangestellt hat. Aber ab und zu aus Spaß ein paar Runden drehen und dabei noch neue Kollegen kennenlernen, das klingt in seinen Ohren doch recht gut. Zumal ihr Coach ein bei Tiger & Meyer wohlbekannter Referent, Autor und Langstreckenläufer namens Zach Löwis ist. Neugierig mustert er die Truppe aus rund 25 Löwinnen und Löwen, die sich zum ersten Lauftreff versammelt haben. Neben Robert Kraustiger entdeckt er noch die Teamassistentin Iris Löwel, ansonsten kennt er einige andere Löwen vom Sehen, die meisten jedoch nicht. „Es ist schon witzig, die Kollegen einmal nicht in Arbeits-, sondern in Sportbekleidung zu sehen", schmunzelt er und absolviert brav die Aufwärmübungen, die Zach Löwis vormacht. Dann setzt sich die Truppe in Gang. Langsam traben alle und konzentrieren sich auf ihre Atmung, um sich an das Tempo zu gewöhnen.

Zach Löwis läuft in der Mitte und gibt dabei nützliche Lauftipps. „Jeder Löwe hat natürlich sein eigenes Wohlfühltempo für den Ausdauerlauf. Die Kunst beim Teamlaufen in dieser Runde besteht darin, dass sich alle auf ein gemeinsames Tempo einlassen müssen – auch wenn es einigen unter Ihnen vielleicht zu langsam erscheint, oder andere nicht glauben, dass sie es lange durchhalten werden. Mit der Zeit gewöhnen sich die langsameren Löwen aber an das etwas höhere Tempo, so dass die von Haus aus schnelleren Löwen das Tempo langsam steigern können. Wichtig ist, dass sich alle dabei wohlfühlen. Nachher kann natürlich jeder Löwe noch weiterlaufen, so schnell oder langsam er möchte. Aber die Rücksichtnahme und das Sich-aufeinander-Einlassen ist auch für den Berufsalltag wichtig. So gesehen ist der Lauf auch eine Art von Teambuilding." Und in der Tat entwickelt die Gruppe eine ganz eigene Dynamik. Die fitteren Löwen passen sich an die langsameren an und wer genug Puste hat, unterhält die gesamte Truppe. Der Rhythmus ihrer Schritte versetzt alle in eine gute Stimmung und Zach Löwis hat noch jede Menge Motivationstipps auf Lager. Kimba muss schmunzeln – kein Wunder, Löwis ist ja schließlich auch einer der Autoren des Buches „**Die Löwen-Liga. Wirkungsvoll führen.**" Nach rund anderthalb Stunden verabschiedet sich der Coach und erklärt das Training für beendet. Die Löwen jedoch beschließen, zum Abschluss noch eine Extrarunde zu laufen.

Ohne den Teamkapitän, der sie alle zusammenhält, beobachtet Kimba erstaunt, wie die Gruppe eine Eigendynamik entwickelt: Plötzlich setzt sich ein kleiner Trupp aus fünf sehr fitten Löwen vom Rest ab und spurtet von dannen. Eine sichtlich erschöpfte Löwin wird von einer anderen Läuferin kritisiert, da sie als Einzige Minuten später nicht mehr mitlaufen möchte und sich völlig aus der Puste verabschiedet. Zwei Löwen ergreifen die Gelegenheit und sprinten

um die Wette – und anhand ihres verkniffenen Gesichtsaus-
drucks meint Kimba zu spüren, dass hier mehr als nur der
sportliche Wettkampf ausgetragen wird. Ein weiterer, sichtlich ermüdeter Löwe bemüht sich redlich, einer Gruppe aus
vier weiteren Läufern zu folgen, die noch recht frisch aussehen und keinerlei Anstalten machen, auf den langsameren
Kollegen zu warten. Iris Löwel trabt entspannt neben ihm
her. „Da baut sich teilweise ganz schön viel Druck auf", sagt
sie und deutet mit dem Kopf in Richtung des rennenden
Duos. „Manch ein Löwe kann den Leistungsgedanken nicht
so leicht abstreifen wie den Anzug nach der Arbeit. Wenn
man Kollegen in der Freizeit gemeinsam beobachtet, kommen teilweise aberwitzige Dinge zum Vorschein, das glauben Sie gar nicht. Ich bekomme das ja oft mit, weil ich als
Teamassistenz die meisten Löwen kenne und viele auch außerhalb des Firmengeländes schon getroffen habe. Rivalität,
Konkurrenzdenken und das ewige Streben danach, besser zu
werden oder besser zu sein als die anderen. Das kann einem
den Feierabend schon versauen."

Kimba muss gegen aufkeimendes Seitenstechen ankämpfen und kann deshalb nur keuchend nicken. Er findet es
auch erstaunlich, wie sehr sich manche Löwen in diesen
Wettbewerbsgedanken hineinsteigern. „Eigentlich sitzen
wir doch alle im selben Boot, also in derselben Firma",
denkt er laut, als die beiden schließlich langsamer werden
und den Rest des Weges bis zum Startpunkt gemütlich zu-
rückgehen. „Ich käme gar nicht auf die Idee, Rivalitäten
auf diese Art und Weise auszutragen. Wenn ich es recht
bedenke, dann gibt es nicht einmal im Büro jemanden,
den ich als meinen Konkurrenten betrachten würde oder
den ich ausbooten wollte." – „Das zeigt, dass Sie einer von

den Guten sind, Herr Kimba. Aber lassen Sie sich bitte nicht täuschen und bewahren Sie trotz allem ein wenig gesunde Distanz: Man kann in die Löwen nicht hineinschauen und manch einer setzt eine freundliche Maske auf, obwohl er in Wahrheit kaltschnäuzig und berechnend ist, oder Ihre Freundlichkeit am Ende nur ausnutzen will, um selbst schneller voranzukommen. Kontakte innerhalb der Firma sind gut und wichtig, aber manchmal täuscht man sich leider in den Löwen. Man läuft außerdem Gefahr, mit Kollegen in der Freizeit auch wieder nur über die Arbeit zu sprechen – dessen sollte man sich bewusst sein und es wenn möglich auch vermeiden." Kimba bedankt sich bei Iris Löwel für ihre guten Ratschläge und verabschiedet sich. „Bin ich vielleicht wirklich zu naiv, weil ich zunächst einmal nur das Gute in den anderen Löwen sehen will?", fragt er sich. „Aber allen von vornherein zu misstrauen ist doch bestimmt auch ungesund."

Am darauf folgenden Tag wühlt er in seiner Visitenkartensammlung, bis er die Karte von Simone Löwenbauer gefunden hat. Bei der Trainerin hatte er vor ein paar Monaten ein Seminar namens *Praxisnahe Steigerung der Produktivität durch Effektivität statt bloßer Effizienz* besucht. Darin hatte sie kurz erwähnt, dass jeder Löwe einem unterschiedlichen Persönlichkeitstyp zugeordnet werden kann. Laut Löwenbauer erleichtert es diese Zuordnung, entsprechend effektive Strategien zur Ansprache dieser Löwen zu finden, um sie beispielsweise von einem Produkt zu überzeugen, ihre Stärken und Schwächen zu erkennen oder mögliche Konfliktsituationen präventiv zu vermeiden. Er hat Glück und erreicht die Dozentin sofort. Als er ihr von seinen Beobachtungen beim Lauftraining erzählt, raschelt es am anderen

Ende der Leitung, während die Dozentin in ihren Unterlagen wühlt. „Herr Kimba, das sind ganz richtige und für Sie vor allem auch wichtige Fragen, die Sie sich da stellen. Es gibt tatsächlich eine ganze Reihe an Typologien und Typisierungsmodellen für uns Löwen, die von Vertretern aller möglichen Disziplinen mehr oder minder wissenschaftlich erarbeitet wurden. Jetzt am Telefon kann ich Ihnen das alles natürlich nicht erklären – es geht dabei im Grunde um angemessenes Verhalten unter Löwen. Aber ich schicke Ihnen mal eine Broschüre für mein brandneues Seminar zum Thema *Effektiv Löwen einschätzen*, das dürfte in Ihre Richtung gehen. Denn zentral geht es um den Punkt, dass wir Löwen ‚nicht nicht' miteinander umgehen können. Wir werden tagtäglich unweigerlich mit anderen Löwen konfrontiert, müssen neue Beziehungen eingehen, alte Beziehungen revidieren, unser eigenes Verhalten reflektieren und manchmal umdenken. Wichtig ist auf jeden Fall, dass wir den *kategorischen Imperativ* von Immanuel Katz als Maxime unseres Handelns akzeptieren. Den kennen Sie vielleicht als die *Goldene Regel*: Gehe so mit anderen um, wie du selbst auch behandelt werden möchtest. Aber das wird jetzt zu viel auf einmal. Ich schicke Ihnen einfach mal die Infos, ja?" Kimba grinst. Diese Löwin versteht es wirklich, sich und ihr Programm zu verkaufen. Aber neugierig ist er auf jeden Fall geworden, also willigt er ein und wartet gespannt auf die Lionmail mit den Informationen zu Löwenbauers Seminar. Er wird natürlich auch daran denken, die Nachricht besonders intensiv zu lesen.

Das gemeinsame Lauftraining ist anstrengend – und Kimba lernt
dabei viel über seine Teammitglieder

16

Der Monotonie den Kampf ansagen

Lono

Ein anschwellendes Raunen geht durch die kleine Löwen-truppe, die sich vor dem schwarzen Brett auf dem Flur der Projektmanagementbüros versammelt hat. Begeistert murmeln die Kollegen und stecken die Köpfe zusammen. Auch Lono lässt sich von der allgemeinen Aufregung anstecken: Tiger & Meyer verharrt seit Wochen im langweiligen Sommerloch, Sparmaßnahmen ersticken neue Ideen im Keim, laufende Projekte und die Jahresziele bestimmen den Tagesablauf. Auch das Essen in der Kantine schmeckt zunehmend gleich [1]: Montags Zwiebel-Sahne-Hähnchen nach Löwenart, dienstags Pizza Leone, mittags Löwen-Spaghetti Bolognese, donnerstags Fleischbällchen à la Löw, freitags Löwenschnitzel und Löwenburger. Doch jetzt passiert endlich wieder etwas! Das seit Wochen mit Spannung erwartete Ereignis ist endlich da: Der Speiseplan für die kommende internationale Spezialitätenwoche bei Tiger & Meyer steht jetzt fest. Lono freut sich, dass er sich gedanklich endlich wieder mit einem spannenden Thema beschäftigen kann.

Denn abgesehen davon passiert momentan nicht viel und Lono grübelt schon seit Tagen, wie er seinen Arbeitsalltag wieder spannender gestalten könnte. Seitdem Ina Panther

© Springer Fachmedien Wiesbaden 2017
S. I. Lackerbauer et al., *Die Löwen-Liga: Fit für die Karriere*,
DOI 10.1007/978-3-658-12138-9_16

zu Robert Kraustiger in die IT gewechselt ist, hat er nicht einmal mehr jemanden bei sich im Büro, über den er sich ärgern könnte. Dummerweise hat sie auch gleich das Projekt mitgenommen, um das er sich eigentlich bemüht hatte: Die Einführung einer neuen Lintranet-Software für alle Mitarbeiter. Bei der Umsetzung wird seine Hilfe nur sporadisch benötigt und für die Erreichung seiner Ziele bis zum Stichtag im November kann er seiner Meinung nach momentan auch nicht viel tun. Während er sich gedanklich noch mit der Aussicht auf die leckeren Gerichte tröstet, kommt ihm ein Gedanke: „Eine Sache fällt mir da tatsächlich noch ein: die Weiterbildungsmaßnahmen, die ich ja noch absolvieren muss!" Froh um jedes Mittel im Kampf gegen die Monotonie durchstöbert Lono das (alte) Lintranet von Tiger & Meyer, bis er nach langem Suchen endlich auf den Abschnitt mit den Seminaren und Fortbildungsmaßnahmen stößt. Seit Kurzem ist dort provisorisch auch ein Reiter namens *Sport, Sportgruppen und Sportreisen* hinzugefügt worden. Doch aufgrund seines kleinen Ausrutschers während des Löwenballturniers hat Lono beschlossen, Sport bei Tiger & Meyer mit seinen Kollegen vorerst sein zu lassen.

Mit stetig sinkender Begeisterung klickt Lono sich durch die angebotenen Fortbildungsseminare. Natürlich sind die spannenden Kurse alle bereits voll – vorausschauende Kollegen hatten sich bereits vor Monaten für Seminare wie *Als Charme-Profi subtil zum Erfolg* bei Sabine Krause-Luchs oder *Chefsache Führung – von der Praxis in die Praxis* mit Peter Löwenau angemeldet. Workshops wie *Sexy, stark und souverän* klingen zwar spannend, sind aber leider nur für Löwinnen gedacht. Selbst mit Perücke, Kleid und manikürten Krallen geht Lono leider beim besten Willen nicht als grazile Löwendame durch, also verwirft er den Gedanken. Die Seminare, die er in den fast zehn Jahren bei Tiger & Meyer bereits absolviert hat, fallen ebenfalls weg. Übrig bleiben aktuell nur noch fast schon esoterisch anmutende Themen wie *Mit den löyurvedischen Dosha-Typen zu mehr Erfolg im Telefonsupport* oder ihm völlig fremde Bereiche wie *Faszination Qualitätssicherung: mit Leidenschaft getestet*. Enttäuscht will Lono die Suche schon aufgeben, als sein Blick auf einen neuen – ebenfalls provisorisch eingebauten – Reiter auf der Lintranet-Seite fällt: *Pilotprojekt Fernlehrgänge – Teilnehmer gesucht*. Gespannt klickt Lono sich durch die neu angelegten Seiten.

„Die sind ja furchtbar programmiert", ärgert er sich. „Gut, dass wir bald die neue Lintranet-Software bekommen, damit wird das Anlegen neuer Seiten zum Kinderspiel." Lono hält kurz inne und überlegt. „Eigentlich könnte ich die Lintranet-Redaktion mal kontaktieren und meine Hilfe anbieten. Wenn wir dafür sorgen, dass alle Seiten schon im alten Lintranet ordentlich angelegt, befüllt und verschlagwortet sind, dann ist der Umzug der Daten in das neue Lintranet weitaus weniger aufwändig." Neugierig klickt er sich zur Profilseite der Redaktion. Doch zu seinem Bestürzen gehört auch einer der Kollegen zum Lintranet-Team, den er beim Löwenballturnier neulich fies von hinten umgegrätscht hatte, wofür er eine gelbe Karte kassiert hat. „Der will sich bestimmt an mir rächen", denkt er und verwirft den Gedanken mit einem mulmigen Gefühl im Bauch.

Dafür bemüht er sich jetzt umso enthusiastischer, aus den angebotenen Fernlehrgängen schlau zu werden, um an dem Pilotprojekt teilnehmen zu können. Angeboten werden die Onlineseminare mit einzelnen Präsenzeinheiten von seiner Alma Mater, der Löwen-Universität zu Löwenstein. Er schickt dem Lehrgangskoordinator Heribert Pumauer eine lange Lionmail und bittet um weitere Informationen zu den Fortbildungsmöglichkeiten. Pumauer antwortet mit einer kurzen Nachricht und verspricht, schnellstmöglich Broschüren zu den verschiedenen Kursen zu schicken. „So ein Lehrgang ist langfristig viel sinnvoller als eine zweitägige Schulung. Man muss ja auch auf dem Laufenden bleiben, was sich im universitären Umfeld so tut." Insgeheim hofft Lono auch, dass er mit einer solchen Weiterbildung in der Tasche dem nächsten Studenten an seiner Seite mehr bieten kann, damit ihn dieser nicht wie Ina Panther frühzeitig verlässt. Sein Ego ist deshalb immer noch ein wenig angeknackst.

Abends im SUPER SPORT STUDIO ist Lono beim Training mit Ivera Löwowitz auch nicht ganz bei der Sache. Die Trainerin lädt ihn nach der Stunde auf einen Proteinshake an der Fitnessbar ein und versucht, die Ursache für seine Unkonzentriertheit zu ergründen. „Ist alles in Ordnung bei dir, Lono? Du wirkst so geistesabwesend heute." Lono berichtet ihr von der Langeweile im Büro und von den Fernlehrgängen, zu denen er hoffentlich bald mehr Informationen erhalten wird. „Du suchst also mehr Abwechslung? Dann könntest du alternativ auch einfach eine neue Sportart ausprobieren, bist du denn schon auf diese Idee gekommen?" Lono ist verblüfft. „Ich? Aber ich schleppe doch immer noch zu viele Kilos mit mir herum, bin völlig unsportlich und gar nicht fit genug." Ivera muss lachen. „Beim Löwenball-Turnier hat dich das auch nicht gestört, weil du den Sieg und die Rache an deinem Chef und den Kollegen im Blick hattest. Außerdem treibst du regelmäßig Sport – das ist alles andere als unsportlich. Rank, schlank und athletisch bist du zwar noch nicht, aber in Sportvereinen treffen ohnehin die unterschiedlichsten Löwen aufeinander, die sind längst nicht alle topfit. Das ist doch hier im Studio genauso. Und der Vorteil im Sportverein ist, dass das ganze Programm dort auch von einem Trainer angeleitet wird, der gezielt auf seine Truppe eingeht, Kondition und Technik schult. Was sagst du?" Lono muss ihr recht geben.

Zu Hause angekommen, schmeißt er seinen Lion-PC an und sucht nach Sportvereinen in der näheren Umgebung. Zu seiner Begeisterung findet er gleich mehrere Angebote und entscheidet sich für einen kleinen Laden namens KAMPFSPORT-KASCHEMME gleich um die Ecke. Dort werden mehrere Kurse angeboten: Insbesondere Löwenthai-Boxen, Lyoga-Löwilates für Kampfsportler und Löwzilian Jiu-Jitsu haben sein Interesse geweckt. Anscheinend ist heute sein Glückstag, denn am übernächsten Wochenende feiert die KAMPFSPORT-KASCHEMME ihren Tag der offenen Tür, an dem sämtliche Löwen kostenlos die Kurse besuchen können.

Am Freitag erwartet Lono bei seiner Ankunft im Büro ein riesengroßer Stapel Broschüren, Kataloge und Anmeldeunterlagen. Obenauf liegt ein Brief von Heribert Pumauer: „Sehr geehrter Herr Lono, wir freuen uns, Ihnen heute mitteilen zu können, dass Herr Müller-Wechselhaft Ihre Teilnahme an einem Fernlehrgang an der Löwen-Universität zu Löwenstein bereits vorab bestätigt hat. Sie haben die freie Wahl zwischen über 60 unterschiedlichen Kursen. Bitte beachten Sie den jeweils angegebenen Zeitaufwand pro

Woche für die Online-Module samt Vor- und Nachbereitung, sowie die Termine für die Präsenzseminare und die Abschlussprüfung. Bei Fragen können Sie mich jederzeit telefonisch erreichen. Herzliche Grüße, Ihr Heribert Pumauer." Lono ist begeistert – dass Müller-Wechselhaft einfach so zustimmt, hätte er nicht gedacht. Schließlich sind die Lehrgänge nicht gerade billig. „Aber für jedes Pilotprojekt braucht es eben auch Testteilnehmer. Und damit habe ich ja mittlerweile Erfahrung." Mit gemischten Gefühlen erinnert Lono sich zurück an die Präventionskurse, die absolviert hat, sowie an die Videoclips für *Bewegung im Business*, zu denen er von Ina Panther und Sabine Krause-Luchs genötigt wurde. Schnell verscheucht er die Gedanken wieder und vertieft sich in den Kurskatalog.

Die Anforderungen an die Teilnehmer sind auf den ersten Blick anspruchsvoller als gedacht: Zweimal zwei Stunden Online-Seminar pro Woche, davor und danach jeweils eine Stunde Vor- und Nachbereitung, fünf Stunden pro Wochenende empfohlene Zeit zum Selbststudium, vier eintägige Präsenzseminare, vier Tage à acht Stunden Selbststudium zur Prüfungsvorbereitung und eine dreistündige Klausur am Ende. „Ach, das klingt doch alles schlimmer, als es ist", denkt sich Lono. „Im Studium habe ich auch viele Vorlesungen geschwänzt und erst am Ende zwei Wochen am Stück gelernt, so ähnlich wird das hier wohl auch sein." Lono möchte am liebsten sofort loslegen und sucht sich deshalb einen Kurs heraus, der schon nächste Woche beginnen soll – schließlich will er ja das Sommerloch damit bekämpfen – und wird fündig: Seine Wahl fällt auf *Interkulturelles Löwenmanagement*. Schnell füllt er die Anmeldeunterlagen aus und informiert Heribert Pumauer über seine Wahl.

Dann lehnt er sich zufrieden zurück. „Klingt doch gut, Management kann man schließlich immer gebrauchen. Viel habe ich hier zwar nicht mit Löwen aus anderen Kulturen zu tun, aber das Fernstudium ist ja auch für mich, nicht für die Firma."

Kurze Zeit später kommt jedoch ein wutschnaubender Müller-Wechselhaft zu ihm ins Büro gestürmt. „Lono, was haben Sie sich eigentlich dabei gedacht? Wieso um Löwenhimmels willen denn Interkulturelles Management?! Warum machen Sie denn keinen IT-Auffrischungskurs oder *BWL für Nicht-BWLer*, sondern verschwenden Ihre Arbeitszeit für etwas für Sie völlig Fachfremdes?!" Vor Schreck fällt Lono fast von seinem Stuhl. „Aber ich dachte, ich darf frei auswählen! Und wieso Arbeitszeit?", entgegnet er verwirrt. „Haben Sie denn die Broschüre nicht ordentlich gelesen? Die Online-Seminare werden live übertragen und finden nachmittags von 15 bis 17 Uhr statt! Mit Vor- und Nachbereitung gehen nochmal zwei Stunden drauf, also insgesamt acht Stunden pro Woche, die wir Sie ab sofort bis Ende des Jahres fürs Nichtstun bezahlen und vier Freitage, an denen wir Sie für die Präsenzseminare zusätzlich noch freistellen müssen! Kommen Sie bloß nicht auf die Idee, während der Arbeitszeit auch noch lernen zu wollen, das können Sie sich bei dem Fach abschminken. Bei einem für Sie und die Firma wirklich nützlichen Thema hätten wir darüber noch reden können. Eigentlich sollte ich sofort anrufen und Ihre Anmeldung stornieren, aber Sie sind der allererste Teilnehmer, da sieht es nicht gut aus, wenn wir jetzt gleich einen Rückzieher machen. Anscheinend hatten Sie ja wirklich nicht viel zu tun und konnten in aller Ruhe im Lintranet surfen. Und wehe Ihnen, wenn Sie die Sache nicht gut machen. Ich will ab übernächster Woche jeden Montag sehen, was sie vor, während und nach dem Seminar notiert haben, welche Hausaufgaben Sie am Wochenende erledigt haben und welche Einheiten Sie gelernt haben. Haben wir uns verstanden?"

Als der wütende Müller-Wechselhaft wieder abgerauscht ist, muss Lono schwer schlucken. So hatte er sich das wirklich nicht vorgestellt. Erst jetzt nimmt er sich die Zeit und liest nach, an welche Zielgruppe sich das Fernstudium richtet: Angehende Diplomaten, Kultusministeriumsbeauftragte, Mitarbeiter in der Öffentlichkeitsarbeit, Dolmetscher und Manager in der Beratung werden hier aufgelistet – von IT-Projektleitern ist nirgendwo die Rede. Auch die Sache mit den Hausaufgaben hatte er völlig übersehen: Jede Woche soll zu einem interkulturellen und politisch relevanten Thema ein Essay geschrieben werden. Lono stöhnt und jault verzweifelt auf. Ein einziges freies Wochenende bleibt ihm jetzt noch, bevor der Kurs losgeht und er wohl oder übel nebenbei wieder zum fleißigen Studenten werden muss.

Lono stößt im Job immer wieder auf dieselben Probleme

Kimba

Kimba steht mit einer Tasse Kaffee am schwarzen Brett im Flur der Controlling & Finance-Abteilung und studiert den Speiseplan für die internationale Spezialitätenwoche bei Tiger & Meyer. Die leckeren Gerichte sind das Thema des Tages – nein, sogar der Woche – und sprichwörtlich in aller Munde. „Schon etwas bedenklich, wenn das hier momentan das spannendste ‚Projekt' in der gesamten Firma ist", überlegt Kimba und nimmt gedankenverloren noch einen Schluck. Das alljährliche Sommerloch ist ihm vertraut, doch in diesem Jahr empfindet er es als besonders störend. „Vielleicht liegt das daran, dass mich bis jetzt so viele spannende Projekte auf Trab gehalten haben … Und die üblichen zwei Wochen Urlaub nehme ich dieses Mal auch später als sonst."

Zurück in seinem Büro überlegt Kimba, wie er die Zeit bis zu seinem zweiwöchigen Urlaub sinnvoll gestalten kann. Dank seines persönlichen Projektplans hat er sämtliche Jahresziele im Blick, auf die er hinarbeiten soll: Die Erweiterungen des Projektplanungs-Tools werden bis Ende Oktober abgeschlossen sein und die nächste Version wird noch vor seinem Urlaub installiert. Kimba hat den Zeitpunkt dafür extra so gelegt, dass er nach der Umstellung noch zwei Tage im Büro ist, falls wider Erwarten ein Problem auftauchen sollte. Da allerdings bisher alles gut gegangen ist und die Studenten nach wie vor fleißig daran arbeiten, rechnet er nicht mit Schwierigkeiten. „Ich könnte mir mal die Fortbildungsmaßnahmen ansehen, die im Lintranet für dieses Jahr noch angeboten werden, vielleicht ist da noch etwas für mich dabei." Neugierig klickt er sich durch das Seminarangebot und erklärt den Versuch schon nach kurzer Zeit für gescheitert. Die verfügbaren Module sind alles andere als spannend. Beinahe hätte er sich für den Kurs *Faszination Lexcel – unendliche Weiten, unendliche Daten* angemeldet, doch als er sieht, dass der Dozent ein promovierter Mathematiker und Philosoph ist, stellt er die Praxistauglichkeit des Seminars infrage. „Nichts gegen Mathematik und Philosophie, aber was genau könnte das mit meinem Arbeitsalltag zu tun haben?", brummt er.

Doch mit einem Mal reißt ihn das verheißungsvolle Blinken des Lionmail-Zeichens aus der Grübelei. „Sie haben

Post!", denkt er erfreut und öffnet aus Neugierde direkt die gerade eingetroffene Lionmail, die sich als das wahre Highlight des Tages herausstellt: Herr Müller-Wechselhaft kündigt per Rundmail an, dass Tiger & Meyer ein berufsbegleitendes Seminar mit Simone Löwenbauer gebucht hat. Ab Mitte September dürfen Kimba und 14 andere Löwen zweimal pro Woche zwei Stunden an einem Kurs der Hochschuldozentin mit dem Titel *Effektiv Löwen einschätzen* teilnehmen. Vor ein paar Wochen hatte Kimba mit der Dozentin kurz telefoniert, da ihm in der Firmenlaufgruppe aufgefallen war, dass Konkurrenzsituationen zwischen den einzelnen Löwen auch in der Freizeit unterschwellig präsent sind. Simone Löwenbauer hatte ihm daraufhin ihre Broschüre zum Thema weitergeleitet und Kimba hatte den Vorschlag für das Seminar bei Müller-Wechselhaft zur Sprache gebracht. Dabei war erstens hilfreich, dass der Chef selbst bereits an einem Seminar der Dozentin teilgenommen hatte – und dass er zweitens augenscheinlich vom Fachwissen der Dozentin recht angetan war – genauso, wie von der Betriebspräventologin Sabine Krause-Luchs. Kimba grinst breit. „Es ist schon erstaunlich, wie sich die wahren Machtverhältnisse in einem Unternehmen manchmal so äußern."

Bevor Kimba die Teilnahme am Seminar in einer Lionmail an Müller-Wechselhaft verbindlich zusagt, wägt er noch einmal kurz das Für und Wider ab: Vier Wochen hat er noch Zeit, bevor der Kurs beginnt. Diese Woche wird er noch arbeiten, dann stehen zwei Wochen Jahresurlaub an. Danach bleibt ihm eine weitere Woche, um die liegengebliebenen Themen aufzuarbeiten, Zeit für den Kurs freizuschaufeln – und natürlich die internationalen Spezialitäten in der Kantine zu genießen. „Was für ein Glück, dass ich rechtzeitig wieder da bin, diese kulinarische Reise hätte ich nicht verpassen wollen", denkt er glücklich und reibt sich den mittlerweile nicht mehr ganz so prallen Löwenbauch. Kimba widmet sich wieder der Zeitplanung. Ihm ist klar, dass er den größten Nutzen aus dem Seminar zieht, wenn er vor und nach den Einheiten viel zum Thema liest, um die psychologischen, kommunikationswissenschaftlichen und soziologischen Aspekte des Miteinanders genau zu verstehen. Da er jeden Tag von Löwen umgeben ist, kann er die Strategien im Büro auf ihre Praxistauglichkeit überprüfen und verinnerlichen. Somit stellt er eine direkte Verbindung zwischen dem Seminar und dem Berufsleben her.

Außerdem macht sich Kimba eine Liste mit zwei Spalten und sammelt Stichpunkte zu den beiden Fragen: „Was wird mich in dem Seminar erwarten?" und „Was möchte ich aus dem Seminar für mich mitnehmen?" Auf der linken Seite führt er die inhaltlichen Aspekte auf, die er aus der Kursbeschreibung von Simone Löwenbauer entnommen hat und schreibt zusätzlich seine Gedanken dazu nieder. Auf der rechten Seite skizziert er grob die Ziele, die er mit Hilfe der Fortbildungsmaßnahme erreichen möchte: „Ich möchte auch weiterhin jedem Löwen, den ich kennenlerne, mit positiver Offenheit begegnen und nicht hinter jeder Nettigkeit versteckte Absichten vermuten. Aber gleichzeitig möchte ich auch nicht auf Löwen hereinfallen, die Freundlichkeit nur heucheln oder Freundschaft missbrauchen, um andere auszunutzen und selbst voranzukommen. Außerdem interessiert mich, welche unterschiedlichen Persönlichkeitstypen es gibt, wie ich sie erkenne und wie ich dieses Wissen nutzen kann, um meine Arbeit besser durchzuführen."

Dem Zeitplan für das Seminar entnimmt er, dass es bis Ende des Jahres andauern wird und dass zwei Wochenenden für Intensivtrainings eingeplant sind.

Bei seiner weiteren Recherche findet Kimba heraus, dass Simone Löwenbauers Seminar als Zertifikatsstudium auf verschiedene Studiengänge bekannter und staatlich akkreditierter Fernuniversitäten anrechenbar ist: Zum Beispiel kann er danach ein Fernstudium zum „staatlich anerkannten Wirtschaftspsychologen" absolvieren und dort weniger Module belegen. Hinzu kommt, dass das Teilnehmerzertifikat ihn auch gleichzeitig dazu berechtigt, selbst einen *Effektiv Löwen einschätzen*-Kurs anzubieten – vorausgesetzt, er besteht am Ende die Prüfung, mit der er die Lehrberechtigung erwirbt. Diesen Aspekt findet Kimba zusätzlich reizvoll. „Wer weiß, vielleicht mache ich mich damit ja eines Tages selbstständig, werde auch so ein gefragter Coach und Trainer und verdiene Millionen mit Vorträgen, Seminaren und Büchern", träumt er vor sich hin. Summa summarum steht für ihn jetzt fest, dass er unbedingt an der Weiterbildungsmaßnahme teilnehmen möchte und gerne bereit ist, Zeit dafür zu opfern. Flugs schickt er die Lionmail an Müller-Wechselhaft ab und geht vor dem Feierabend noch einmal kurz persönlich bei seinem Chef vorbei, um sich dafür zu bedanken, dass er für den Kurs ausgewählt wurde.

Der nächste Tag vergeht wie im Flug: Simone Löwenbauer taucht zufälligerweise mittags in seinem Büro auf, da sie heute spontan von der Personalabteilung bei Tiger & Meyer zu einem Meeting eingeladen wurde. Denn wenn die fünfzehn Teilnehmer ihr Seminar gut bewerten, könnte es im folgenden Jahr eine zweite Runde geben. Kimba lädt sie zum Mittagessen in die Kantine ein und verspricht der

Dozentin, ein gutes Wort für sie einzulegen und ihr gegenüber ehrlich zu sein, wenn ihn etwas an ihrem Kurs stören sollte. „Schwindeln Sie mich bloß nicht an, Herr Kimba – Sie wissen doch, ich kann ‚effektiv Löwen einschätzen‘!", scherzt sie beim Essen. Kimba erzählt ihr von seinem geplanten Urlaub, als sie ihn plötzlich aufgeregt unterbricht: „Haben Sie denn eine Reise geplant? Ich habe vorhin bei der Personalabteilung Ihre Betriebspräventologin getroffen, die mir eröffnet hat, dass übernächste Woche spontan die erste von Tiger & Meyer organisierte Wanderreise in die Löwenalpen stattfinden wird. Eine zehnköpfige Wandertruppe aus dem Kundenservice hatte sich gemeldet und angeboten, noch ein paar Wanderlustige auf ihre Reise mitzunehmen, weil sie ab fünfzehn Löwen einen Zuschuss von der Firma für den Reisebus und die Unterkunft beantragen können. Die zehn haben so etwas wohl schon häufiger gemacht, deshalb muss nicht viel organisiert werden. Ausrüstung für den Klettersteig können sie einem auch leihen. Ich überlege die ganze Zeit schon, ob ich mitfahren soll. Kommen Sie doch auch mit!"

Kimba hat tatsächlich noch keinen Urlaub gebucht, er verspricht, über das Angebot nachzudenken und verabschiedet sich von Simone Löwenbauer. „Eigentlich ist das wirklich keine schlechte Idee", denkt er. „Das immer gleiche Programm im SUPER SPORT STUDIO ist manchmal tatsächlich ein wenig langweilig. Mit einem Personaltrainer könnte ich natürlich ein abwechslungsreicheres Programm zusammenstellen, aber momentan kann und will ich dafür kein Geld investieren. Da wäre eine Wanderreise eigentlich genau richtig, um sich einmal anders körperlich zu verausgaben und neue Eindrücke mitzunehmen – vor allem draußen an der frischen Luft, in der freien Wildnis, hoch oben in den Bergen mit ihrer kristallklaren Luft und der unberührten Natur!" Kimba merkt, wie er dabei richtig ins Schwärmen kommt. Als kleiner Löwe ist er früher mit seinen Eltern viel gewandert, auch während des Studiums war er noch einige Male in den Bergen. Seitdem ist das Hobby allerdings eingeschlafen, aber seine alten Bergschuhe müssten noch gut verpackt im Keller stehen. Von Sabine Krause-Luchs bekommt er die Telefonnummer des Reiseleiters der kleinen Truppe und meldet sich für die Reise an. Von ihm erfährt er auch, dass Simone Löwenbauer sich gerade eben auch angemeldet hat und dass die Gruppe mittlerweile auf fünfzehn Löwen angewachsen ist – somit steht dem Zuschuss durch Tiger & Meyer nichts im Wege. Kimba grinst. „So mag ich das: Veränderung im Leben, ein bisschen Aufregung und neue Erfahrungen. Eigentlich sollte es häufiger so sein!"

Zum krönenden Abschluss des turbulenten Tages findet kurz nach Feierabend noch die erste Veranstaltung einer neuen Reihe statt, die Sabine Krause-Luchs zusammen mit Herrn Müller-Wechselhaft ins Leben gerufen hat. Einmal im Monat stellen künftig sportbegeisterte Mitarbeiter von Tiger & Meyer ihre Sportarten vor und beantworten Interessierten alle Fragen dazu, wie der Einstieg funktioniert, welche Ausrüstung sie brauchen und wo sie der jeweiligen Sportart nachgehen können. Bei der heutigen Veranstaltung anwesend zu sein ist für Kimba Ehrensache. Zuerst spricht der Chef selbst über seine große Leidenschaft: das Rennradfahren. Danach wird sein junger Kollege Dominik Löwerer ihnen mehr zum Löwerican Football erzählen. Kimba ist stolz auf Löwerer, der sich in den letzten Monaten bei Tiger

& Meyer sehr gut entwickelt hat. Ende des Jahres wird er in eine andere Abteilung wechseln, obwohl er bei Müller-Wechselhaft darum gebeten hatte, noch länger bei Kimba bleiben zu dürfen.

Natürlich hat Kimba sich über dieses Kompliment gefreut, aber gerade im jungen Löwenalter sollte man seiner Meinung nach ruhig so viele verschiedene Dinge wie nur irgend möglich ausprobieren, solange man die Möglichkeit dazu hat. „Mit meinen dreißig Lenzen gehöre ich ja auch noch eher zu jungen Generation, aber manche Kollegen sind in meinem Alter schon verheiratet, gründen eine Familie, pflanzen einen Baum oder bauen ein Haus. Es ist schon interessant, wie unterschiedlich die Lebenswege heutzutage doch sind und wie viele Freiheiten wir eigentlich haben. Einerseits finde ich das großartig, doch manchmal macht es mir auch ein wenig Angst: Wenn man so viele Wahlmöglichkeiten hat, dann fallen einem Entscheidungen oft umso schwerer. Man muss sich wohl von dem Gedanken verabschieden, auf Anhieb immer das Richtige zu tun, oder davon auszugehen, dass Entscheidungen absolut sind und nicht mehr revidiert werden können. Das Leben hält einen auf Trab und bietet immer wieder neue Gelegenheiten, sich zu verändern – man muss die Augen eben offen halten."

Das johlende Publikum reißt Kimba aus seinen Überlegungen. Anlass für den Jubel ist Müller-Wechselhaft, der tatsächlich in voller Radsportkluft mitsamt Helm, Handschuhen und Rennrad auf die Bühne gerollt ist. Begeistert spricht sein Chef von ausgedehnten Radtouren und erklärt den Mitarbeitern, dass es zum Einstieg nicht gleich ein 5000-Leuro-Rad sein muss: „Besorgen Sie sich eines mit zwei Rädern, das die Vorschriften der Straßenverkehrsordnung erfüllt und von einem Händler Ihres Vertrauens stammt. Fahren Sie einfach los. Alles Weitere ergibt sich dann von alleine!" Auch der zweite Vortrag von Dominik Löwerer stößt auf großen Zuspruch. In seiner Löwerican Football-Kluft wirkt der junge Löwe wie ein starker Hüne und insbesondere die Kollegen in Kimbas Alter interessieren sich für den Sport, den sie als willkommene Alternative zum Löwenball sehen. Kimba lehnt sich entspannt zurück und denkt an seinen bevorstehenden Urlaub. Plötzlich ist das Sommerloch gar nicht mehr so schlimm.

Das Wandern bringt Abwechslung in Kimbas sportliche Routine

Quellen

1. http://www.wiwo.de/erfolg/trends/mittagspause-das-essen-die-deutschen-in-der-kantine-am-liebsten/6492850.html

17

Gesund genießen: Eine gute Konstitution beginnt im Bauch

Lono

An den September wird Lono sich noch lange zurückerinnern. Eigentlich ist dieser nämlich sein Lieblingsmonat: Die drückende Hitze lässt langsam nach und das Wetter ist trotzdem noch gut, das alljährliche Löwenfest und die internationale Spezialitätenwoche bei Tiger & Meyer stehen an. Außerdem feiert er am Ende des Monats auch noch Geburtstag: Viele Gründe also, um sich auf den September zu freuen. Doch in diesem Jahr ist alles anders: Seit sein Fernstudium *Internationales Löwenmanagement* begonnen hat, hat Lono kaum noch Freizeit. Zweimal pro Woche opfert er zwei Nachmittage für die Online-Seminare, am Wochenende büffelt er und verfasst die Hausaufgaben-Essays. Jeden Montag muss er bei seinem Chef Müller-Wechselhaft antanzen, seinen Fortschritt dokumentieren und Bericht erstatten. Das teure Fernstudium wird von der Firma gesponsert, doch aus Sicht des Chefs hat Lono bei der Wahl seines Faches danebengegriffen, da er als IT-Projektleiter wenig bis gar nicht im internationalen Raum tätig ist. Und so kämpft Lono derzeit an mehreren Fronten:

© Springer Fachmedien Wiesbaden 2017
S. I. Lackerbauer et al., *Die Löwen-Liga: Fit für die Karriere*,
DOI 10.1007/978-3-658-12138-9_17

Im Berufsalltag kämpft er darum, seine Jahresziele trotz der Doppelbelastung irgendwie zu erreichen. Doch seitdem die Führung des Projektes zur Einführung einer neuen Lintranet-Software bei Robert Kraustiger und Ina Panther in der IT-Abteilung liegt, wird seine Unterstützung dort nicht mehr gebraucht. Folglich kann er es nicht mehr als Erfolg für sich und seine Ziele verbuchen.

Zudem ist der Kampf gegen den inneren Schweinehund derzeit wieder besonders hart: An den zwei Seminartagen und am Wochenende sieht Lono sich außerstande, auch noch Zeit und Energie für den Sport aufzubringen, also bleibt es – und das auch nur in den guten Wochen – bei drei Trainingseinheiten pro Woche mit Ivera Löwowitz, die nach wie vor kein Erbarmen mit ihm hat. Den Aqua-Fitness-Kurs hat er aufgegeben, seitdem ihm dort die Teamassistenz Irmgard Ohnelöwe über den Weg geschwommen ist und vom Firmensport hält er sich nach wie vor fern. Wehmütig denkt er an seinen Plan, spannende Kampfsportarten in einer kleinen Klitsche namens KAMPFSPORT-KASCHEMME zu besuchen. Den Tag der offenen Tür dort hat er leider doch verpasst und das nächste Event findet erst Ende Oktober statt. „Wenigstens ist dann der Stichtag für die Jahresziele endlich verstrichen, die sitzen mir wirklich unangenehm im Nacken", brummt Lono und verliert sich in Träumereien von einer Karriere als erfolgreicher Löwenthai-Boxer, dem die Löwinnen nur so zu Füßen liegen.

Der härteste Kampf ist jedoch die tägliche Schlacht am Kühlschrank oder in der Kantine. An manchen Tagen hat Lono das Gefühl, dass er diesen Krieg nie gewinnen wird. Die heimtückischen Kalorien lauern überall und versuchen vehement, sein Löwenbäuchlein zu erobern. Seine Widerstandskraft hängt sehr von der Tagesform ab: Manchmal gelingt es ihm tatsächlich, Löwenschnitzel mit Pommes oder den Zebraburger links liegen zu lassen und sich stattdessen eine Riesenportion am Salatbuffet zu genehmigen. Nach wie vor schlagen die Rohkostbeilagen zwar mit weniger Kalorien, dafür aber mit mehr Leuro ins Gewicht, weil sie an der Kasse nach ebendiesem bemessen werden. An den beiden stressigen Seminartagen kann er jedoch nie widerstehen und gönnt sich entweder ein herzhaftes Hauptgericht, oder eine süßen Nachtisch zur mentalen Stärkung. Regelmäßig fällt er danach in ein Mittagstief und bereut seine Wahl spätestens dann, wenn ihm die fettreichen Fleischgerichte schwer im Magen liegen oder sein Puls aufgrund des angestiegenen Blutzuckerspiegels in die Höhe schnellt.

Ganz zu schweigen von den Heißhungerattacken, die ihn dann nachmittags plagen, wenn die „leeren" Kalorien verpufft sind und sein Körper mehr Energie fordert. „Wenn die Kalorien wirklich so leer wären, dann würden sie ja auch nicht auf meinen Hüften landen", denkt Lono dann für gewöhnlich. Denn so richtig will ihm nicht einleuchten, dass Mahlzeiten wie Brot aus Weißmehl oder die leckeren Plunderteilchen mit Marmelade, seinen Stoffwechsel komplett durcheinanderbringen: Insulin wird ausgeschüttet und der Blutzuckerspiegel schießt in die Höhe, weil diese Lebensmittel rasch verdaut werden können und den Körper mit schnell verfügbarer Energie versorgen. Anschließend jedoch sackt der Spiegel wieder ab und der Körper meldet erneut Hunger. Bei schwerer verdaulichen Lebensmitteln, etwa Brot aus Vollkornmehl mit Körnern oder ballaststoffreiche Kost wie Gemüse und Hülsenfrüchte, hat der Löwenmagen dagegen länger zu knabbern. Der Insulinspiegel

bleibt dadurch konstant und der gefürchtete Löwenheißhunger bleibt aus – dadurch bliebe auch Lono länger satt
und würde insgesamt weniger Kalorien zu sich nehmen.

Heute hat Lono sich in der Kantine zusammengerissen
und blickt er mit gemischten Gefühlen auf seinen Salatteller: „Das ist fast schon erschreckend gesund. Hoffentlich
macht mich der Salat auch satt. Teuer genug ist er ja", grummelt er und zahlt widerwillig doppelt so viel wie der Kollege
vor ihm an der Kasse für das Löwenschnitzel. Als er sich
gerade mit seinem Tablett in eine stille Ecke ganz hinten
in der Kantine verziehen will, ruft plötzlich jemand seinen
Namen: „Herr Lono, hier drüben! Setzen Sie sich doch zu
mir, ich wollte ohnehin wieder einmal mit Ihnen sprechen!"
Lonos Blick fällt auf die frenetisch winkende und vor lauter
Gesundheit nur so strotzende Betriebsärztin Dr. Katzlein.
Er seufzt. Jetzt kann er nicht mehr so tun, als hätte er sie gar
nicht gesehen, also setzt er sich widerwillig zu ihr an den
Tisch.

„Kochen Sie eigentlich zu Hause auch manchmal selbst?",
will die Ärztin wissen und schielt auf seinen Teller. „Wenn
Sie das Aufbacken einer Pizza als Kochen bezeichnen, dann
ja", entgegnet Lono und senkt beschämt den Blick. Doch
anstatt ihn zu schelten, lacht Dr. Katzlein herzlich. „Nanu",
denkt Lono, „die kann ja doch ganz freundlich sein." –
„Pizza mag ich persönlich auch sehr gerne", fügt Dr. Katzlein hinzu. „Ich kaufe mir immer eine mit Tomaten und
Mozzarella und belege sie dann selbst noch mit frischem
Gemüse. Das macht sie zwar immer noch nicht zu einer
optimalen Mahlzeit, wertet sie aber aus ernährungsmedizinischer Sicht definitiv auf." – „Äh, ja, so mache ich das auch
immer", antwortet Lono schnell und denkt dabei an seine

Lieblingspizza, die dick mit Salami, Hackfleisch, Speck und doppelt Käse belegt ist. Manchmal legt er noch ein paar Peperoni aus dem Glas obendrauf, das ist im Grunde genommen ja auch Gemüse. Dr. Katzlein deutet auf seinen Salat. „Es ist lobenswert, dass Sie sich heute einen Salat gemacht haben. Aber das Dressing obendrauf ist leider eine ziemliche Kalorienfalle." Lono starrt verdutzt auf seinen Salat. „Da ist ordentlich viel Mayonnaise und Öl drin, lieber Herr Lono. Die Croutons sind auch nicht so gut. Verwenden Sie nächstes Mal lieber nur einen Spritzer Olivenöl, Essig, ein paar Körner und viele Salatkräuter, das wäre besser." Mit hochrotem Kopf versucht Lono, so viel Dressing wie möglich von seinem Salat herunterkratzen. „Darf ich denn fragen, wie Sie sich sonst so ernähren? Und trinken Sie auch ausreichend Wasser?" Eigentlich hatte Lono sich seine Mittagspause so nicht vorgestellt. Aber so wie er die Ärztin kennt, wird sie nicht lockerlassen, bis sie ihm die Antworten aus der Löwenschnauze gezogen hat.

„Mittlerweile weiß ich, dass zu einem Trainingsplan auch ein richtiger Ernährungsplan gehört [1]. Der Sport alleine macht mich nicht schlank, sondern ich muss auch meine Energiezufuhr reduzieren. Das mit dem Kalorienzählen habe ich verstanden: Wenn ich abnehmen möchte, dann sollte ich rund 20 % weniger Kalorien zu mir nehmen als ich verbrauche", beginnt er unsicher. Dr. Katzlein nickt und Lono fährt nun etwas souveräner fort. „Ich schaue mir also ganz genau an, wie viele Kalorien etwas hat und zähle sie über den gesamten Tag zusammen." – „Und weiter?" Lono wirft der Ärztin einen verdutzten Blick zu. „Naja, darauf kommt es doch an, oder? Im Sommer esse ich fast jeden Tag Eis, aber ich achte immer darauf, dass das Eis genau in mein ‚Kalorienbudget' passt. Morgens esse ich meistens eine Portion Lö-witalis-Knuspermüsli oder trinke einen dieser tollen Frucht-Gemüse-Smoothies, wenn es schnell gehen muss. Ach ja, mit den neuen ,Superfoods' kenne ich mich auch richtig gut aus – von Açai über Chia bis Goji und Weizengras habe ich mittlerweile alles zu Hause!", berichtet Lono strahlend. „Allerdings ist das ganze Zeug ziemlich teuer, deshalb versu-che ich, nicht so viel davon zu essen", fügt er achselzuckend hinzu. Die Ärztin legt ihr Besteck zur Seite und stützt das Kinn auf die verschränkten Pfoten. Lono ahnt, dass ihm ein längerer Vortrag bevorsteht.

„Herr Lono, es ist zwar absolut löblich, dass Sie sich so intensiv mit den Superfoods auseinandersetzen. Aber es ist gar nicht nötig, dass Sie teures Geld in exotische Früchte, Pülverchen und Samen investieren. Denn viele unserer heimischen Gewächse sind günstigere Alternati-ven, die genauso gut wirken und mit weniger Pestiziden belastet sind. Außerdem müssen viele dieser Superfoods aus Übersee eingeflogen werden und hinterlassen einen enormen ökologischen Pfotenabdruck! Kaufen Sie lieber einheimische Lebensmittel, am besten nach Saison, denn damit unterstützen Sie auch noch die lokale Wirtschaft und die Artenvielfalt im Umland [2]. Statt Chia-Samen können Sie für die wertvollen Omega-3-Fettsäuren genauso gut Leinsamen oder Walnüsse zu sich nehmen. Heidelbeeren und schwarze Johannisbeeren liefern ebenso Antioxidantien und sind Alternativen zu den teuren Açai-Beeren. Brokkoli und Grünkohl ersetzen das teure Weizengras. Und statt Gojibeeren aus Lina futtern Sie mal lieber einen Apfel pro Tag, wenn Sie den Doktor fernhalten wollen." Hier legt Dr. Katzlein eine bedeutungsvolle Pause ein. „Viel wichtiger als all die Superlebensmittel wäre übrigens, dass Sie Ihren Zuckerkonsum einschränken. Das Müsli, das Sie da morgens zu sich nehmen, ist nämlich leider enorm zuckerhaltig und ungesund. Ein paar Açai-Beeren und Chia-Samen obendrauf machen es auch nicht gesünder. Smoothies sind zwar nährstoffreich, können aber auch sehr zuckerhaltig sein: Der Fruchtzuckergehalt aus dem Obst, das darin verarbeitet wird, ist immens hoch. Man nennt Fruchtzucker übrigens Fructose und Traubenzucker Glucose. Beide sind so genannte Einfachzucker – das heißt, dass sie schnell vom Körper verarbeitet werden können und rasch Energie liefern. Machen Sie sich so einen Drink im Mixer lieber selber. Achten Sie dabei darauf, dass der Anteil an Gemüse höher ist als der Obstanteil und verwenden Sie Obstsorten mit einem geringen Zuckergehalt: Pflaumen, Pfirsiche, Aprikosen, Zitrusfrüchte und Beeren gehören zum Beispiel dazu. Ich persönlich bin ja kein Fan von diesen Trinkmahlzeiten. Wir Löwen haben doch scharfe Zähne, die verwendet werden wollen, sonst schläft ja die Kaumuskulatur ein. Ihr Bauch freut sich auch, wenn er ein bisschen mehr zu tun bekommt und nicht nur mit Püree gefüttert wird."

Dann deutet sie auf das Stück grünen Kuchen, der als Teil eines gesunden Menüs den Weg auf Lonos Tablett gefunden hat. „Das ist ein Matcha-Käsekuchen, richtig? Leider macht auch der gesunde, gemahlene Matcha-Tee darin aus dem Kuchen kein Gemüse, wenn Sie verstehen, was ich meine. Das ist immer noch ein gehaltvoller Käsekuchen mit Zucker und Sahne. Zugegebenermaßen ist der Matcha-Tee an sich sehr gesund, aber trinken Sie ihn doch lieber pur!" – „Pur schmeckt er aber nicht", mault Lono. „Dann lassen Sie es bleiben und steigen Sie auf einen Tee um, der Ihnen schmeckt – es gibt wirklich genug verschiedene Sorten. Aber bitte keinen Eistee und keinen Instant-Tee, auch das sind Zuckerfallen!", schimpft Dr. Katzlein. „Keine Sorge, Dr. Katzlein", beschwichtigt Lono die Ärztin, „darauf falle ich nicht mehr herein, ich trinke nur Light-Limonaden und Energydrinks ohne Zucker!" Dr. Katzlein schüttelt entsetzt den Kopf. „Das ist auch nicht besser, Herr Lono. Ihr Körper braucht Wasser und die darin enthaltenen Mineralstoffe, keine künstlichen Mischgetränke. Kalorienfrei heißt nicht gesund. Und Ihr Stoffwechsel wird durch die Süßstoffe komplett durcheinandergebracht, wenn er Energie in Form von Zucker erwartet, aber keinen bekommt."

„Und die Proteinriegel nach dem Training? Die braucht mein Körper doch, damit er Muskeln aufbauen kann." Erneut schüttelt Dr. Katzlein vehement den Kopf. „Machen Sie nicht den Fehler, dass Sie nach dem Training doppelt so viel essen, wie Sie verbraucht haben; diese Riegel haben auch Kalorien. Mit einer normalen, ausgewogenen Ernährung ist es kinderleicht, genug Proteine zu sich zu nehmen, um Muskeln aufzubauen. All das künstliche Zeug ist nur unnötiger Stress für Ihre Verdauung. Viele Hersteller von Nahrungsergänzungsmitteln werben auch mit sogenannten Aminosäure-Präparaten – das sind Tabletten, Pulver oder eben auch Proteinriegel mit Namen wie BCAA oder L-Carnitin. Aminosäuren sind nämlich Bausteine von Proteinen. Viele Aminosäuren oder Bausteine dafür kann der Löwenkörper selbst herstellen, aber jeder Löwe benötigt auch die sogenannten essentiellen Aminosäuren für den Stoffwechsel, die er nicht selbst herstellen kann. Doch auch hier gilt: Mit einer ausgewogenen Ernährung bekommt Ihr Körper ausreichend Aminosäuren – oder die Bausteine dafür zur körpereigenen Synthese. Überhaupt sollten Sie möglichst wenig weiterverarbeitete Lebensmittel konsumieren und am besten so viel wie möglich selbst kochen. Oder eben auf die gesunden Gerichte hier in der Kantine setzen. Bald wird es davon übrigens noch mehr geben und die Salate werden nicht mehr nach Gewicht, sondern nach Teller abgerechnet, so dass Sie hier ordentlich zugreifen können. Lassen Sie mich Ihnen noch einen wichtigen Rat geben, bevor ich Sie mit meinem Sermon in Frieden lasse: Es kommt nicht nur auf die Anzahl der Kalorien an, sondern auch auf die richtige Zusammenstellung der Kalorien. Insbesondere zu viel Zucker ist äußerst schädlich für Ihren Körper. Kommen Sie demnächst gerne noch einmal zu mir in die Sprechstunde, dann erstellen wir gemeinsam einen Ernährungsplan für Sie." Der Rest der Mahlzeit verläuft schweigend. Lono ist zutiefst verwirrt und erschrocken, dass er trotz aller guten Absichten so viel falsch macht. Der Hunger ist ihm mittlerweile vergangen.

Am Donnerstag vor der berühmten internationalen Spezialitätenwoche bei Tiger & Meyer beschließt Lono, eine dreitägige Fastenkur einzulegen. Im Linternet hat er dazu viele Tipps gefunden – interessanterweise stammen die meisten dazu von wahnsinnig dürren Löwinnen und Löwen, die sich damit brüsten, wie wenig sie wiegen und einander sogar dazu anspornen, noch weniger zu essen. Die Warnhinweise auf der Seite eines Anbieters für begleitete Fastenkuren hingegen ignoriert er: Was soll schon passieren, wenn man drei Tage lang einfach mal gar nichts isst? Am Freitag ist er noch hochmotiviert und ignoriert seinen im Laufe des Tages immer stärker grummelnden Bauch.

Er lenkt sich mit Arbeit ab und verharrt mittags stoisch an seinem Schreibtisch.

Am Nachmittag verliert er zum ersten Mal die Geduld: „Gib Ruhe und hol dir was du brauchst aus meinem Löwenspeck!", giftet er gegen das Magenknurren an. Als er bemerkt, dass Irmgard Ohnelöwe verdattert vor ihm steht und alles mitangehört hat, grummelt der Bauch noch lauter. „Aha", konstatiert die Teamassistentin mit hochgezogener Augenbraue. „Sind Sie im Hungerstreik?" – „Nein, ich wollte nur eine dreitägige Fastenkur einlegen, damit das mit dem Abnehmen ein bisschen schneller geht", antwortet Lono schnell. „Oha, drei Tage? Dann passen Sie mal auf, dass Ihr Stoffwechsel nicht auf Sparflamme umschaltet, denn dann verbrennen Sie noch weniger Kalorien. Und nehmen Sie sich am Wochenende besser nichts vor, ohne frische Energie bringen Sie wenig zustande." – „Danke für die tollen Tipps, das weiß ich selber!", giftet Lono zurück. Frau Ohnelöwe knallt ihm die Seminarunterlagen auf den Tisch, die für ihn gekommen sind und verlässt kopfschüttelnd den Raum. „Oha, das war keine gute Idee", brummt Lono, schnappt sich die Unterlagen und macht früh Feierabend.

Im SUPER SPORT STUDIO erwartet Ivera ihn schon. „Und, bist du fit? Hast du ordentlich gegessen? Heute geben wir so richtig Gas, damit du den Muskelkater das ganze Wochenende spürst!", jubelt sie. Lono wird unter seinem Fell blass. „Hurra", murmelt er trocken. Die Trainingseinheit ist die reinste Tortur und eigentlich ist Lono nach dem Aufwärmen schon platt. Er traut sich jedoch nicht, Ivera von seiner Fastenkur zu berichten, weil er nicht schon wieder geschimpft werden möchte. „Ich schaffe das", denkt er sich, beißt die Zähne zusammen und bemüht sich nach Kräften, sich nichts anmerken zu lassen. Abends fällt er völlig entkräftet ins Bett. Sein Schädel dröhnt, ihm ist übel und er schafft es gerade noch, die Bettdecke bis unter die Schnauze hochzuziehen, bevor er in einen komaähnlichen Schlaf fällt.

Als er sich am Montag ins Büro schleppt, weiß er gar nicht mehr, wie er das Wochenende überstanden hat. Vom vielen Teetrinken musste er jede halbe Stunde ins Bad, die Worte der Lerneinheit für sein Fernstudium ergaben auch nach mehrmaligem Lesen keinen Sinn und seine Konzentrationsfähigkeit reichte gerade so aus, um die Hausaufgabe für das nächste Seminar zu erledigen. „Ganz schön gemein, das Thema für den Essay war: Essen als interkulturelles Ritual. Ich dachte, ich überlebe das nicht", stöhnt er. Auf wackligen Beinen tapst er auf dem Firmengelände in Richtung des Gebäudes, in dem sich sein Büro befindet. Doch ein Schwächeanfall und Schwindel belehren ihn eines Besseren. „Gottseidank beginnt heute die internationale Spezialitätenwoche, da gibt es ausnahmsweise auch Frühstück", denkt er erschöpft und schleppt sich mit letzter Kraft zur Kantine, wo er vor der Tür endgültig zusammenbricht.

Glücklicherweise sind Irmgard Ohnelöwe und Dr. Katzlein zur Stelle, die sich zum Schlemmen am Frühstücksbuffet verabredet hatten. Kurz und knapp berichtet Frau Ohnelöwe der Ärztin von Kimbas Fastenplänen. Zu zweit hieven sie den völlig unterzuckerten Löwen mit Müh und Not auf einen Stuhl und besorgen ihm eine gehaltvolle, ausgewogene Mahlzeit. „Daran könnte ich mich ja fast gewöhnen", brummt Lono, als er wieder Herr seiner Sinne ist und es sichtlich genießt, von zwei Löwinnen umsorgt und gefüttert zu werden. „Machen Sie so etwas nie wieder!", schimpft die Ärztin. „Keine Sorge, dafür esse ich ohnehin viel zu gerne", erwidert Lono mit vollem Mund und stopft alles in sich hinein, was ihm zwischen die Pfoten kommt. „Langsam!", warnt Dr. Katzlein ihn, doch Lono hört sie vor lauter Schmatzen gar nicht. Lonos Schlemmerei nimmt bald ein jähes Ende und er verbringt den Rest des Tages auf der Toilette, bis die Ärztin ihn mit einer Krankschreibung für den Rest der Woche nach Hause schickt – und die Spezialitätenwoche ohne ihn weitergeht.

Lono kann dem deftigen Burger nicht widerstehen

Kimba

Kimba atmet tief ein und streckt den Kopf in Richtung Bergsonne. „Es war eine gute Idee, die Wanderreise mitzumachen – fast schon schade, dass es morgen wieder zurückgeht." Eine Woche lang ist Kimba als Teil einer fünfzehnköpfigen Gruppe sportbegeisterter Löwen durch die Berge gekraxelt, hat erste Erfahrungen am Klettersteig gesammelt und auf urigen Hütten übernachtet. „Das Ausdauer- und Krafttraining hat sich wirklich bezahlt gemacht. Ohne Fitnessstudio hätte ich wahrscheinlich spätestens am zweiten Tag aufgegeben", sinniert er und klopft sich auf die Schulter. „Zugegebenermaßen ist die Belastung beim Wandern ganz anders und der Muskelkater fühlt sich auch anders an, aber zumindest konnte ich mir die Grundfitness, die man für die Berge braucht, antrainieren."

Als die Truppe eine Pause macht, verteilt der Gruppenleiter kleine Orangensaft-Pakete. „Für die Vitaminzufuhr", erklärt er und wirft Kimba ein Päckchen zu. Simone Löwenbauer, ihres Zeichens Dozentin des Seminars *Effektiv Löwen einschätzen*, das Kimba nach dem Urlaub besuchen wird, lehnt dankend ab. „Für mich nicht, ich esse die Früchte lieber so – weniger Kalorien und mehr Ballaststoffe." – „Wie Sie meinen. Aber der Saft ist naturbelassen, nicht das schlechte Zeug aus dem Supermarkt." Kimba spitzt die Ohren. „Ich dachte immer, Saft ist gleich Saft?", fragt er. „Mitnichten. Achten Sie stets genau auf die Zutatenliste – am besten ist natürlich frisch gepresster Saft. Sogenannten Fruchtsaftgetränken wird meist Zucker hinzugefügt, davon sollte man die Finger lassen." – „Und was ist mit Bio-

Säften, oder überhaupt Bio-Lebensmitteln?", hakt Kimba nach. „Das Etikett Bio ist auch so ein zweischneidiges Wert. Wie viel ‚Bio' steckt denn beispielsweise in Früchten, die aus Löwerika zu uns gebracht werden? Es gibt außerdem weltweit ganz unterschiedliche Bio-Kennzeichnungen – und nicht alle sind geschützt. Aber darüber muss sich jeder seine eigene Meinung bilden", erklärt die Dozentin. „Verstehe", antwortet Kimba. „Projektmanagement in Löwenland sieht ja auch anders aus als in Löwerika – das Etikett ist gleich, der Inhalt ist anders", grinst er. Tiger & Meyer sammelt seit einigen Monaten erste Erfahrungen mit den Geschäftspartnern in Übersee, die in vielen Bereichen ganz anders arbeiten und seinen Chef Müller-Wechselhaft einige Male schon zur Weißglut getrieben haben. Kimba ist froh, dass er den Streitereien im Büro zwei Wochen lang entkommen konnte. „Die erste Woche habe ich komplett dafür gebraucht, um mich gedanklich auf Urlaub einzustellen, erst jetzt in der zweiten Woche bin ich wirklich im Urlaub angekommen und konnte Kraft tanken", denkt er und nimmt einen großen Schluck Orangensaft.

Beim Gedanken an Tiger & Meyer fällt Kimba fast sofort die luxuriöse Kaffeemaschine ein, die in der kleinen Küche fast direkt neben seinem Büro thront. Noch vor einem Jahr hat Kimba das blitzende High-Tech-Gerät mehrmals pro Tag aufgesucht, um sich schäumende Milchkaffeegetränke zubereiten zu lassen. Leider hatte er dabei nicht bedacht, dass die Kaffeespezialitäten kleine Kalorienbomben sind. In den letzten Monaten gelang es ihm jedoch, die Menge Stück für Stück zu reduzieren. Während eines langen Gespräches mit Dr. Katzlein hatte ihm die Betriebsärztin erklärt, wie ihm der Entzug gelingen werde: „Es ist wie so oft im Leben wichtig, dass man einzelne Aspekte in seinem Leben langsam und dafür nachhaltig ändert. Natürlich gibt es Löwen, die mit einem ‚kalten Entzug' gewissen schlechten Gewohnheiten ein jähes Ende setzen wollen. Doch das benötigt viel mehr Energie, als sich langsam zu entwöhnen. Wenn Sie von einem Tag auf den anderen keinen Milchkaffee mit Zucker, Kakao und Zimt mehr trinken würden, dann müssten Sie all Ihre Willenskraft aufbieten, um das durchzuhalten. Wenn Sie sich hingegen einen realistischen Plan machen, nach dem Sie vorgehen können, dann kostet es Sie auf Dauer viel weniger Energie. Zählen Sie Ihre Kaffeesünden zusammen und nehmen Sie sich zum Beispiel vor, pro Woche insgesamt drei Tassen weniger zu trinken – oder jeden Tag eine Tasse weniger. So kommen Sie trotzdem noch in den Genuss, aber Sie lernen, mit weniger auszukommen. Es hilft außerdem, wenn Sie sich eine alternative Strategie überlegen. Sobald der Kaffeedurst Sie überfällt, kauen Sie zum Beispiel stattdessen einen zuckerfreien Kaugummi oder trinken Sie alternativ eine Tasse Tee." Kimba hat sich an den Rat der Ernährungsexpertin gehalten und so seinen Milchkaffeekonsum drastisch reduziert. Die eingesparten Kalorien haben sich bemerkbar gemacht und dazu beigetragen, dass sein Löwenbäuchlein geschrumpft ist. Mittlerweile genügt ihm eine Kaffeespezialität pro Tag – und dass er in den Bergen vollends darauf verzichten muss, bereitet ihm auch keine Schwierigkeiten.

Überhaupt hat Kimba sich seit Beginn seiner sportlichen Phase viel mit der Ernährung beschäftigt. Für Büffets, Hotelfrühstück, Catering bei Meetings und Geschäftsessen hat er von vornherein Dr. Katzleins und Sabine Krause-Luchs' Hinweise berücksichtigt: Bei Abendterminen möglichst wenige Kohlehydrate, sondern proteinreiche Lebensmittel. Tagsüber für die ausreichende Energiezufuhr auf gute Kohlehydrate in Verbindung mit Proteinen achten, die den Blutzuckerspiegel nicht in die Höhe schnellen lassen, die Verdauung mit Ballaststoffen auf Trab halten, die lange satt machen. Zwischendurch Gemüse-Sticks, ein Stück Obst, mageren Joghurt oder eine kleine Portion Nüsse knabbern [3]. Natürlich ist auch ihm nicht immer gelungen, sich von leckerem Löwenbräu, saftigem Löwenkäse oder cremigem Eis fernzuhalten. In diesen Fällen bemüht er sich nach Kräften, die Mengen zu begrenzen, indem er zum Beispiel kleinere Packungen kauft, obwohl diese verhältnismäßig teurer sind als die großen Ein-Liter-Eispackungen. Damit fällt es ihm jedoch leichter, den Überblick über die verzehrten Mengen zu bewahren.

Zudem kennt er für viele Lebensmittel jetzt gesunde Alternativen, die fast genauso gut schmecken und seine Kalorienbilanz weniger stark belasten. Selbstgemachter Beerenquark hat zum Beispiel viel weniger Zucker als der Fertigquark aus dem Supermarkt. Auch beim Kochen und Backen kann Kimba viele Zutaten ganz oder teilweise ersetzen. Trotzdem ist er kein wandelndes Lexikon und greift regelmäßig auf das Linternet zurück, um sich neue Tipps zu holen oder mehr zu bestimmten Lebensmitteln zu erfahren. Er brennt darauf, sich am Abend mit den anderen Löwen über ihre Ernährungsgewohnheiten zu unterhalten. Denn während der gemeinsamen Woche in den Bergen hat jeder Löwe nacheinander ein Thema vorgeschlagen, das die Gruppe dann ausführlich besprach – nur Themen aus dem Büroalltag waren tabu. „So sollten wir es bei Tiger & Meyer auch häufiger machen", sinniert Kimba. Manchen Löwen, die er zuvor gar nicht kannte, fühlt er sich nach der gemeinsamen Zeit sehr nahe. „Schade, dass sich das vermutlich nach der Wanderreise wieder zerstreuen wird. Aber vielleicht findet man sich ja nächstes Jahr wieder zusammen."

Der Abend bricht herein und nach der Brotzeit ist es endlich soweit: Kimba verkündet das Thema des letzten Abends. „Ihr wisst ja, dass nächste Woche die internationale Spezialitätenwoche bei Tiger & Meyer ansteht, auf die wir uns wahrscheinlich alle sehr freuen", beginnt er und grinst, weil alle zustimmend nicken und manch einer beim Gedanken an Essen noch einmal nach den letzten Käsestücken auf der üppigen Platte greift. „Gleichzeitig werden die Salate in der Kantine endlich günstiger, weil künftig nach Teller und nicht nach Gewicht abgerechnet wird. Und ich wollte von euch wissen: Wie sehr beschäftigt ihr euch mit eurer Ernährung, was esst ihr oder eben auch nicht?" Ihr Gruppenleiter meldet sich zuerst zu Wort: „Ach ja, ein schwieriges Thema, Kimba. Weißt du, als ich noch jung war, da habe ich einfach auf mein Bauchgefühl gehört und gegessen, wenn ich hungrig war – und zwar das, was zu Hause auf den Tisch kam. In unserem kleinen Ort gab es auch Familien, die sich manchmal nicht einmal das Fleisch leisten konnten. Wir haben damals viel weniger darüber nachgedacht, was wir warum essen, wie viele Kalorien das hat und ob wir genug von diesem oder jenem zu uns nehmen. Außerdem war ich ständig auf den Beinen. Heute ist das ja ganz anders, bei dem Überangebot an Lebensmitteln und dem Mangel an Bewegung ist es ganz leicht, sich damit völlig verrückt zu machen. Andauernd wollen einem irgendwelche Studien weismachen, dass man sich so oder so ernähren soll.

Niemand vertraut mehr auf sein Bauchgefühl, alle halten sich nur noch an das, was die Gesellschaft uns suggeriert. Das fängt schon bei den jungen Löwen an. Meine beiden Töchter sind jetzt 13 und 15 und sie schwärmen alle paar Wochen von einem anderen Ernährungstrend. Ich glaube, dass sie momentan irgendwas mit ‚Raw Food' machen, kennt ihr das?"

Simone Löwenbauer schaltet sich ein: „Ja, das sagt mir etwas. ‚Raw' heißt ja roh, das bedeutet, dass man nur Lebensmittel isst, die nicht über eine bestimmte Temperatur erhitzt worden sind. An sich ist das gar nicht schlecht, aber eben auch nur, solange man es in Maßen macht und nicht den gesamten Ernährungsplan danach ausrichtet. Dasselbe gilt aber eigentlich für alles, was sich eine Diät schimpft. Wir hier in Löwenland interpretieren das Wort nämlich völlig falsch. Hierzulande wird eine Diät immer als kurzfristige Maßnahme verstanden, um Gewicht zu reduzieren. Aber wenn sie abgeschlossen ist, man also wieder so ungesund wie zuvor isst, tritt der berüchtigte Jo-Jo-Effekt ein und man hat den Löwenspeck schnell wieder auf den Hüften. Das löwenglische Wort ‚diet' meint eigentlich ‚Ernährungsweise', also eine langfristige Umstellung der Essensgewohnheiten, Stück für Stück. Mein Geheimrezept ist übrigens ein gesundes Frühstück. Erstens ist es ohnehin wichtig, um den Stoffwechsel anzukurbeln. Zweitens starte ich dann mit einem guten Gefühl in den Tag, das ich im Laufe des Tages nicht durch eine ungesunde Mahlzeit aufs Spiel setzen will. Bei einem ungesunden Frühstück denke ich eher: Ach, jetzt ist es ohnehin schon egal – und esse den ganzen Tag lang schlecht." Einige Löwen nicken zustimmend.

Dann ergreift ein Kollege das Wort, der von seinen Erfahrungen als Vegetarier, später als Veganer erzählt. „Ich finde es wichtig, dass man einander gegenseitig respektiert, egal was man isst. Ich käme nie auf die Idee, Kollegen auf ihre schlechten Ernährungsgewohnheiten aufmerksam zu machen – wir sind alle erwachsene Löwen und wenn einer sich jeden Tag nur von Pizza, Burger und dergleichen ernährt, dann ist das seine Sache." Kimba stimmt dem Kollegen zu. „Das wäre ja so, als würde ich auf einmal zu euch in die Marketingabteilung kommen, weil ich euch erzählen will, wie ihr arbeiten sollt", fügt er hinzu. Die Löwen diskutieren noch eine Weile, verputzen gemeinsam die restlichen Vorräte und bereiten alles für die Abreise am nächsten Tag vor. Satt und zufrieden kuschelt Kimba sich ein letztes Mal in den Schlafsack und träumt von der internationalen Spezialitätenwoche bei Tiger & Meyer.

Zurück in Katzmünchen nutzt Kimba den Sonntag und lässt sich zum Training wieder im SUPER SPORT STUDIO blicken. Dort trifft er an der Fitnessbar auf Lisa Jaguar, die vor Kraft nur so strotzende Löwin, die er einst im Training um ihre Klimmzugtechnik beneidet hat. „Na, wie steht es um deine Klimmzüge?", begrüßt sie ihn. „Ehrlich gesagt habe ich daran gar nicht mehr gearbeitet. Aber erzähl du mir doch bitte mal kurz, wie du dich eigentlich ernährst." Lisa lacht laut auf. „Mein lieber Kimba, das Geheimnis besteht meiner Meinung nach darin, das Essen richtig zu timen. Vor dem Training brauchst du Kohlehydrate, damit du Energie hast. Und danach Proteine, damit du Muskeln aufbaust. Vergiss all die Tipps von den Möchtegern-Profis, die dir irgendwelche Tabletten aufschwatzen wollen – ernähre dich gesund und hör auf deinen Körper, dann kannst du wenig falsch machen. Einzig den Proteinshakes nach dem Training bin ich nicht abgeneigt, aber die nehme ich mehr wegen des Geschmacks als wegen des Effekts und weil sie mich satt machen. Mach es dir nicht unnötig schwer und kompliziert!" Mit einem kräftigen Klaps auf seinen Rücken huscht Lisa Jaguar davon und setzt mit großer Begeisterung ihr Training fort. „Was für eine Powerlöwin", staunt Kimba bewundernd.

Die nette Empfangschefin an der Fitnessbar hat ihre Unterhaltung mitangehört und beugt sich zu Kimba. „Ich stimme Lisa zu. Weißt du, hier im Studio bekomme ich ja alle möglichen verschiedenen Löwen zu sehen. Da sind auch viele dabei, die sich in diese Ernährungsthematik ganz schön reinsteigern. Lebensmittelunverträglichkeiten sind zum Beispiel ein ganz komplexes Thema. Wer damit zu kämpfen hat, ist wirklich nicht zu beneiden. Aber viele Löwen meinen auf einmal, sie seien gegen dieses oder jenes Essen allergisch oder wollen auf einmal bestimmte Sachen nicht mehr essen, weil sie ungesund sind. Damit vermiesen sie sich doch nur unnötig selbst das Leben. Man nennt diese fast schon krankhafte Einstellung zum Essen oder die Angst vor dem Essen auch Orthorexie. Aber Essen soll doch auch Genuss sein", seufzt sie und widmet sich dem nächsten Kunden, der einen Proteinshake bestellt.

„Das ist ja wirklich die reinste Schlacht – aber nicht die Art von Essensschlacht, die Spaß macht", denkt Kimba, als er sich am Montag gut erholt und ausgeruht wieder auf den Weg ins Büro macht. Er freut sich, dass es ab sofort in der Kantine noch mehr gesunde Speisen geben wird und beschließt, dass er sein Essen auch weiterhin genießen wird – insbesondere die Leckereien, die diese Woche zur internationalen Spezialitätenwoche aufgetischt werden [4]. Im Büro trifft er auf einen freudestrahlenden Dominik Löwerer. „Herzlich willkommen zurück, Kimba! Ich hoffe, du hattest einen schönen Urlaub? Hier ist alles soweit gut gelaufen, natürlich nicht perfekt, aber gut im Sinne des 80-20-Prinzips." Kimba grinst. Der junge Löwe hat sich tatsächlich viel von ihm abgeschaut, das macht ihn stolz. „Und wie hältst du es mit der Ernährung?", fragt er den jungen Kollegen. „Im Prinzip halte ich mich da auch an das 80-20-Prinzip, oder fünf-zu-zwei. Das heißt, dass ich an fünf Tagen in der Woche auf meine Ernährung achte und mir an zwei nicht aufeinanderfolgenden Tagen auch einmal etwas gönne, was sonst nicht auf dem Speiseplan steht. Manche Sportler machen es anders, die legen einmal pro Woche einen richtigen *Cheat Day* ein, also einen Tag, an dem sie hemmungslos schlemmen. Davon bin ich aber abgekommen, weil ich mich einmal dabei ziemlich überfressen habe", gibt er freimütig zu.

Kimba staunt. „Wenn sich doch alles so leicht im Voraus planen ließe wie die Ernährung, dann hätten wir hier bei Tiger & Meyer auch weniger Engpässe bei unseren Projekten", bemerkt er süffisant. „Das stimmt. Aber gleichzeitig lässt sich die Ernährung auch nicht so pauschal für jeden Löwen planen; ein Kraftsportler, der kurzfristig schnelle Energie zur Verfügung haben muss, isst auch anders als ein Marathonläufer, der viel Energie über einen langen Zeitraum benötigt. Wir Freizeitsportler sollten das aber wirklich nicht so eng sehen." Kimba seufzt. „Genug geredet, jetzt gönnen wir uns erst einmal ein feines Mittagessen. Ich glaube, dass heute Steak nach süd-löwerikanischer Art auf dem Speiseplan steht. Ist das im Sinne deiner Diät?" Dominik grinst. „Aber sicher doch, ein saftiges Steak geht immer!"

Kimba tut seinem Körper mit einer proteinreichen Mahlzeit etwas Gutes

Quellen

1. http://www.marathonfitness.de/muskelabbau-muskelaufbau-ausdauertraining-laufen/
2. http://www.kochbar.de/cms/superfood-alternativen-heimisches-obst-und-gemuese-ist-genauso-gesund-und-guenstiger-2402472.html, http://www.brigitte.de/figur/ernaehrung/superfood-1202046/
3. http://www.sueddeutsche.de/karriere/smarter-im-buero-weg-von-der-suessigkeitenschublade-1.2514706-2
4. http://www.sueddeutsche.de/karriere/ernaehrung-kampf-der-currywurst-1.2718772

18

Hacken und Tracken: Fluch und Segen der Optimierung

Lono

Der September neigt sich dem Ende zu und mit jedem verstreichenden Tag wird Lono nervöser. Sein Geburtstag naht und seine Gedanken kreisen zunehmend um das Älterwerden: „Ich werde zwar erst 31, aber eben doch schon 31. Der Alterungsprozess setzt ja mit Mitte 20 schon ein, ich bin also nicht mehr der Jüngste. Ich sollte mich um meine Altersvorsorge kümmern. Ist das etwa ein graues Haar in meiner Mähne? Bekomme ich schon Falten?" Auch wenn Lono es nicht wahrhaben will, macht ihm die Erkenntnis zu schaffen, dass er bald eher zu den „Löwen in den besten Jahren" als zu den Jungspunden zählen wird. Allein das Wissen, dass der Altersdurchschnitt bei Tiger & Meyer eher bei 40 liegt, kann ihn momentan noch trösten. Lono steckt seine Schnauze in alle möglichen Bücher und Zeitschriften, die Strategien und Tipps gegen das Altern anpreisen. Er ist verblüfft, wie viele Publikationen sich mit diesem Thema beschäftigen: „Das ist ja eine ganze Wissenschaft für sich. Ich dachte immer, dass man einfach so von alleine älter wird. Aber hier ist von *Good Aging* die Rede, vom *Altern in Würde*, von Midlife-Crisis und von allen möglichen Vorteilen, die das Alter gegenüber der Jugend so mit sich bringt."

© Springer Fachmedien Wiesbaden 2017
S. I. Lackerbauer et al., *Die Löwen-Liga: Fit für die Karriere*,
DOI 10.1007/978-3-658-12138-9_18

Plötzlich reißt ihn das lautstark klingelnde Telefon aus seiner Lektüre. „Herrje, wenn es schon so laut klingelt, dann kann ja nur Müller-Wechselhaft am Apparat sein", murmelt Lono und hebt mürrisch den Hörer ab. „Lono, gut, dass ich Sie erwische. Die Business Intelligence-Abteilung aus Löln hat den Quartalsbericht vorgelegt und wir müssen uns dringend über die KPIs unterhalten. Kommen Sie am besten in einer halben Stunde vorbei. Und lesen Sie sich den Bericht zuvor durch, ja?" Lono kratzt sich am Kinn? KPIs? Irgendwo hat er das schon einmal gehört. Seufzend begibt er sich ins Linternet und befragt die Suchmaschine Loogle. Eine Lionpedia-Seite liefert ihm flugs die gewünschte Antwort: „Ach so, KPI steht für Key Performance Indicator, ein neumodischer Begriff für Leistungskennzahl." In Lonos Bereich fallen zum Beispiel Angaben wie die erfolgreich und pünktlich abgeschlossene Anzahl der Meilensteine in den IT-Projekten, die er verantwortet. Auch Projektkosten und die Performanz der einzelnen Hardware- und Software-Komponenten sind Indikatoren, anhand derer seine Leistung bemessen wird. Wenn Müller-Wechselhaft mit den Kennzahlen nicht zufrieden ist, muss er alle möglichen Stellschrauben justieren und an virtuellen Rädchen drehen, um die Ergebnisse positiv zu beeinflussen. „Verrückt, was heutzutage alles ‚getrackt', also gemessen, werden kann", überlegt Lono. Da kommt ihm eine Idee: „Wenn all meine Aufgaben hier bei Tiger & Meyer so messbar und optimierbar sind, dann muss es doch auch möglich sein, den Alterungsprozess bei mir selbst zu messen … und ihn dann aufzuhalten!"

Vor lauter Begeisterung steckt Lono sofort die Nase wieder in seine Fitness- und Gesundheitszeitschriften, anstatt sich den Bericht aus der Business Intelligence-Abteilung durchzulesen. Als sein Liphone ihn mit einem penetranten Tröten an den Termin erinnert, hat er in Gedanken längst die perfekte Strategie entwickelt, wie er sich selbst jung halten will. Leider sind diese Erkenntnisse für das Treffen mit Müller-Wechselhaft nicht relevant. Da er den Bericht der Business Intelligence-Abteilung nicht gelesen hat, kann er seinem Chef keine Gründe dafür nennen, warum das IT-Projektmanagement sämtlichen Zielen hinterherhinkt: Lonos Abteilung verursacht zu viele Kosten, erfüllt die vorgegebenen Zwischenziele nicht rechtzeitig und behebt Systemausfälle viel zu langsam – zumindest laut der Zahlen im Bericht der Kollegen aus Löln. So kassiert Lono wieder einmal einen Rüffel seines Chefs und schleicht betrübt zurück in sein Büro. „Was verstehen die denn schon von meiner Arbeit“, ärgert er sich. „Die sehen nur ihre Zahlen und haben gar nicht im Blick, dass hier schließlich Löwen arbeiten und keine Maschinen. Es kann doch immer mal etwas Unvorhergesehenes passieren. Außerdem: Was soll ich denn machen, wenn unsere Putzfrau aus Versehen den Hauptstecker im Serverraum zieht, weil sie den Staubsauger anschließen will? Oder wenn ein Unwetter für Stromausfälle sorgt? Und warum sind mir diese Argumente eigentlich nicht vorhin im Meeting eingefallen?“

Zurück am Platz liest Lono sich den Bericht genauer durch und versucht nachzuvollziehen, an welchen Stellen die Kennzahlen eingebrochen sind. „Hätte ich doch bloß ein Ereignisprotokoll geführt und die Störungen vermerkt, dann könnte ich sie jetzt mit dem Plan der Lölner Kollegen abgleichen. Aber so kann ich nur herumrätseln, was wohl passiert sein könnte.“ Grimmig legt er die Stirn in Falten und verzieht die Schnauze. „Aber ab sofort wird mir das nicht mehr passieren. Ich werde alles peinlich genau aufschreiben und tracken. Und ebenso werde ich es bei mir selbst machen. Wäre doch gelacht, wenn ich dem Alter nicht ein Schnippchen schlagen könnte." Auf einmal fällt das Sonnenlicht so auf seinen Arbeitsplatz, dass sich Lonos Gesicht im Bildschirm seines Lion-PCs spiegelt. Erschrocken patscht er sich mit den Pfoten ins Gesicht und streicht sich die Stirn glatt. „Huch! Mit der Mimik sollte ich wohl ein wenig aufpassen, ich will doch keine Grübelfalten auf der Stirn haben!"

Den Großteil seines nächsten Arbeitstages investiert Lono in die Erarbeitung eines ausgeklügelten Tracking-Systems. In einer Lexcel-Tabelle hält er fest, wie viele graue Haare sich in seinem Fell verstecken (aktuell: 0), was er isst, welche Pflegeprodukte er verwendet, welche Trainingseinheiten er absolviert, wie viel er wiegt und wie lange er geschlafen hat. Er ist so vertieft bei der Sache, dass er sogar das Mittagessen vergisst – ein Ereignis, das bis dato noch nie vorgekommen ist. Plötzlich reißt ihn eine Erinnerung seines Liphone-Kalenders aus den Gedanken: In einer Stunde beginnt das nächste Online-Seminar in seinem Fernstudiengang *Interkulturelles Löwenmanagement* und er hat sich noch nicht auf die Einheit vorbereitet! Hektisch wühlt er sich durch die Unterlagen und schafft es gerade noch rechtzeitig, sich die Themen für die heutige Sitzung durchzulesen, bevor es losgeht. Zwei Stunden dauert das Seminar und die Nachbereitung nimmt eine weitere Stunde in Anspruch. „Huch, der Tag ist ja schon vorüber und ich habe heute keine einzige meiner Aufgaben erledigt. Dann muss ich eben eine Nachtschicht einlegen", denkt er erschrocken und besorgt sich auf dem Weg nach Hause eine ganze Palette Energydrinks. Die Warnung der Betriebsärztin Dr. Katzlein, dass er davon besser die Finger lassen solle, verdrängt er aus seinen Gedanken.

In der Nähe des SUPER SPORT STUDIOs befindet sich auch ein Fachgeschäft für Sportnahrung und Zubehör. Lono erinnert sich daran, dass seine Trainerin Ivera Löwowitz einmal davon sprach, dass es Pülverchen und Kapseln gibt, die ambitionierte Hobbysportler nehmen, um ihre Leistungsfähigkeit im Training zu steigern. „Wenn das fürs Training hilft, dann kann es für die Arbeit ja auch nicht schaden", frohlockt er und stürmt in den Laden. „Hallo! Ich brauche bitte irgendetwas mit Energie!", überfällt er den jungen Löwen hinter der Theke. „Ähm, vor dem Training, währenddessen oder danach?", fragt dieser ihn verdutzt. „Alles!", erwidert Lono. „Und wenn ich schon einmal da bin ... Haben Sie auch etwas, damit ich schneller abnehme und etwas, das jung hält?" Der Verkäufer kratzt sich am Kopf. „Im Prinzip haben wir hauptsächlich Präparate für trainingsrelevante Ziele. Aber alles, was die Regeneration unterstützt, kann ja vielleicht auch gegen das Altern helfen. Für das Abnehmen gibt es auch ganz unterschiedliche Präparate, am besten zeige ich Ihnen einmal, was wir alles dahaben." Mit jeder Packung, die der Verkäufer ihm zeigt, werden Lonos Augen und seine Begeisterung größer. Es ist schier unglaublich, wie viele Wundermittel in Form von Kapseln, Pillen, Pulvern und Ampullen hier so frei zugänglich lagern. „Wieso bin ich nicht schon früher hierhergekommen, das ist ja fantastisch!", jubelt er innerlich und verlässt am Ende vollbepackt den Laden.

Die zwei Wochen bis zu seinem Geburtstag ist Lono komplett ausgelastet: Morgens schmeißt er direkt nach dem Aufstehen einen buntgemischten Pillen-Cocktail ein. Dazu gehören neben Vitaminen und Mineralstoffen auch Kapseln, die bei der Fettverbrennung helfen sollen und die Aufnahme von Kohlehydraten blockieren, damit er schneller abnimmt. Zum morgendlichen Ritual gehören Cremes und Seren, die den Alterungsprozess aufhalten sollen. Im Büro bei Tiger & Meyer fügt er zuerst alle wichtigen Daten zu seinem Gesundheitszustand in die gigantische Lexcel-Tabelle ein. Dann beschäftigt er sich mit den Kennzahlen aus seiner Abteilung, die für die Anfragen der Lölner Kollegen aus der Business Intelligence-Abteilung benötigt werden. Um diese Aufgaben schnell und hochkonzentriert erledigen zu können, putscht sich Lono vormittags mit Energydrinks und Koffeintabletten auf. Gegen das Herzrasen schmeißt er mittags eine Beruhigungstablette ein und nimmt verdauungsfördernde Mittel, damit sein Körper die leckeren Mahlzeiten schneller verarbeitet und weniger auf seinen Hüften landet. Die Nährwerte sämtlicher Lebensmittel und die Anzahl der Tabletten trägt er wiederum sorgfältig in seine Tabelle ein. Danach nimmt er ein pflanzliches Präparat zur Steigerung der Gedächtnisleistung und eines gegen nervöse Unruhezustände, die ihn beim Anblick der anstehenden Aufgaben plagen. Denn am Nachmittag lernt er entweder für sein Fernstudium, sitzt in langen Meetings oder kämpft gegen den Berg Arbeit an, der sich auf seinem Schreibtisch stapelt. Seitdem Ina Panther nicht mehr bei ihm sitzt, sondern in die IT gewechselt ist, hat Lono völlig den Überblick verloren und bearbeitet nach Gutdünken die eingehenden Anfragen – und zwar immer nach dem Prinzip „Die jüngste Unterbrechung ist die wichtigste".

Kurz vor Feierabend wirft er gegen die Müdigkeit noch ein paar Aufputschmittel ein und spült die Tabletten mit einem weiteren Energydrink herunter, damit er im Training die maximale Leistungsfähigkeit erbringen kann. Nach dem Sport nimmt er noch ein paar Tabletten zur Steigerung der Regenerationsfähigkeit seiner Muskeln und Gelenke. Zu Hause wählt er sich über eine VPN-Verbindung in das Netzwerk von Tiger & Meyer ein und arbeitet bis nach Mitternacht weiter. Danach ist er meist noch so aufgekratzt, dass er Baldrian und Schlaftabletten mit einem Löwenbräu als Schlummertrunk einnimmt. Im Bett wälzt er sich allerdings meist noch eine Stunde hin und her, bevor er in einen unruhigen Schlaf fällt und morgens weit vor dem Läuten des Weckers aufschreckt. Er schiebt die Schlafstörungen auf den Stress und beißt die Zähne zusammen.

Doch am Tag vor seinem Geburtstag streikt sein Körper: Kopfschmerzen und Schwindelanfälle plagen ihn. „Was stimmt denn nur nicht mit mir?", fragt er sich, als er aus der Umkleide in Richtung Trainingsfläche im SUPER SPORT STUDIO wankt. Mit zittrigen Fingern kramt er eine Ampulle des neuen Aufputschmittels hervor, das er tags zuvor im Fachgeschäft besorgt hat. Nach dem Aufwärmen schlurft er auf wackligen Beinen zu den Freihanteln, schnappt sich eines der Gewichte und beginnt mit der ersten Übung. Als Ivera ihn erblickt, sprintet sie entsetzt auf ihn zu. „Lono, was ist mit dir? Du bist ja kalkweiß!" Gerade will er zu einer Antwort ansetzen, da schießt das Aufputschmittel wie ein brennender Pfeil durch seinen gesamten Körper. Sein Herz beginnt wie wild zu rasen, sein gesamter Körper schwillt an und die Gesichtsfarbe wechselt von kalkweiß zu rot, blau und lila. Hektisch beginnt er zu keuchen und nach Luft zu schnappen. „Das ist eine allergische Reaktion! Schnell, wir brauchen einen Notarzt!", brüllt Ivera und fängt Lono mit Müh und Not auf, bevor er mit der Schnauze voran auf den Boden knallen kann. „Was hast du genommen, Lono?", ruft sie und rüttelt ihn. „Aufputschmittel … Energydrink … Fettverbrennung", japst er und spürt, wie das Bewusstsein ihn verlässt. Doch kurz bevor er ganz in Ohnmacht fällt, jault Lono noch einmal auf: Die Hantel ist mit voller Wucht auf seine linke Pfote gefallen – das Knacksen kleiner Knochen und Knöchelchen ist deutlich zu hören. Vom Notarzteinsatz, der Cortison-Spritze und dem Transport ins Krankenhaus bekommt er nichts mehr mit: Sein Körper nutzt die unverhoffte Pause, um den verlorenen Schlaf wiederaufzuholen. Erst am übernächsten Tag wacht Lono wieder auf und hat somit seinen gesamten Geburtstag verschlafen. Der unförmige Gips an seiner Pfote ist in diesem Jahr sein einziges Geburtstagsgeschenk.

Selbstoptimierung kann schnell selbstschädigend werden

Kimba

Bei Tiger & Meyer herrscht Alarmstimmung: Ein Hacker-Angriff hat stattgefunden und einige Firmendaten aus der IT und der Business Intelligence-Abteilung wurden gestohlen. Robert Kraustiger hat ein Notfall-Meeting dazu einberufen. „Anscheinend hat sich jemand nachts von zu Hause aus über eine VPN-Verbindung in das Firmennetz eingeloggt, aber dabei seine eigene Linternetverbindung nicht ausreichend gesichert. Wir wissen noch nicht, wer es war, aber alles deutet auf einen Kollegen aus dem IT-Projektmanagement hin. Zumindest gehen wir davon aufgrund der Daten aus, auf die zugegriffen wurde." Die gesamte Belegschaft im Raum stöhnt auf: Das bedeutet zusätzliche Arbeit, weil neue Passwörter gesetzt und Verschlüsselungen geändert werden müssen.

Als die Wogen gerade geglättet sind, klingelt Kimbas Telefon Sturm. „Ausgerechnet heute", schimpft er, „dabei wollte ich doch früher Schluss machen und auf das Löwenfest gehen!" Missmutig hebt er den Hörer ab: Die Betriebsärztin Dr. Katzlein ist am Apparat und erkundigt sich nach seinem Gesundheitszustand. „Mir geht es gut", erwidert Kimba verblüfft. „Wieso fragen Sie?" – „Haben Sie das von dem Kollegen aus dem IT-Projektmanagement gehört? Er hatte in letzter Zeit anscheinend sehr viel Stress und hat sich mit einem gefährlichen Medikamentencocktail aufgeputscht, um sein Arbeitspensum zu bewältigen. Er hatte eine allergische Reaktion und liegt jetzt im Krankenhaus. Ich klingle gerade bei allen Kollegen an, die direkt Herrn Müller-Wechselhaft unterstellt sind – nur um sicherzugehen, dass alles im Lot ist und dass niemand sonst auf diese wahnwitzige Idee kommt. Ich hätte dem Kollegen sagen müssen, dass es keine Wunderpillen gibt, die einen Superlöwen aus ihm machen können", fügt sie kleinlaut hinzu. Kimba verspricht ihr, dass er die Finger von obskuren Mittelchen fernhalten wird.

Auch sein junger Kollege Dominik Löwerer hat das Gespräch mitangehört. „Soso, der Kollege hat also allerhand Mittelchen eingenommen, um leistungsfähiger zu sein? Bei uns nennt man so etwas Life Hacking, wir haben das im Studium auch ausprobiert", erklärt er. „Was soll das denn sein?", fragt Kimba neugierig nach und beschließt, dass das Löwenfest warten kann. Dominik Löwerer grinst und zieht ein Buch aus dem Rollcontainer neben seinem Schreibtisch hervor. „Das hier ist ‚Das Fünf-Stunden-Leben' von Tim Tigriss. Der Autor hat allerlei verrückte Sachen ausprobiert, um seinen Arbeitsalltag und seine körperliche Leistungsfähigkeit zu optimieren. Viele davon sind sinnvoll oder zumindest interessant, andere reine Spielerei. Da kommt das Kind im Löwen durch! Solche Tricks, die einem das Leben erleichtern, nennt man dann Life Hacks – denn ein Hack ist nichts anderes als ein besonders cleveres Mittel zum Zweck. Die Linternet-Hacker machen es ja genauso." Sein junger Kollege drückt ihm den mächtigen Wälzer in die Pfote und Kimba verspricht, sich am Wochenende damit zu beschäftigen.

Auf dem Weg nach Hause denkt er über den Tag nach: „Dieser Optimierungsdrang nimmt tatsächlich in allen Bereichen des Lebens zu. Bei Tiger & Meyer geht jetzt alles nach den KPIs, die von den Kollegen in Löln identifiziert wurden. Noch dazu sollen wir unser gesamtes Arbeiten nach den Jahreszielen ausrichten. Viel Freiheit für eigene Ideen bleibt da nicht mehr – außer, man hat sie vorab schon in den Zielen festgelegt. Aber man sieht ja, dass das alles auch ordentlich nach hinten losgehen kann: Auf einmal hat man Hacker im Firmensystem, oder der Körper macht nicht mehr mit." Da klingelt sein Liphone: Jan Leopardsen, der Kollege aus der Lölner Business Intelligence-Abteilung möchte unbedingt noch ein Löwenbräu auf dem Löwenfest trinken gehen, bevor er am nächsten Tag abreist.

Kimba willigt ein und die beiden treffen sich vor dem *Himmel der Löwen*-Zelt, wo sie draußen noch einen Platz auf der Bierbank bei einer angeheiterten Löwentruppe ergattern können. Kimba bemerkt, dass Jan alle paar Minuten nervös auf die Uhr an seinem Pfotengelenk starrt. „Was ist, läuft deine Zeit ab?" – „Nein, keine Sorge, mein Zug geht erst morgen! Aber mein Fitnesstracker hier sagt mir, dass ich heute noch nicht genügend Schritte gelaufen bin und mein Kalorienlimit schon erreicht habe. Wollen wir einen Spaziergang machen?" Irritiert folgt Kimba dem Kollegen. „Ist es jetzt besser?", fragt er süffisant. „Ja", erwidert Jan erleichtert.

„Seitdem ich das Ding habe, bestimmt es meinen kompletten Alltag. Andauernd zwingt es mich aufzustehen, oder im Training mehr Gas zu geben. Aber so weiß ich wenigstens, ob ich zu viel oder zu wenig esse, abnehme, zunehme, mit der richtigen Herzfrequenz trainiere …" – „Meinst du nicht, dass das ein bisschen übertrieben ist? Wieso hörst du nicht auf deinen Instinkt und auf dein Bauchgefühl? Eigentlich weiß doch dein Körper von alleine, was gut für dich ist." Leopardsen zuckt hilflos mit den Schultern. „Das dachte ich ja auch. Und vor allem dachte ich, dass ich im Job den Überblick und alle meine Aufgaben auf dem Schirm habe. Aber auf einmal hieß es, dass ich nicht schnell genug arbeite und dass meine Analysen fehlerhaft sind. Seitdem arbeite ich nur noch nach einer virtuellen Aufgabenliste. Ich nehme eine Aufgabe an, die Online-Plattform trackt genau, wie lange ich dafür brauche und evaluiert direkt meine Performance. Mittlerweile habe ich mich so sehr daran gewöhnt, dass ich ganz unruhig werde, wenn ich nicht die totale Kontrolle über meinen Tagesablauf habe. Und für die Freizeit habe ich mir eben diesen Fitnesstracker besorgt, damit ich auch hier etwas habe, auf das ich mich verlassen kann, das mir präzise Daten bereitstellt und nie falsch liegt."

Kimba schüttelt den Kopf. „Verrückt. Und ich dachte schon, dass mein junger Kollege Dominik Löwerer in dieser Hinsicht extrem ist. Der hat mir ein Buch voller Life Hacks in die Hand gedrückt." Jan Leopardsen strahlt. „Etwa das von Tim Tigriss? Das kenne ich auch! Ganz großartige Tipps hat der auf Lager, zu ganz unterschiedlichen Themenbereichen. Zum Beispiel setzt er auf eine Ernährungsstrategie mit ganz bestimmten Kohlehydraten, die einen niedrigen glykämischen Index haben. Sie halten den Blutzuckerspiegel niedrig, halten extra-lange satt und geben trotzdem ordentlich viel Energie. Und für den optimalen Muskelaufbau muss man ab und zu einen Schummeltag einlegen, an dem man alles isst, worauf man Lust hat. Das macht es einem leichter, an den restlichen Tagen diszipliniert auf ungesunde Leckereien zu verzichten. Außerdem signalisiert es dem Körper, dass genug Energie da ist, damit er Muskeln aufbauen kann. Übrigens hat er auch eine Liste der Rituale veröffentlicht, mit denen erfolgreiche Topmanager ihren Tag beginnen. Viele haben ihren Schlafrhythmus ‚gehackt', so dass sie bereits um 4:30 Uhr aufwachen können, um fünf Uhr Sport treiben, um sieben Uhr Frühstück für die Familie zubereiten und zwischendurch noch Lionmails und die Nachrichten lesen. Faszinierend, oder?" Kimba schweigt, während Jan Leopardsen voller Begeisterung weitere „Life Hacks" aus dem Buch von Tim Tigriss zitiert. Schließlich wird es Kimba zu bunt. „Und gibt es darin auch wirklich nützliche Tipps für den Arbeitsalltag, die nicht gleich wieder extreme Einschnitte darstellen?" Darauf weiß Leopardsen keine Antwort.

„Wir sind doch alle Löwen und keine Maschinen", erklärt Kimba. „Es ist doch gar nicht möglich, immer die komplette Kontrolle über die Vorgänge in unserem Leben zu haben, oder alles immer noch mehr zu optimieren. Nimm als Beispiel den Stoffwechsel. Es gibt große und kleine Löwen, dicke und dünne. Löwen mit einem aktiven oder einem trägen Stoffwechsel und Löwen, die aufgrund ihres Hormonspiegels schnell oder langsam Muskeln aufbauen. Das sind Faktoren, die man nur bis zu einem gewissen Grad beeinflussen kann, die Gene lassen sich nicht austricksen. Oder nimm deinen Tagesablauf: Natürlich kannst du ihn mit der virtuellen Aufgabenliste strukturieren und dein Vorgesetzter kann genau sehen, wie lange du wofür gebraucht hast. Aber was passiert, wenn du mal Kopfschmerzen hast? Oder spontan von einem Kollegen um Hilfe gebeten wirst, oder ein Hacker-Angriff stattfindet, so wie heute. Sagst du das dann alles ab oder ignorierst den Hacker, weil dein Online-Tool dich trackt? Trainierst du nur noch nach Plan, weil er auf die Optimierung deines Muskelaufbaus ausgelegt ist, auch wenn du eigentlich Lust auf andere Übungen hast oder einen schlechten Tag? Macht das Leben denn so überhaupt noch Spaß? Musst du als normaler Löwe denn den Tagesablauf eines Topmanagers haben und um 4:30 Uhr aufstehen?" Darauf weiß Leopardsen keine Antwort. „Für mich persönlich müssen Arbeit und Sport auch Spaß machen und nicht nur auf Optimierung ausgelegt sein, denn insbesondere aus meinem Training will ich Kraft für den Alltag schöpfen. Diese Life Hacks sind teilweise wirklich gut und witzig, aber nur solange man sie in Maßen anwendet." Kimba hält inne und blickt in den Sonnenuntergang. „Und jetzt verrate ich dir mal meinen persönlichen Life Hack, den ich in dieser Woche in meinem Seminar bei Simone Löwenbauer gelernt habe: Wenn sich jemand dir gegenüber schlecht verhält, dann begegne ihm mit einem Lächeln. Reagiere auf Negatives mit Freundlichkeit und verteile auch von dir aus einmal Nettigkeiten oder Komplimente. Sei höflich und zuvorkommend – deine positiven Gesten werden sich weiterverbreiten, du fühlst dich selbst sofort besser und deinen Gegnern nimmst du damit den Wind aus den Segeln. Wenn das mal kein waschechter Life Hack ist!", grinst Kimba zufrieden.

Kimba vertraut lieber auf sein Bauchgefühl als auf dubiose Tricks

19

„Besser" scheitern: Von der Qualität der Niederlage

Lono

Erleichtert humpelt Lono aus der orthopädisch-chirurgischen Arztpraxis in seiner Nachbarschaft: Der Gips ist endlich weg! Eine Woche lag er wegen einer allergischen Reaktion auf all seine Pillen und Pülverchen im Krankenhaus und weitere drei Wochen lang musste er mit dem klobigen Ding an der Pfote auf Krücken durch die Gegend hüpfen. Er hatte sich zwei Mittelpfotenknochen beim Sport gebrochen und sich die Außensehnen angerissen, weil ihm eine Hantel auf die Hinterpfote gefallen war, als die allergische Reaktion gerade zuschlug. Insgesamt vier Wochen Schonung hatte der Arzt ihm für die Hinterpfote verdonnert und Lono nahm dies zum Anlass, auch den Rest seines Körpers zu schonen: „Bloß keine unnötige Bewegung", war sein Credo, auch wenn seine Muskeln förmlich nach mehr Belastung schrien. Doch Lonos Selbstmitleid überlagerte alle anderen Gefühle, so dass er gar nicht auf die Idee kam, zum Training zu gehen.

Einmal hatte Ivera ihn angerufen und sich nach seinem Gesundheitszustand erkundigt – doch dann wollte sie ihn aus seiner faulen Ruhephase reißen: „Lono, vier Wochen nur sitzen und liegen sind nicht gut für deinen Körper. Du

© Springer Fachmedien Wiesbaden 2017
S. I. Lackerbauer et al., *Die Löwen-Liga: Fit für die Karriere*,
DOI 10.1007/978-3-658-12138-9_19

wirst Muskelmasse abbauen und die Regeneration deiner Knochen verlangsamt sich auch. Du weißt doch, dass Bewegung auch Wachstumshormone ausschüttet, die deinem Körper jetzt zugutekämen." Doch Lono hat auf stur geschaltet und aufgelegt. Die vier Wochen zu Hause haben ihm ansonsten gut getan, um wieder zur Ruhe zu kommen, die Nahrungsergänzungsvorräte loszuwerden und im Home Office liegengebliebene Aufgaben zu erledigen.

Trotzdem schleicht er am nächsten Tag mit einem schlechten Gefühl ins Büro und verkriecht sich hinter seinem Schreibtisch: Aufgrund seiner Unachtsamkeit konnte ein Hacker vor rund fünf Wochen über seinen Linternetanschluss in das Firmennetz bei Tiger & Meyer eindringen und wertvolle Daten erbeuten. „Hoffentlich ist die Sache mittlerweile verjährt", denkt er und macht sich so unauffällig wie möglich an die Arbeit. Doch wenig später schon zitiert Herr Müller-Wechselhaft ihn in sein Büro und Lono tritt den Gang zum Schafott an. „Ist Ihnen eigentlich bewusst, welchen Schaden die Hacker hätten anrichten können?", eröffnet sein Chef das Gespräch. „Sie können von Glück reden, dass Kraustiger aus der IT zusammen mit Ihrer ehemaligen Mitarbeiterin Ina Panther so schnell reagiert hat. So hat sich der Verlust in Grenzen gehalten. Aber Ihnen ist wohl klar, dass Sie dieses Jahr auf Ihren Weihnachtsbonus verzichten können. Die mögliche Gehaltserhöhung für Januar ist auch gestrichen. Und die Einführung der neuen Lintranet-Software verzögert sich dadurch ebenfalls, also kann ich Sie nicht einmal für den Abschluss dieses Projektes mitbelohnen, an dem Sie zumindest initial beteiligt waren. Und jetzt Abmarsch, an die Arbeit. Seien Sie froh, dass die ganze Sache nicht noch weitreichendere Konsequenzen hat."

Lono schluckt. Das hatte er kommen sehen, wollte es aber nicht wahrhaben. Am meisten bedrückt ihn, dass er den eigentlich vorgesehenen Weihnachtsbonus vorab schon ausgegeben hat – nämlich für all die Mittelchen, die ihm dabei helfen sollten, schneller schlank zu werden. Anstatt sich mit seinem LionCard-Saldo zu konfrontieren, verordnet er sich und seinen Nerven Schonung. „Ob ich die Zahl vor Augen habe, ändert ja nichts daran, dass das Geld von meinem Konto eingezogen wird", rechtfertigt er seine feige Haltung vor sich selbst. „Es ist Mitte Oktober. Für den Rest des Jahres will ich mich gar nicht erst wieder in unangenehme Situationen bringen, in denen ich scheitern könnte", beschließt er, als er sich wieder in seinem Büro verschanzt.

Deshalb ignoriert er auch eine Einladung von Ina Panther zu einer Krisensitzung mit dem Titel „Aktion Lintranet-Rettung". „Die machen mir bestimmt alle nur Vorwürfe, weil die Verzögerung meine Schuld ist", brummt Lono und löscht die Lionmail seiner jungen Kollegin. „Nie mehr scheitern", denkt er und löscht gleich noch den ganzen Ordner, in dem er die Lintranet-Lionmails abgelegt hatte. Überhaupt ist Lono noch nie ein Freund davon gewesen, bei gescheiterten Projekten noch tiefer in den Wunden herumzustochern: Fehlerquellenanalyse, Aufarbeitung der guten und schlechten Aspekte eines fehlgeschlagenen Unterfangens sind ihm zuwider. „Was soll ich aus den Unzulänglichkeiten des Teams schon auch groß lernen", fragte er sich bei diesen Gelegenheiten immer wieder, die häufiger auftreten als ihm lieb wäre.

Dafür läuft es in seinem Fernstudium *Interkulturelles Löwenmanagement* gut, seitdem er sich dafür entschieden hat, die Präsentation für das anstehende Präsenzseminar

alleine vorzubereiten, anstatt sich einer Gruppe anzuschlie-
ßen. Dieses Jahr haben ihm Teams schließlich nur Ärger
beschert, resümiert er für sich, während er sich mit Grauen
an das Löwenball-Turnier zurückerinnert, bei dem er sich
an Kollegen rächen wollte und sich selbst vergessen hat.
„Am liebsten würde ich mich in Watte einpacken und bis
zum Frühling in den Winterschlaf gehen", denkt er trocken
und widmet sich in Gedanken dem nächsten kritischen
Scheiter-Thema: dem Sport. Dass er im SUPER SPORT
STUDIO vor den Augen der versammelten Mannschaft
lila angelaufen und umgekippt ist, ist ihm mehr als unangenehm. Er ist sich sicher, dass alle Mitglieder dort nichts
Besseres zu tun haben, als über ihn und seinen Anfall zu
tuscheln. Sein verantwortungsloser Umgang mit den ris-
kanten Nahrungsergänzungsmitteln und Wunderpillen hat
bestimmt die Runde gemacht. „Da gehe ich erst wieder hin,
wenn Gras über die Sache gewachsen ist", beschließt Lono.

„Aber irgendwie muss ich mich trotzdem wieder mehr
bewegen", grübelt er und ruft die Betriebspräventologin Sabine Krause-Luchs an. Die Sportkurse auf dem Firmengelände von Tiger & Meyer sind mittlerweile zu einer festen
Instanz geworden und Lono meldet sich für die „60 plus"-
Kurse an, die jeden Morgen stattfinden. „Wenigstens laufe
ich da niemandem über den Weg, den ich kenne", begrün-
det er seine Entscheidung. Inmitten der älteren Löwen fühlt
Lono sich richtig gut: Endlich ist er einmal einer der fittesten Löwen! Die Kurse wie *Rücken-Fitness*, *Balance & Koordination* und *Gymnastiktanz* bereiten ihm Freude und er
profiliert sich, indem er die Übungen mit besonderer Sorg-
falt ausführt. „So könnte es jetzt erst einmal weitergehen",
freut er sich. „Ich bin beweglicher als all die klapprigen Ge-

stalten zusammen ... Ich bin der Beste!" Doch mit seiner überheblichen Art eckt er bei den alteingesessenen Löwen an. Bereits in der zweiten Woche giftet ihn ein besonders grimmiger Genosse nach dem Sport an: „Du Jungspund, kannst du dir nicht einen ordentlichen Sport suchen und uns in Ruhe unseren Kurs machen lassen? Ich sehe doch, dass du bloß hier bist, weil du dich auf unsere Kosten gut fühlen willst. Aber warte nur, auch dich holt das Alter noch ein!" Lono zuckt zusammen. Er hatte gar nicht bedacht, dass er den anderen damit auf die Nerven gehen könnte – dabei wollte er doch bloß in Ruhe sein Ding durchziehen.

Am selben Tag kassiert er noch einen Rüffel: Seine ehemalige Kollegin Ina Panther steckt im Vorbeigehen den Kopf in sein Büro und sieht ihn traurig an. „Herr Lono, ich bin ganz schön enttäuscht von Ihnen. Ich dachte, dass Sie das Lintranet-Projekt unterstützen, weil es doch ursprünglich Ihre Idee war. Und jetzt ignorieren Sie alle Lionmails und kommen nicht zu den Meetings. Ihnen liegt wohl gar nichts daran, dass wir die Kurve noch kriegen." Lono hat genug und knallt seine Bürotür zu. „Warum können mich nicht alle einfach in Frieden lassen?", grollt er beleidigt. Nicht einmal die Einladung zur Feier seines zehnjährigen Betriebsjubiläums kann ihn jetzt aufmuntern. Dabei werden Ende Oktober insgesamt zehn Löwen aus Müller-Wechselhafts Zuständigkeitsbereich für ihre Treue geehrt und dürfen an einem exklusiven Incentive-Seminar zusammen mit dem Chef teilnehmen. Nicht gerade Lonos Vorstellung von einer Belohnung.

Er beschließt, dass nun schnell ein Erfolgserlebnis her muss. Im Zuge seiner Grübeleien fällt ihm die KAMPF-SPORT-KASCHEMME wieder ein: Vor dem Beginn seines Fernstudiums wollte er dort im September den Tag der offenen Tür besuchen und die angebotenen Kurse besuchen, doch er hatte es zeitlich nicht mehr untergebracht. Er hat Glück: Der nächste Tag der offenen Tür findet schon dieses Wochenende statt, direkt vor der Jubiläumsfeier am Montag. Weil er seinen Kontostand ohnehin nicht im Blick hat, bestellt sich Lono gleich ein komplettes Ausrüstungsset für das Löwenthai-Boxen und einen „Gi" genannten Kampfsportanzug für das Löwzilian Jiu-Jitsu und eine extraweiche Matte für den Kurs *Lyoga-Löwilates für Kampfsportler*. Aufgeregt vergeudet Lono den Rest des Tages damit, sich actionreiche Kampfsportvideos auf Lion-Tube anzusehen und freut sich tierisch auf die Kurse. So steht er auch am Samstag pünktlich und komplett ausstaffiert am Empfang der KAMPFSPORT-KASCHEMME. Der Trainer für das Löwenthai-Boxen holt ihn und eine Handvoll weitere Interessierte ab und mustert Lono dabei skeptisch von oben bis unten. „So gut ausgestattet kommt normalerweise kein Anfänger zu uns. Hoffentlich gefällt dir unser Angebot überhaupt, sonst hast du eine Menge Geld umsonst investiert", bemerkt er trocken.

Die meisten anderen Anfänger sind ungefähr in Lonos Alter. Doch im Trainingsraum erwartet sie eine Gruppe bereits erfahrener Kämpfer, die allesamt weitaus fitter, jünger und entschlossener aussehen, als Lono sich jemals gefühlt hat. Mit einem Mal bekommt er weiche Knie, doch für den Rückzug ist es jetzt zu spät: „So, meine lieben Löwen, ich bin Wladimir Löwitschko, zwanzigfacher Löwenland-Meister im Löwenthai-Boxen und der Besitzer der KAMPF-SPORT-KASCHEMME. Wir legen jetzt los: Das Training beginnt mit Laufrunden, Aufwärmübungen und einem Zirkeltraining für Kraft und Kondition, danach geht es an die Technik." Gehorsam kämpft Lono sich durch die angekündigten Übungen. Nach dem Zirkeltraining werden in Zweierpaaren einfache Boxtechniken eingeübt und schon bald hat Lono das Gefühl, dass ihm die Pfoten vor Anstrengung abfallen.

Während der kleinen Pausen zwischendurch führen die erfahreneren Kämpfer aus dem Kurs verschiedene Schlag- und Tritttechniken vor. Lono ist zwar völlig erschöpft, aber schwer beeindruckt. Insgeheim sieht er sich schon als Champion in den Ring steigen und seine Gegner niederwalzen. Deshalb nimmt er auch all seine Kraft zusammen, als die Löwen am Ende in schnellem Tempo auf einen wehrlosen Boxsack einschlagen dürfen. All seinen Frust prügelt er aus sich heraus, keucht und brüllt dabei, während Wladimir Löwitschko den Sack festhält. Doch dann verschätzt Lono sich und verfehlt den Boxsack. Seine Faust schnellt auf den Trainer zu und droht, ihn mitten auf den Solarplexus zu treffen. Löwitschko weicht jedoch blitzschnell aus. Sein Arm schießt reflexartig zur Verteidigung in einer Schutzbewegung nach oben und trifft den ungünstig im Weg stehenden Lono frontal auf der Brust. Obwohl der Schlag nicht hart war, bringt er Lono damit ins Straucheln. Dabei stolpert Lono so unglücklich über seine eigenen Füße, dass er eine kleine Pirouette dreht und unsanft auf sein Gesicht fällt. Bereits beim Aufprall spürt er, wie seine gesamte rechte Gesichtshälfte anschwillt. Als er sich von dem Schock erholt hat und sich wieder aufrappeln will, ist der Trainer bereits herbeigeeilt und hievt ihn kraftvoll auf die Beine. „So etwas ist mir in all meinen Jahren hier noch nie passiert! Entschuldigung", stammelt er bestürzt,

„das wollte ich nicht. Aber du hast so furchteinflößend ausgesehen, da haben meine Reflexe eingesetzt." – „Schon in Ordnung", stöhnt Lono. Wenigstens ist sein gesamter Frust jetzt verpufft und er weiß, dass er aus ihm niemals ein Kampfsportler wird. „Immerhin hast du es versucht, das ist mehr, als die meisten Löwen von sich behaupten können", muntert Löwitschko ihn auf, als er Lono am Ausgang verabschiedet. „Schon Henry Jaguar hat gesagt: ‚Es gibt mehr Löwen, die kapitulieren, als solche, die scheitern' – und auch du solltest weiterhin niemals Sachen ausschließen, bevor du sie nicht versucht hast." [1]

Mit seinem grün und blau geschwollenen Gesicht ist Lono am Montag auf der Jubiläumsfeier das Thema des Abends. Die Fotos, auf denen er seine Urkunde entgegennimmt, werden tags darauf im Lintranet geteilt und gehen fortan in die Firmengeschichte ein. Auch die Gruppenbilder sind legendär, da er als einziger Löwe aus der Gruppe feierlich dreinblickender Löwen mit seinem schiefen Grinsen heraussticht. Und die Schnappschüsse vom Galadinner nach der Zeremonie würde Lono am liebsten aus dem Lintranet entfernen. Dort ist für die Ewigkeit dokumentiert, wie er vor lauter Übermut vollgepumpt mit einem Mix aus Alkohol und Schmerzmitteln im Vollrausch auf dem großen Konferenztisch tanzt und die große Eisbombe als Boxsack verwendet. Na dann: Herzlichen Glückwunsch zum zehnjährigen Jubiläum bei Tiger & Meyer!

Lono ist noch einmal mit einem blauen Auge davongekommen

Kimba

Kritisch mustert Kimba seinen jungen Kollegen Dominik Löwerer. Seitdem der High Potential-Berufseinsteiger bei Tiger & Meyer einen Vortrag über seinen Lieblingssport, das Löwerican Football gehalten hat, scheint er zwei Zentimeter über dem Boden zu schweben. Das mag auch daran liegen, dass die jungen Löwinnen aus dem Marketing dem vitalen Junglöwen neuerdings zu Füßen liegen. Kimba erinnert sich daran, dass auch er nach den ersten Erfolgen im Job einen derartigen Höhenflug hatte. Allerdings hat ihn damals ein Fehler in der Budgetplanung, den er zu verschulden hatte, wieder zurück auf den Boden der Tatsachen geholt. „Wenigstens kann dem lieben Dominik gerade niemand den Boden unter den Pfoten wegziehen, wenn er so beflügelt ans Werk geht", witzelt er insgeheim und gönnt dem Kollegen seinen Erfolg.

Außerdem hat er selbst in diesem Jahr scheinbar auch jede Menge zu feiern: Der endgültigen Vereinheitlichung aller wichtigen Projektplanungswerkzeuge in ein einziges Tool steht nur noch ein Update im Wege und das Projekt wird zum Stichtag am 5. November voraussichtlich abgeschlossen sein. Gerade rechtzeitig also, um allen Beteiligten den dicken Weihnachtsbonus zu garantieren, der bei Zielerreichung winkt. Außerdem ist dieser Tag sein Geburtstag, darauf freut er sich jedes Jahr aufs Neue wie ein kleines Löwenbaby. Jedes neue Lebensjahr bietet die Gelegenheit, mit Stolz auf Vergangenes zurückzublicken und voll Freude den neuen Herausforderungen des kommenden Jahres entgegenzublicken. So lautet auch ein Credo in einem seiner Lieblingsratgeber **„Die Löwen-Liga: Stolz schafft Erfolg"**. Voll Stolz blickt Kimba mittlerweile auch auf zehn Jahre Berufserfahrung bei Tiger & Meyer zurück. Am kommenden Montag wird er mit neun anderen Löwen aus Müller-Wechselhafts Abteilungen für seine Treue geehrt und freut sich jetzt schon auf das spannende Incentive-Seminar, an dem die Gruppe dann im November teilnehmen darf.

Überhaupt verspricht die nächste Woche interessant zu werden. Neben der Feier und dem letzten Projekt-Update nimmt Kimba einmal an einem Parcours-Training und ein andermal an einem Obstacle Race genannten Hindernislauf im Liolympia-Park teil. Nachdem er so sehr von der Wanderreise mit Tiger & Meyer geschwärmt hat, brachte Manuel Löwenzier ihn nämlich auf die Idee, sich doch nach anderen Sportarten umzusehen, die auch vor Ort im Freien angeboten werden. „Parcours ist ein Hindernislauf durch die Stadt, bei dem die Stadt selbst zum Hindernis wird. Ziel ist es, auf kürzestem Wege möglichst effizient eine Strecke von A nach B zu überqueren und dabei keinem Hindernis auszuweichen", erklärte ihm der Trainer. „Die Strecke gibst allein du vor. Manchmal läuft man in einer Gruppe, manchmal alleine. Und manchmal übt man an Ort und Stelle einfach gemeinsam bestimmte Techniken, wie in einer Sportgruppe."

Kimba hat an dieser Vorstellung Gefallen gefunden. Ein wenig erinnert ihn Parcours an die Arbeit der Studentengruppe um Leo Tatze, die er mit der Umprogrammierung des Projektplanungs-Tools beauftragt hat: Die drei gehen ihren eigenen effizienten Weg bis hin zum erfolgreichen Abschluss des Projektes. Dabei müssen sie keinem vorgegebenen Weg in Form von Prozessen der firmeninternen Bürokratie oder Ressourcenplanung folgen, sondern können sich voll und ganz den „Hindernissen" der Programmierung widmen. So viel Freiheit hätte Kimba tatsächlich manchmal auch gerne in seinem Arbeitsalltag. Der erinnert ihn bisweilen nämlich eher an ein Obstacle Race: Dabei laufen einzelne Löwen oder Gruppen eine vorgegebene Strecke mit- und gegeneinander, die von obskuren Hindernissen gespickt ist: Eiswasserbecken, Barrikaden, Schlamm und brennende Kohle gehören zu einigen der Standard-Stationen. Grinsend stellt sich Kimba all seine Kollegen bei so einem Lauf vor. „Die Hindernisse wären dann aber eher Raum-

überbuchungen, Meetingzeitpunkte und Serverausfälle ...
Und auf der Zielgeraden warten dann die KPIs für die Jahresplanung", fantasiert er und verabschiedet sich ins Wochenende.

Auf dem Weg nach draußen begegnet er der Betriebspräventologin Sabine Krause-Luchs und erzählt ihr von seinem Vorhaben. Sie stimmt ihm begeistert zu: „Man sollte im Leben einfach viel mehr ausprobieren, auch wenn man nicht genau weiß, ob man am Ende erfolgreich ist oder scheitert. Schließlich zählt doch jeder Versuch als positiver Eintrag auf der Haben-Seite der persönlichen Lebensbilanz. Sie können auch nicht im Löwenlotto gewinnen, wenn Sie nie einen Spielschein ausfüllen. Und wenn Sie unzufrieden mit etwas sind, dann können auch nur Sie selbst die Situation ändern. Es ist wie mit der Motivation für den Sport: Sie selbst müssen es wollen. Leider sehen das viele Löwen nicht so", fügt sie seufzend hinzu. „Die Burn-out-Rate steigt auch deshalb so sprunghaft an, weil viele Löwen sich lieber in ihr Schicksal fügen und einen stressigen Job akzeptieren, der sie auf lange Sicht kaputt macht, anstatt etwas zu ändern. In diesem Sinne ist die Jetzt-Situation auch ein Teil der Komfortzone, aus der man sich nicht herauswagt. Insbesondere in Bezug auf die Arbeit neigen wir überhaupt dazu, ihr eine viel zu hohe Priorität in unserem Leben einzugestehen. Aber fragen Sie sich mal, was im schlimmsten Falle passieren würde. Sie wechseln den Job und der neue Job gefällt Ihnen nicht, oder Sie verlieren Ihren Job. Na und? Sie finden schon wieder einen! Aber da ist bei vielen der Leidensdruck einfach nicht groß genug, als dass sie die Motivation aufbringen würden, etwas an ihrem Leben zu ändern. Denn sie könnten ja scheitern – und davor, oder vor der Veränderung im

Allgemeinen, haben sie mehr Angst als davor, ewig auf der Stelle zu treten."

Diese Aussage der Präventologin stimmt Kimba nachdenklich. „Haben wir Löwen wirklich so viel Angst vor dem Scheitern, dass wir uns selbst einschränken?", überlegt er. Auf der Feier am Montag wird ihm bewusst, wie komfortabel seine Situation doch eigentlich ist: Zehn Jahre bei derselben Firma, die sein finanzielles Auskommen sichert, ihm Fortbildungen genehmigt, sich um seine Gesundheit sorgt und ihn dafür belohnt, dass er ihr die Treue hält. Selbst Löwen, die in letzter Zeit viel Pech hatten oder Fehler begangen haben, bekommen hier eine zweite Chance oder Unterstützung, um wieder auf die Beine zu kommen. Kimba war in den letzten zehn Jahren gerne ein Teil dieser Firma, auch wenn er manche eigene Idee nicht umsetzen konnte und auch wenn nicht immer alles eitel Sonnenschein ist.

Deshalb freut er sich nun umso mehr auf das Parcours-Training am Donnerstag, für das er sich extra freigenommen hat. Vormittags übt der Gruppenleiter Rainer Tigger mit den fünf Kursteilnehmern einige Standardübungen, etwa das Abrollen auf dem harten Asphalt oder den Sprung hinab von einer hohen Mauer. Nachmittags drehen sie dann eine Runde durch eine ruhige Wohnsiedlung mit Hochhäusern, Parkanlagen und Spielplätzen. Kimba ist sichtlich beeindruckt. Es gefällt ihm, beim Parcours um die Ecke zu denken und widrigen Gegebenheiten in Form von Treppengeländern oder Zäunen zu trotzen. Als er abends völlig erschöpft ins Bett fällt, freut er sich trotzdem darauf, dass der nächste Tag im Büro wieder ruhiger verlaufen wird und er die beachtliche Anzahl blauer Flecken an seinem Körper verheilen lassen kann.

Doch wie das Leben manchmal spielt, wünscht sich Kimba gegen Mittag den körperlichen Schmerz vom gestrigen Tag zurück – wenn er dafür die stechenden Kopfschmerzen und das Herzrasen loswerden könnte. Denn tatsächlich ist beim allerletzten Update für das Projektmanagement-Werkzeug etwas gründlich schief gelaufen. Der Schuldige ist schnell gefunden: Dominik Löwerer hat es versäumt, den Wartungsmodus der Software einzuschalten, so dass alle Änderungen direkt auf das Livesystem aufgespielt wurden und dort für einen Serverabsturz gesorgt haben, weil die Kollegen die neuen Funktionen bereits nutzten, obwohl noch gar nicht alles fertig installiert war. Leo Tatze und seine beiden Mitstudenten hauen fieberhaft in die Tasten ihrer schicken Laptops, um verlorene Daten wiederherzustellen und eine Sicherungskopie des Systems zu erstellen. Erschwerend kommt hinzu, dass heute Freitag ist: Normalerweise würde Robert Kraustigers IT-Team an einem Freitag niemals ein kritisches Update einspielen. Doch da Kimba sich gestern für den Parcours-Kurs freigenommen hatte, bleibt dem Team nichts anderes übrig, da dies der letzte Arbeitstag vor dem 5. November ist: Der Stichtag, an dem alle Projekte abgenommen werden müssen, die für die Erreichung der Jahresziele miteinberechnet werden sollen.

Um 16 Uhr müssen die Löwen eine Entscheidung treffen: Entweder setzen sie die Software auf den Stand von gestern zurück und verschieben das Update auf den kommenden Montag, um es in Ruhe im Wartungsmodus des Tools noch einmal zu testen, bevor es live geht. Damit wäre das Jahresziel nicht erreicht, aber die Löwen müssten keine Überstunden schieben, um auf Biegen und Brechen doch noch erfolgreich zu sein. Oder sie ziehen es jetzt durch und riskieren, dass sie nicht nur heute Abend, sondern auch morgen und womöglich übermorgen im Büro sitzen. Für Kimba steht die Entscheidung schnell fest: „Schon Löwokles sagte: ‚Gerades Scheitern steht höher als ein krummer Sieg' [2]. Wir haben alles versucht, sind der Lösung aber noch keinen Schritt näher gekommen. Ich sage, dass wir die Software auf den Stand von gestern zurücksetzen, das Jahresziel sausen lassen und uns in Ruhe am Montag noch einmal mit dem Update beschäftigen. Außerdem merke ich, dass wir nicht mehr konzentriert bei der Sache sind, jetzt weiterzuarbeiten macht also keinen Sinn. Ich übernehme die Verantwortung für diese Entscheidung. Denn wenn ich mir gestern keinen freien Tag genommen hätte, dann wären wir gar nicht erst in diese Situation gekommen, weil ich mich dann um die Aktivierung des Wartungsmodus gekümmert hätte. Dich trifft also keine Schuld, Dominik. Wenn wir alles nächste Woche erfolgreich zuende gebracht haben, kümmere ich mich um die Fehleranalyse und die Nachbereitung des Projektes. Anschließend spreche ich noch einmal mit Herrn Müller-Wechselhaft. Vielleicht kann ich ihn davon überzeugen, dass ihr doch noch euren Bonus bekommt, wenn ich das alles auf meine Kappe nehme. Macht euch bitte keinen Kopf: Wir haben es versucht, das zählt am Ende. Nehmen wir die Erfahrung einfach mit und machen es beim nächsten Mal besser!" Daraufhin verabschieden sich die Löwen voneinander und Kimba verlässt als Erster den Raum: Die Kopfschmerzen sind im Laufe des Tages noch schlimmer geworden und er sehnt sich nach Ruhe. Von den Blicken, die Dominik und Leo einander zuwerfen, bekommt er deshalb nichts mehr mit.

Tags darauf wacht Kimba mit dickem Hals und verstopfter Schnauze auf: Ein grippaler Infekt hat ihn erwischt. Kurz überlegt er, ob er ein paar Tabletten einwerfen und trotzdem zu seinem Obstacle Race im Liolympia-Park gehen soll: Die Teilnahmegebühr war nicht gerade günstig und er hatte sich sehr darauf gefreut. Doch als ihm beim Aufstehen bereits schwindlig wird, verwirft er den Gedanken und legt sich wieder hin. Auch den Sonntag – seinen Geburtstag – verbringt er fiebernd und erkältet im Bett. „Manuel Löwenzier meinte auch, dass es wichtig ist, sich bei einer Erkältung zu schonen und mit dem Training auszusetzen. Sonst verschleppt man sie möglicherweise und wird ernsthaft krank", tröstet er sich über die verlorenen Tage hinweg. Auch am Montag fühlt er sich noch nicht wieder fit und gibt Dominik Löwerer per Telefon Bescheid, dass er erst am Dienstag wieder zurück sein wird. Das kurze Gespräch mit seinem Kollegen stimmt ihn nachdenklich: „Dominik war so seltsam am Telefon, richtig aufgeregt. Hoffentlich gab es nicht wieder ein Problem mit dem Update, ich bin mal gespannt, was mich da morgen erwartet … "

Tatsächlich geht es Kimba am nächsten Morgen schon wieder viel besser. Kaum ist er in seinem Büro angekommen, rast Dominik Löwerer schon herein und platzt mit der guten Nachricht heraus: „Kimba, wir haben es doch noch am Freitag geschafft! Als du nach Hause gegangen bist, haben Leo Tatze und ich uns gedacht: Scheitern mag zwar keine Schande sein, aber wir sind noch nicht bereit, von vornherein aufzugeben. Vor dem Aufgeben kommt die Aufgabe – und wir haben sie gemeistert! Wir haben uns eine Frist bis Mitternacht gesetzt, um es doch noch zu schaffen. Und um 22 Uhr waren wir tatsächlich fertig – alles funktioniert problemlos, Müller-Wechselhaft ist auch schon informiert und wir haben unser Ziel doch noch erreicht!", jubelt der junge Löwe. „Denn wenn ich eines beim Löwerican Football gelernt habe, dann das: Oft trägt nur der Kopf die Schuld daran, wenn wir aufgeben wollen – der Körper ist längst noch nicht erschöpft, auch wenn der Kopf uns das weismachen will. Leo, Ina, die anderen zwei Studenten und ich sind eine Runde um das Firmengelände gelaufen. Die frische Luft hat uns gut getan, so dass wir danach wieder hochkonzentriert weiterarbeiten konnten. Zugegebenermaßen haben wir auch eine Runde Pizza bestellt, das hat uns fast noch mehr motiviert. Aber die Hauptsache ist, dass wir es geschafft haben. Du musst also den Kopf nicht mehr für mich hinhalten. Aber vielen Dank dafür, dass du es tatsächlich getan hättest!" Kimba lässt sich von Dominiks Freude anstecken. Auch er ist überglücklich, dass die Truppe das ambitionierte Ziel doch noch erreicht hat. Trotzdem wird er den gesamten Prozess ordentlich nachbereiten und seine Lehre aus den gemachten Fehlern ziehen. Und zur Feier des Tages gönnt er sich heute auch eine Pizza.

Kimba gönnt seinem Körper während der Erkältung ausreichend Ruhe

Quellen

1. http://www.nur-zitate.com/zitate/kategorie/Scheitern/seite-1
2. http://www.gutzitiert.de/zitatebysearch.php?search=scheitern

20

Warum auch kleine Belohnungen großartig sind

Lono

Endlich kann Lono wieder in den Spiegel schauen, ohne vor seinem eigenen Antlitz zu erschrecken! Geschlagene zwei Wochen hat es gedauert, bis die Schwellung in seinem Gesicht zurückgegangen ist, nachdem Wladimir Löwitschko ihn beim Training in der KAMPFSPORT-KASCHEMME aus Versehen auf den Boden geschickt hat. Viel mehr Grund zur Freude hat Lono momentan leider nicht: Müller-Wechselhaft hat ihm noch einmal mitgeteilt, dass er seine Jahresziele nicht erreicht hat und nur deshalb mit einem kleinen Weihnachtsbonus rechnen kann, weil die Gesamtziele der ihm unterstellten Abteilungen erfüllt wurden. Das Geld kann Lono tatsächlich momentan sehr gut gebrauchen: Auf seinem Konto leuchten ihm tiefrote Zahlen entgegen, da er viel zu viel Geld in Sportausrüstung und Wunderpillen investiert hat. „Was soll's", seufzt er, „Geld ist schließlich nicht alles. Dann bastele ich meinen Eltern dieses Jahr zu Weihnachten eben etwas, anstatt ihnen die Minikreuzfahrt zu schenken, die ich ihnen versprochen hatte. Selbstgemachtes ist ohnehin dieses Jahr richtig angesagt." Doch die faule Ausrede hat nicht einmal vor Lono selbst Bestand und er versinkt prompt in Selbstmitleid. „Ich bin ein Versager. Nie-

© Springer Fachmedien Wiesbaden 2017
S. I. Lackerbauer et al., *Die Löwen-Liga: Fit für die Karriere*,
DOI 10.1007/978-3-658-12138-9_20

mand will etwas mit mir zu tun haben, alles mache ich falsch und so richtig fit bin ich auch immer noch nicht."

Da entdeckt er eine Einladung per Lionmail von Müller-Wechselhaft, der ihn sofort in seinem Büro sehen möchte. Lono rutscht das Herz in die Hose. „Wofür will der Chef mich denn jetzt schon wieder schimpfen?", denkt er panisch. Doch ihm fällt keine passende Ausrede ein, warum er keine Zeit für das Meeting hat, also fügt er sich und schleicht zu Müller-Wechselhaft. „Sie wollten mich sprechen?", fragt er kleinlaut und lässt sich auf dem Besucherstuhl vor Müller-Wechselhafts Schreibtisch nieder. Dieser räuspert sich und starrt zunächst Löcher in die Luft. „Irgendetwas ist ihm unangenehm", erkennt Lono verblüfft. Doch bevor er darüber weiter nachdenken kann, atmet der Chef tief ein und beginnt zu sprechen: „Also, Lono. Sie haben sich dieses Jahr ja nicht gerade mit Ruhm bekleckert. Projekte versaut, eine Kollegin vergrault, inakzeptables Benehmen auf diversen Firmenveranstaltungen, falsche Wahl des Fernstudiums." Lono wird noch kleiner „Au weia, jetzt kommt's", denkt er betrübt. „Aber da gab es auch die guten Dinge. Sie waren sehr engagiert bei unseren Präventionsprojekten, haben mit Sabine Krause-Luchs diese äußerst wertvollen Videos gedreht und den Stein ins Rollen gebracht für die neue Lintranet-Software. Das Projekt haben Sie dann natürlich verloren, aber am Anfang standen Sie, das kann man nicht leugnen." Lono meint, sich verhört zu haben: Ist das etwa ein verstecktes Lob? „Und außerdem hat Prof. Dr. Katzecki von der Löwen-Universität zu Löwenstein mir zugetragen, dass Sie sich im Fernstudium tatsächlich recht gut machen. Ihre Hausaufgaben sind immer ordentlich gemacht, Sie bereiten die Seminare gut vor und nach. Das ist natürlich nur deshalb so, weil ich Sie jeden Montag zwinge, mir über Ihren Fortschritt Bericht zu erstatten, nachdem Sie sich ja so unsinnigerweise für *Interkulturelles Löwenmanagement* entschieden haben, obwohl das mit Ihrem Job bei uns überhaupt nichts zu tun hat … "

Lono legt die Stirn in Falten. „Zuckerbrot und Peitsche, das hat er wirklich gut drauf, unser Müller-Wechselhaft", denkt er. Erneut räuspert sich der Chef. Die Pause danach zieht sich in die Länge. Als er endlich weiterspricht und zur Sache kommt, ist Lono bereits schweißgebadet. „Die Sache ist die. Ich habe gelesen, dass Sie in Ihrem Fernstudium auch etwas über die besonderen Eigenheiten der geschäftlichen Gepflogenheiten in Mittel- und Südlöwerika lernen. Zum Beispiel, dass die Kollegen dort teilweise mittags eine lange Siesta einlegen oder Termine nicht so verbindlich sehen wie wir hier in Löwenland. Also alles, was mit der Business-Etikette dort drüben zu tun hat." Wieder macht Müller-Wechselhaft eine Pause, die sich qualvoll in die Länge zieht. „Es geht mir um Folgendes: Ich brauche Ihre Hilfe, um die Löwen dort besser zu verstehen. Mir entgleiten da gerade ein paar Sachen und ich verstehe nicht, woran es liegt. Kommunizieren wir nicht klar genug? Sind deren Sprachkenntnisse so rudimentär? Oder ticken sie einfach anders und wir müssen besser auf sie eingehen? Verstehen Sie, was ich meine?" Lono nickt.

Der Chef bittet ihn tatsächlich um seine Hilfe, das gab es ja noch nie! „Also, können Sie mir helfen? Ja? Ich leite Ihnen mal ein paar Lionmails und Meeting-Protokolle weiter. Vielleicht werden Sie daraus schlau und können mir sagen, wo es hier hapert. Stellen Sie mir bitte auch ein Dossier mit allen Informationen zusammen, die Sie über die dortigen Gepflogenheiten finden können. Und das Ganze bitte möglichst flott. Und jetzt raus hier, ich habe zu tun!" Blitzschnell hastet Lono zurück an seinen Platz, um dort die eingehenden Lionmails von Müller-Wechselhaft zu lesen und in seinen Seminarunterlagen nach den Informationen zu suchen, die der Chef benötigt. Auf einmal ist seine Lethargie verschwunden und er ist hochmotiviert. Gerade ist ihm jedes Mittel recht, um in der Gunst des Chefs wieder ein wenig zu steigen und die vorherigen Verfehlungen vergessen zu machen. Selbst das klitzekleine bisschen Lob, so gut unter dem Tadel versteckt, wie ein schwarzer Panther in der Nacht, ist Balsam für seine geschundene Seele.

Auf der Welle dieses Hochgefühls schwebt Lono am nächsten Abend ins SUPER SPORT STUDIO: Er ist stolz auf sich und fühlt sich endlich dazu bereit, sein Training wiederaufzunehmen. Seit seiner allergischen Reaktion samt schmerzhaften Pfotenverletzungen hat er das Studio gemieden – aus Angst, dass man ihn auslachen und über ihn tuscheln würde. Freudestrahlend begrüßt er seine Trainerin Ivera Löwowitz. „Lono, ich freue mich, dass du wieder da bist! Diesmal aber bitte ohne Drama", schmunzelt sie und studiert den Trainingsplan, den sie für Lono aufgestellt hat. „Wenn du jetzt dranbleibst, dann steht der stolzgeschwellten Löwenbrust für nächsten Sommer nichts mehr im Weg", motiviert sie ihn. Trotz seiner prekären finanziellen Situation beschließt Lono, den Vertrag mit Ivera zu verlängern und von nun an regelmäßig ins Training zu kommen: dreimal pro Woche mit Ivera und mindestens einmal alleine. Vielleicht gibt er dem Aqua-Fitness-Kurs noch einmal eine Chance, der ihm im Sommer so viel Freude bereitet hatte. „Gut so", lobt sie ihn. „Und das sage ich nicht nur deshalb, weil ich dich als Kunden behalten möchte, sondern weil mir dein Erfolg am Herzen liegt." Lono strahlt. „Wahnsinn, wie gut es tut, sich einmal selbst zu belohnen", sinniert er, als er müde und glücklich nach dem Training auf der Couch landet. „Und womit könnte ich mir jetzt noch eine Freude bereiten?" Da fällt ihm die Riesenpackung Eis ein, die er sich neulich gekauft hatte. „Ein Löffel kann ja wohl nicht so schlimm sein, jetzt nach dem Training", denkt er und leckt sich erwartungsvoll die Lippen. Doch nach dem ersten vollbeladenen Löffel landet ein zweiter in seinem Löwenmaul, dann ein dritter und vierter – und mit einem Mal ist die Packung leer. „Naja, einmal geht das schon", denkt Lono beschämt. Pappsatt und zufrieden schläft er ein und träumt von einer Welt ganz aus Eis.

In den nächsten Tagen stellt er gehorsam die von Müller-Wechselhaft angefragten Informationen zusammen und schickt das gesamte Dossier pünktlich am Freitag vor Feierabend ab. Abends trainiert brav mit Ivera Löwowitz und hält sich von allen Süßigkeiten fern. Am Wochenende jedoch ist seine Disziplin für diese Woche aufgebraucht. „Ich habe diese Woche so viel geleistet und niemand hat es gemerkt", denkt er betrübt. Er sehnt sich nach Anerkennung. Doch ihm fällt niemand ein, dem er von seinen Erlebnissen erzählen könnte. Betrübt surft er im Linternet und besucht wieder einmal seine Lieblings-Online-Shops, um sich zur Belohnung selbst zu beschenken und das Limit seiner Lion-Card nun endgültig zu sprengen. Das Hochgefühl nach den Einkäufen hält allerdings nur kurz an und so sucht Lono nach weiteren Möglichkeiten, wie er sich etwas Gutes tun kann: Herzhafte Mahlzeiten vom Lieferservice heitern ihn kurzzeitig auf, doch sobald die Teller leer sind, meldet sich wieder das schlechte Gewissen.

Am Montag wartet Lono ungeduldig auf eine Lionmail von Müller-Wechselhaft. „Warum kommt denn da keine Antwort?", brummt er ungeduldig. „Ist es ihm etwa nicht gut genug, was ich ihm geschickt habe? Wieso sagt er denn dann nichts?" Den gesamten Vormittag über steigert Lono sich in die negativen Gefühle hinein. Am späten Vormittag platzt ihm endgültig der Kragen und er stapft zum Büro seines Chefs. Zu seiner großen Überraschung ist die Tür abgeschlossen. „Suchen Sie etwas, Herr Lono?", ruft ihm die Teamassistentin Irmgard Ohnelöwe zu, die gerade um die Ecke biegt. „Nicht etwas: jemanden!", knurrt Lono. „Ach, Sie wollten zum Chef? Der ist am Samstag nach Süd-Löwerika gereist und kommt erst nächste Woche wieder. Hat er Ihnen das nicht gesagt?" Bedröppelt lässt Lono die Klinke los und verzieht sich wieder in sein Büro. Da entdeckt er einen Notizzettel von Müller-Wechselhaft an seiner Bürotür, die er in seiner Aufregung ganz übersehen hatte: „Bin die Woche über in Löwerika – melde mich, wenn ich noch weitere Informationen brauche. Gruß, MW." Lono schämt sich für seine Überreaktion und sogar noch mehr, als sein Finanzberater von der Bank anruft und ihn vorsichtig fragt, ob er denn seine aktuellen Ausgaben im Blick habe: Das System hatte Alarm geschlagen, als Lono den Betrag für die Vertragsverlängerung bei Ivera überwiesen hat.

Aus Trotz beschließt er, den Rest des Tages faul zu vertrödeln und gar nichts zu machen. „Ich streike", denkt er trotzig. „Es macht ja ohnehin keinen Unterschied, ob ich da bin oder nicht, ob ich arbeite oder nicht. Niemand wird es merken, wenn ich jetzt faulenze, später einfach meine

Sachen packe und gehe." Diesen Modus hält er mehrere Stunden durch. Doch als er Wut und Scham einmal heruntergeschluckt hat, macht sich ein Gefühl der tiefen Verzweiflung in Lono breit. Er ist sogar so sehr am Boden zerstört, dass er sich freiwillig für die Sprechstunde bei der Betriebspräventologin Sabine Krause-Luchs anmeldet und ihr sein Leid klagt. Spontan nimmt sie ihn daraufhin in den Arm. „Ach, Herr Lono. Sie hatten ja wirklich kein leichtes Jahr. Lassen Sie sich mal drücken. Das fühlt sich doch gleich besser an, oder?" In der Tat genießt Lono die Umarmung. „Mir war gar nicht bewusst, dass mir das so sehr gefehlt hat", murmelt er.

„So ist das eben manchmal, Herr Lono. Wir Löwen fühlen zwar, dass wir etwas brauchen, aber verstehen oft nicht auf den ersten Blick, was es ist. Meistens versuchen wir dann alle möglichen Dinge, um dieses nagende Gefühl loszuwerden: Wir treiben extrem viel Sport, futtern süße Sachen wegen der Glückshormone, tätigen sinnlose Frustkäufe oder stürzen uns in die Arbeit. Doch Lob und aufrichtige Anerkennung lassen sich dadurch nicht ersetzen. Vielmehr hilft es, sich selbst zu loben. Verbuchen Sie auch kleine Dinge als Erfolge, zum Beispiel das Gespräch hier und jetzt mit mir. Natürlich ist es schöner, von anderen Lob zu erhalten, aber damit können wir leider nicht immer rechnen. Daher ist es umso wertvoller, wenn wir Lob bekommen. Genießen Sie es! Und denken Sie auch einmal daran, Lob zu verteilen, freundliche Worte oder Komplimente auszusprechen. Denn es geht ja nicht nur Ihnen so!" Lono nickt und ringt mit den Worten. Jetzt wird ihm auch klar, warum es Müller-Wechselhaft so schwer gefallen ist, ihn zu loben: Ihm fehlt wie Lono einfach die Übung. „Ja, vielen Dank, das hilft mir wahrscheinlich schon ein bisschen. Und Ihre Bluse ist heute wirklich ganz besonders hübsch", erwidert er und studiert genau die Reaktion der Präventologin. Sabine Krause-Luchs lacht auf und tätschelt ihm die Schulter. „Sehen Sie, so schwer war das doch gar nicht, oder? Probieren Sie es aus, ich bin mir sicher, dass es Ihnen mit jedem freundlichen Wort, das Sie aussprechen, ein bisschen besser gehen wird!"

Trost kann Lono jetzt gut gebrauchen

Kimba

Zufrieden schiebt Kimba den leergegessenen Teller von sich und unterdrückt glucksend ein Bäuerchen. Weil er in den letzten Monaten so sehr auf seine Ernährung geachtet hatte, hat er doch glatt vergessen, wie lecker ein Stück selbstgebackener Kuchen schmecken kann. Die besagte Portion war Teil einer saftigen Karotten-Nuss-Kreation mit sündhaft zartschmelzender Schokoglasur, die Ina Panther gebacken und zum Wohle der Allgemeinheit gestiftet hatte. Anlass zur Freude war die Bestätigung von Müller-Wechselhaft, dass die junge Löwin im nächsten Jahr als IT-Projektmanagerin eine feste Stelle bekommen wird und somit nicht mehr Gefahr läuft, alle paar Monate in eine andere Abteilung wechseln zu müssen. Beim Anblick des Kuchens muss Kimba daran denken, dass er dieses Jahr zu seinem Geburtstag unfreiwillig auf jegliches Naschwerk verzichtet hat: Am besagten Tag lag er nämlich krank im Bett und kurierte eine Erkältung aus.

Spontan beschließt er, seinen Ehrentag mit ein paar Kollegen von Tiger & Meyer nachzufeiern. Denn auch für die anderen neigt sich ein ereignisreiches Jahr dem Ende zu und Kimba ist der Meinung, dass es ihnen allen gut täte, sich einmal außerhalb des Firmengeländes zu treffen, die Höhepunkte des Jahres Revue passieren zu lassen und sich auch privat ein wenig besser kennenzulernen. Außerdem hat er beschämt festgestellt, dass er die Namen der beiden anderen Studenten gar nicht kennt, die zusammen mit Leo Tatze erfolgreich alle internen Projektmanagementaufgaben bei Tiger & Meyer in einem einzigen Tool zusammengeführt haben. Die ganze Firma profitiert nun davon, dass nicht mehr fünf verschiedene Werkzeuge bedient und gepflegt werden müssen, sondern alles mit Hilfe einer einzigen Software erledigt werden kann. Müller-Wechselhaft und Jan Leopardsen, der Business Intelligence-Analyst aus der Lölner Geschäftsstelle, hatten in einer Lionmail-Konversation begeistert darüber spekuliert, wie viel Arbeitszeit die Löwen künftig dadurch einsparen werden und wie viel weniger Aufwand die Pflege einer einzigen Software darstellt. Nur noch ein Passwort, das die Löwen potenziell vergessen könnten! Nur noch ein Tool, das gewartet werden muss! Kimba bekam alle Lionmails der Konversation in Kopie und verfolgte den Maildialog grinsend mit. Allerdings muss er zugeben, dass ihm eine wichtige Sache gefehlt hat: Ein Lob für sein Team seitens des Chefs Müller-Wechselhaft. Denn mit keinem Wort wurde im Mailverkehr erwähnt, dass hinter den Änderungen an der Software jede Menge Planung und harte Arbeit steckt.

Als Kimba die letzten Krümel von seinem Teller gepickt hat und Dominik Löwerer von seinem Plan erzählen will, bemerkt er, dass der junge Kollege seinen Kuchen nicht angerührt hat. Verblüfft weist er Dominik darauf hin: „Stimmt etwas nicht? Du hast doch noch nie eine Mahlzeit ausgelassen, so kenne ich dich gar nicht!" Lustlos stochert Dominik in seinem Kuchen herum. „Naja, ich weiß nicht. Ich will mich ja nicht beschweren und ich erwarte auch keine Lobeshymnen. Aber Müller-Wechselhaft hat sich noch nicht einmal positiv dazu geäußert, dass wir dieses Riesenprojekt ganz alleine gestemmt haben. Ich meine, im Studium hat mich auch niemand gelobt. Aber da habe ich das Resultat meiner Bemühungen wenigstens schwarz auf weiß vor mir liegen gehabt, wenn ich Prüfungen geschrieben und dafür gute Noten bekommen habe. Hier fehlt das irgendwie, daran muss ich mich erst noch gewöhnen." Kimba nickt. „Mach dir keine Sorgen, mir und den meisten anderen Kollegen geht es ähnlich. Es ist leider in den meisten Unternehmen heutzutage so, dass es keine *Kultur des Lobens* mehr gibt. Deshalb ist es umso wichtiger, dass wir uns selbst ab und zu auf die Schulter klopfen und unsere Erfolge feiern." Dominik seufzt. „Das ist wohl leichter gesagt, als getan. Außerdem wurmt es mich ein bisschen, dass Ina Panther ab Januar eine feste Stelle hat, ich aber noch gar nicht weiß, wo ich landen werde. Dabei würde ich eigentlich wirklich gerne hier bei Ihnen bleiben." Das überrascht Kimba. Er war davon ausgegangen, dass der junge Kollege schon längst eine Stelle in einer von Müller-Wechselhafts Abteilungen in Aussicht hat. „Wenn dem nicht so ist, dann werde ich doch einmal Glücksfee spielen", denkt er und verfasst eine lange Lionmail an seinen Chef, in der er Dominik Löwerer für seinen Einsatz lobt und Müller-Wechselhaft bittet, den jungen Kollegen in einer Festanstellung bei sich übernehmen zu dürfen.

Am nächsten Morgen trifft er sich mit Manuel Löwenzier im SUPER SPORT STUDIO. Zusammen mit dem Trainer möchte er einen neuen Plan für sein Krafttraining erstellen. Als sie gemeinsam die einzelnen Übungen durchgehen und die Gewichte an Kimbas Leistung anpassen, lobt der Trainer seinen Schützling: „Kimba, du hast dich im letzten halben Jahr wirklich gut entwickelt. Sieh mal, bei einigen Übungen konnten wir das Gewicht um bis zu einhundert Prozent steigern, das ist wirklich eine gute Leistung. Es zeigt, dass du drangeblieben bist und dein Ziel nicht aus den Augen verloren hast. Jetzt lass uns noch kurz den Bauchumfang, Gewicht und Körperfett messen." Kimba fühlt sich geschmeichelt und ist überrascht, wie gut ihm das Lob des Trainers tut. „Das gefällt mir sogar noch besser, als von Müller-Wechselhaft für das Erreichen meiner Jahresziele gelobt zu werden", witzelt er. „Das wundert mich gar nicht", erwidert Löwenzier. „Schließlich hast du hier im Training fast komplett selbst unter Kontrolle, wie erfolgreich du bist und was du letztendlich erreichst. Im Büro bist du ja auch auf deine Kollegen angewiesen und einige Ziele hängen nicht nur von deiner eigenen Leistung, sondern von der gesamten Abteilung ab, wenn ich das richtig verstanden habe." – „Stimmt. Aber jetzt zeig mir mal, was die Berechnung meiner Werte ergeben hat." Kimba ist verblüfft, als das Programm auf Manuel Löwenziers Limac am Ende zeigt, dass er Fett abgebaut und Muskelmasse aufgebaut hat. Auch sein Bauchumfang ist um einige Zentimeter zurückgegangen. „Das ist mir gar nicht aufgefallen", meint er. „Auch das wundert mich nicht", grinst der Trainer. „Du siehst dich jeden Tag selbst im Spiegel, somit fallen dir die Veränderungen gar nicht auf. Ich hingegen hätte dir gleich sagen können, dass du heute schlanker bist als vor einem halben Jahr." Das bringt Kimba auf eine Idee.

Im Büro bei Tiger & Meyer sieht er, dass Müller-Wechselhaft auf seine Lionmail noch nicht geantwortet hat. Kimba beschließt, dass er nicht länger warten will und stürmt ins Büro seines Chefs. Herr Müller-Wechselhaft fällt beinahe von seinem teuren Designer-Bürostuhl, als er Kimba so wild entschlossen auf sich zukommen sieht. „Chef, ich weiß, dass Sie jede Menge zu tun haben, aber könnten Sie mir bitte kurz Feedback geben, ob ich Dominik Löwerer im nächsten Jahr behalten darf? Ich bin von den Qualitäten des jungen Kollegen überzeugt und möchte außerdem jetzt schon die Planung für die Projekte für das Q1 angehen. Dafür muss ich wissen, ob ich mit Löwerer rechnen kann oder nicht." Müller-Wechselhaft ist sichtlich überrumpelt. „Also, wenn Sie sich schon so für ihn einsetzen und ihn dermaßen loben, dann sollen Sie ihn auch behalten dürfen. Wir hätten ansonsten ohnehin eine Stellenausschreibung veröffentlicht, um Ihnen jemanden zur Seite zu stellen."

Müller-Wechselhaft räuspert sich verlegen. Kimba kann sehen, dass ihn der nächste Satz sichtlich Überwindung kostet. „Sie wissen ja, dass wir hier bei Tiger & Meyer nicht so offen mit Lob umgehen, wie es vielleicht für die Arbeitsatmosphäre gut wäre. Eine zusätzliche Stelle auszuschreiben ist sozusagen meine Art, mich bei Ihnen für Ihre gute Arbeit zu bedanken. Ich und die anderen Führungskräfte wissen Ihren Einsatz sehr zu schätzen, insbesondere Ihr Engagement für das Projektmanagement-Tool, das uns allen die Aufgabenverwaltung jetzt so sehr erleichtert. Gute Arbeit, Kimba, wirklich gute Arbeit. Und jetzt raus hier, ich habe zu tun!"

Mit einem breiten Löwengrinsen verlässt Kimba Müller-Wechselhafts Büro. Am meisten freut es ihn, dass er jetzt Dominik Löwerer die gute Nachricht überbringen kann – das liegt ihm sogar noch mehr am Herzen als das Lob für seine eigene Arbeit. Deshalb sprudeln die Neuigkeiten nur so aus ihm heraus, als er den jungen Kollegen erblickt: „Dominik, ich muss dir etwas sagen. Erstens: Du hast dich im vergangenen halben Jahr ganz großartig entwickelt. Auch wenn dich niemand explizit dafür gelobt hat: Lass mich dir sagen, dass du enorme Fortschritte gemacht hast. Dir selbst ist das wahrscheinlich entgangen, weil du ja jeden Tag an dir und deinen Aufgaben arbeitest. Aber wenn du jetzt einen Schritt zurücktrittst und den direkten Vergleich zwischen dem Dominik von damals und dem von heute ziehst, dann verstehst du, was ich meine. Und zweitens: Ich war gerade bei Müller-Wechselhaft: Du wirst ab Januar übernommen und arbeitest permanent mit mir zusammen!" Der junge Löwe kann vor Freude nicht an sich halten und umarmt Kimba stürmisch. Lachend befreit Kimba sich aus dem Klammergriff. „Lass uns jetzt alle zusammentrommeln, mit denen wir in diesem Jahr so gut zusammengearbeitet haben, denn das muss gefeiert werden! Ich schlage vor, dass wir uns am Freitag nach der Arbeit direkt gemeinsam auf den Weg machen und uns allesamt selbst mit einem phänomenalen Essen belohnen. Aber bitte erinnere mich daran, dass du mir vorher noch die Namen der beiden anderen Studenten aus Leo Tatzes Team nennst, sonst könnte das ein bisschen peinlich werden!"

Ein Lob tut jedem Löwen gut

21

Social Networking: Zusammen schwitzen schweißt zusammen

Lono

Lono hat sich die Ratschläge der Präventologin Sabine Krause-Luchs sehr zu Herzen genommen und seine Einstellung in Bezug auf soziale Kontakte grundlegend geändert. Vorbei sind die Zeiten, in denen er Kollegen mit kurzen Sätzen abgekanzelt hat und finstere Blicke in Richtung derer schickte, die sich in der Kantine an seinen Tisch zu ihm gesellen wollten. Wenn er bislang jeden Löwen als potenziellen Konkurrenten sah, dem er beweisen wollte, dass er besser ist, so betrachtet er nun jeden als möglichen Gesprächspartner. Je mehr er sich öffnet und den Kontakt sucht, desto mehr scheint sein Löwenherz genau das zu brauchen. Zu Hause hat er die Poster seiner Lieblingsband von der Wand gerissen und stattdessen die Fotos von Kollegen dort aufgehängt, die er (noch nicht) kennt. Ein wirres Pfeilnetz stellt Querverbindungen zwischen den einzelnen Löwen her, wer mit wem woran in welcher Abteilung arbeitet, welche Hobbys sie pflegen und ob sie vergeben sind. Einem Profiler würde bei diesem Anblick vermutlich eine ausführliche Antwort auf die Frage einfallen, warum Lono

© Springer Fachmedien Wiesbaden 2017
S. I. Lackerbauer et al., *Die Löwen-Liga: Fit für die Karriere*,
DOI 10.1007/978-3-658-12138-9_21

all das macht. Für Lono ist das jedoch schlicht und ergreifend die beste Methode, um das *Projekt Löwenfreunde*, wie er sein Unterfangen selbst nennt, zu organisieren. „Ich bin eben ein Projektleiter mit Informatiker-Seele, da denkt man nun einmal pragmatisch, logisch und zielorientiert", denkt er laut vor sich hin, als ihm auffällt, dass die Wand auch aus einem Psychothriller stammen könnte. Lono sucht sich seine Zielperson für die heutige Kontaktaufnahme heraus und fährt beschwingt in sein Büro bei Tiger & Meyer.

Zu seiner großen Freude wurde gestern Abend die neue Lintranet-Software noch erfolgreich im internen Firmennetz installiert. Einst war das Programm seine Idee gewesen, doch erst Ina Panthers Überzeugungskraft sorgte dafür, dass Müller-Wechselhaft der nicht gerade günstigen Änderung zustimmte. Lono verlor das Projekt dann auch an Ina und den Kollegen Robert Kraustiger in der IT, doch die beiden honorieren sein initiales Engagement, indem sie ihm die Administrationsrechte für die neue Umgebung gegeben haben. Der Benutzername kommt per Kurznachricht auf sein Liphone, das Passwort klebt auf einem Notizzettel an der Unterseite des Hörers seines Diensttelefons am Platz und die Verifizierungs-URL kommt per Lionmail. „Vielleicht ein bisschen paranoid, aber lieber zu viel als zu wenig Sicherheit", denkt Lono und meldet sich begeistert im Lintranet an. In der Verwaltungsoberfläche hat er Zugriff auf sämtliche Personaldaten, die aus dem alten Lintranet übernommen wurden. Er kann sehen, welche Löwen schon fleißig ihre Profile aktualisiert haben und die neuen Funktionen ausprobieren: Sie laden Fotos von sich hoch, geben ihre Interessen an und vernetzen sich mit Kollegen aus ihren und anderen Abteilungen. Ein neues soziales Netzwerk

ist geboren. „Das ist perfekt für mein *Projekt Löwenfreunde*,
damit habe ich einen richtig guten Überblick", jubelt Lono und studiert das Profil seiner heutigen Zielperson: Der
Kollege arbeitet in der IT bei Robert Kraustiger. Lono hat
ihn einige Male mit Ina Panther in der Kantine gesehen –
und genau da möchte er ihn heute abfangen, um ihn kennenzulernen. „Nie wieder will ich mich so einsam fühlen
wie in den letzten Monaten", sinniert er. „Ab jetzt möchte
ich endlich wieder richtig viele Freunde haben, gut vernetzt
sein und alles mitbekommen, was bei Tiger & Meyer so passiert."

Mittags in der Kantine kauft Lono zwei Stück Kuchen extra und scannt den Sitzbereich, bis er die beiden erspäht. Sie
sind angeregt in ein scheinbar ernstes Gespräch vertieft. „Da
kommt ein Kuchen genau richtig", überlegt Lono und tritt
an ihren Tisch. „Hallo Ina, hallo Kollege von Ina. Huch, ich
habe aus Versehen zwei Stück Kuchen zu viel gekauft. Na,
was meint ihr? Sollen wir sie gemeinsam verputzen? Ist bei
euch noch frei?", rattert er mechanisch den Einleitungssatz
herunter, den er sich überlegt hat. Sie starren ihn verdattert an. Nachdem sie kurz Blicke ausgetauscht haben, zuckt
Ina mit den Achseln und rutscht beiseite, so dass er sich setzen kann. „Wir waren eigentlich gerade bei einem wichtigen
Thema, aber was soll's. Herr Lono, das ist Lorand Luchsmann aus der Business Intelligence-Abteilung. Lorand, das
ist Herr Lono aus dem IT-Projektmanagement." – „Sehr erfreut", erwidert Lorand höflich, obwohl man ihm ansieht,
dass er ganz und gar nicht erfreut ist. Lono setzt sich zu
den beiden, verteilt den Kuchen und brilliert im Gespräch
mit Lorand, indem er all sein Wissen einstreut, das er von
Kollegen und aus dem Lintranet über ihn gesammelt hat.

Das wiederum irritiert Lorand sichtlich und er verabschiedet sich recht schnell von den beiden. Lono blickt ihm verwirrt hinterher. „Schade, dass er schon weg musste. Wir haben uns doch gerade erst kennengelernt", murmelt er. Ina Panther wirft ihm einen bösen Blick zu. „Sie haben ihn ja förmlich in die Ecke gedrängt mit Ihrer Art. Seit wann sind Sie eigentlich so kontaktfreudig? Und woher wussten Sie so viel über ihn?" Stolz verrät Lono Ina Panther einige Details aus seiner Strategie. Daraufhin ergreift Ina die Flucht. „Herr Lono, das klingt mir alles etwas zu verrückt. Das klingt so gar nicht nach Ihnen. Vorher waren Sie mir irgendwie lieber."

Lono bleibt verdattert allein zurück und überspielt seine Unsicherheit, indem er alle drei Stücke Kuchen verputzt. „Was habe ich denn jetzt schon wieder falsch gemacht? Ich sollte doch kontaktfreudiger werden. War ich das etwas nicht?", überlegt er und versteht die Welt nicht mehr. Auch in den nächsten Tagen zeigt Lonos Strategie wenig Erfolg: Sobald er sich zu einer Gruppe Löwen gesellt und sich in ihr Gespräch einmischt, zerstreut sich die Versammlung schnell, weil alle plötzlich weg müssen. Wenn er einen einzelnen Löwen auf dem Gang erwischt und zu einem Gespräch festnagelt, windet sich dieser meist mit kurzen Antworten aus der Situation heraus. Eifrig belauscht Lono dann seine Kollegen und macht sich Notizen zu den Gesprächen: Wer mit wem verabredet sein soll, welches Projekt angeblich nächstes Jahr bei Tiger & Meyer ansteht und wer die Firma scheinbar bald verlassen wird. Gezielt streut er diese Informationen wiederum in die „zufälligen" Gespräche auf dem Gang ein und lässt damit die Gerüchteküche brodeln. Dies führt zu einigen Missverständnissen, Streitereien und bösen Worten: die Stimmung bei Tiger & Meyer ist gefährlich aufgeladen. Schließlich zitiert Herr Müller-Wechselhaft Lono in sein Büro und verbietet ihm, seine eigene Zeit und die Zeit seiner Kollegen mit Kaffeeklatsch auf dem Gang zu verschwenden. Er solle sich lieber auf seine Arbeit konzentrieren und die anderen Löwen in Frieden lassen. Lono ist völlig perplex. „Ich wollte doch nur ein besserer Kollege sein, mich in die Gespräche einbringen, Interesse an meinen Mitlöwen zeigen und endlich nicht mehr überall anecken", jammert er. Doch Müller-Wechselhaft hört ihm schon gar nicht mehr zu und bedeutet ihm mit einem ungeduldigen Winken, endlich zu gehen.

Fortan verlagert Lono seine Bemühungen ins SUPER SPORT STUDIO, doch auch hier mit wenig Erfolg: Manche Löwen tragen Kopfhörer oder Ohrstöpsel, so dass sie gar nicht erst hören, wenn er ihnen Fragen zu Übungen stellen will. Seine eigenen klugen Tipps werden von den Löwen höflich abgeblockt, sobald er sich in ihr Training einmischt. Und wenn er nach dem Training noch an der Fitnessbar bei einem Proteinshake abhängt, ergreifen die anderen Sportler regelmäßig die Flucht vor ihm, weil er zu den Löwen gehört, deren Schweißgeruch trotz leistungsstarkem Deo tatsächlich unangenehm penetrant in der Luft hängt. Feinfühlig weist Ivera ihn auf diese Tatsache hin und gibt ihm noch einen zusätzlichen Tipp: „Lono, das hier ist ein Fitnessstudio und keine Kontaktbörse oder Flirtsavanne. Natürlich kommt man mit anderen Löwen ins Gespräch, aber man darf es nicht erzwingen. Bleib locker und sei du selbst, momentan bist du einfach zu verkrampft und zu offensichtlich auf der Suche. Die anderen Löwen spüren, wie bemüht du bist, nicht anzuecken und bei allen einen guten Eindruck hinterlassen. Aber das ist unecht und du kannst ohnehin nicht ganz und gar kontrollieren, wer was von dir denkt oder sich für dich interessiert. Schalte einen Gang zurück, ja? Aber nachdem ich jetzt weiß, dass du auf der Suche nach neuen Kontakten bist, kann ich dich während unseres Trainings auch ein paar Löwen vorstellen. Ich kenne so ziemlich alle, die häufiger hier sind", grinst sie und schickt ihn in die Umkleidekabine.

Am nächsten Tag sitzt Lono in sich gekehrt mit neun anderen Löwen und seinem Chef im angekündigten Incentive-Seminar namens *Die Performer-Methode* bei Peter Löwenau. Die Teilnahme war ein Geschenk der Firma an alle Mitarbeiter in Müller-Wechselhafts Abteilungen, die ihr zehnjähriges Betriebsjubiläum feierten. Lono traut sich nicht, Kontakt zu den anderen Löwen aufzunehmen und starrt stocksteif auf die Bühne. Der Tag stellt sich als lehrreich und lustig zugleich heraus. Lono bewundert, wie Löwenau Humor einsetzt, um selbst ernste Themen anschaulich zu vermitteln. Nachdem der Applaus am Ende des Tages abgeebbt ist, ergreift Peter Löwenau ein letztes Mal das Wort: „Wenn Sie noch weitere Fragen haben, dann kommen Sie gerne auf mich zu. Schließlich bin ich Tiger & Meyer auf ganz besondere Weise verbunden und stehe Ihnen allen auch nach dem Seminar gerne noch mit Rat und Tat zur Seite." Lono wittert seine Chance: Ein so charismatischer Redner wie Löwenau kann ihm bestimmt ein paar Tipps geben, wie er neue soziale Kontakte knüpfen kann.

Schüchtern spricht er den Coach mit seiner Bitte an und ist verblüfft, als dieser sich mit ihm am nächsten Nachmittag auf einem Spielplatz in der Innenstadt treffen will. Als Lono dort ankommt, winkt Löwenau ihn zu sich und fordert ihn auf, den Löwenkindern beim Spielen zusehen. „Sehen Sie das kleine Löwenjunge da am Rand des Spielplatzes, das so trotzig im Kies wühlt?", fragt ihn der Coach. Lono nickt. Immer wieder wirft das Kleine verstohlene Blicke zu den fröhlich jauchzenden und spielenden Löwen. Da löst sich auf einmal eine kleine Löwin aus der Gruppe und läuft zu dem Außenseiter. Kurz redet sie auf ihn ein und reicht ihm dann die Pfote. Schüchtern ergreift der andere Löwe sie und blickt die Löwin fragend an. Diese schenkt ihm ein strahlendes Grinsen und zieht ihn mit sich zu den anderen Löwen. Dort kündigt sie an, dass er fortan mitspielen werde und die Gruppe nimmt den Neuling begeistert auf. Er erweist sich als fähiger Kletterer und ausgefuchster Versteckenspieler und fühlt sich in der Truppe sichtlich wohl.

Löwenau schweigt noch einen kurzen Moment und wendet sich dann an Lono. „Wissen Sie, der kleine Löwe hätte auch einfach zu den anderen hinlaufen und sich aufdrängen können. Aber das ist nicht seine Art, weil er von Natur aus eher schüchtern ist und nicht über seinen Schatten springen konnte. Trotzdem ist er nicht weggelaufen, sondern hat sich an den Rand gesetzt und immer wieder zu den anderen geschaut. Er hat gehofft, dass sich unter den Löwen jemand mit ausgeprägten empathischen Fühlern befindet, der ihn bemerkt und ihn holen kommt. Und genau das hat die kleine Löwin gemacht, die jetzt so furchtlos auf dem Klettergerüst herumtobt. Diese Gruppendynamik ist schon faszinierend. Insbesondere unter Löwenjungen, weil die noch viel mehr auf ihr Bauchgefühl hören und von unserer Erwachsenenwelt noch nicht so verkrampft und versteift sind. Sie handeln gemäß ihrer Natur. Und die besagt nun einmal, dass wir Löwen als Rudeltiere geboren werden, aber dass gleichzeitig jeder in der Gruppe seinen eigenen Platz einnimmt und ein Individuum ist. Das wird in der Gruppe für gewöhnlich akzeptiert. Außer, man verstellt sich und schlüpft in eine Rolle, die dem eigenen Ich nicht entspricht. Denn das merken schon die kleinen Löwenjungen und wir Erwachsenen sogar noch mehr, weil wir wissen, dass viele Löwen uns etwas vorspielen, wenn sie sich daraus einen Vorteil versprechen. Wir wittern das und ahnen, dass jemand nicht authentisch ist. Dann werden wir misstrauisch. Insbesondere dann, wenn jemand auf einmal eine 180°-Wendung in seinem Verhalten macht, so wie Sie: Zuerst waren Sie der mürrische Einzelgänger und auf einmal wollen Sie mit allen befreundet sein, drängen sich den Kollegen förmlich auf. Da ist doch klar, dass Sie damit erst einmal auf Widerstand stoßen, weil es befremdlich ist und sich die anderen fragen: Was will er damit bezwecken? Also machen Sie es lieber wie die Kleinen hier, seien Sie ganz Sie selbst, haben Sie Spaß und seien Sie offen für alles. Lassen Sie auch mal los!"

Daraufhin verabschiedet sich Löwenau von Lono und eilt zu seinem nächsten Termin. Lono findet Gefallen am Anblick der spielenden Löwenkinder und bekommt Lust, auch selbst einmal wieder herumzutoben. Ohne nachzudenken, läuft er zum Klettergerüst und hievt sich schwungvoll daran empor. Er erinnert sich daran, dass Ivera Löwowitz ihm einmal erzählt hatte, dass Spielplätze sich auch ganz hervorragend für Sport eignen: An Stangen kann er Klimmzüge üben, im Slalomlauf über den Platz Koordination und Schnelligkeit trainieren oder sich an Seilen entlanghangeln. Doch auf einmal beginnen mehrere Löwinnen hinter ihm zu brüllen und zu keifen. Erschrocken dreht Lono sich um und verliert dabei den Halt, so dass er hinunterpurzelt und unsanft auf dem Boden aufschlägt. Ehe er weiß, wie ihm geschieht, schlagen die schon etwas älteren Löwinnen mit ihren Gehstöcken auf ihn ein und schimpfen ihn aus. Auf einmal steht er unter Generalverdacht, die Löwenjungen entführen zu wollen und wird mit Schimpf und Schande davongejagt. Auf der Flucht reibt er sich sein vom Sturz schmerzendes Hinterteil und rennt im Schock fast die gesamte Strecke bis zu sich nach Hause.

In seiner Wohnung reißt Lono die Fotos und Notizzettel von der Wand, packt alles in eine große Papiertüte und stopft diese ganz tief in die Tonne, damit niemand aus Versehen sieht, was sich darin befindet. Am nächsten Tag verbietet er sich das Stöbern in den Profilen der anderen Löwen über die Administrationsoberfläche der neuen Lintranet-Software. Stattdessen füllt er sein eigenes Profil aus, gibt seine Hobbys an und schreibt, dass er sich über Kontaktanfragen sehr freuen würde. Prompt wollen sich Ina Panther und Robert Kraustiger mit ihm vernetzen. Mit einem guten Gefühl nimmt Lono die Kontaktanfragen an. Dann entdeckt er im Lintranet eine Gruppe namens *Zehn Jahre bei Tiger & Meyer* und schickt eine Beitrittsanfrage an den Gründer. Da sie einander aus dem Seminar von Peter Löwenau kennen, wird er aufgenommen und kann sich mit den anderen Teilnehmern verknüpfen. „Erstaunlich, wie die virtuelle Kommunikation das echte Netzwerk ergänzen kann", staunt Lono und freut sich über die Einladung zum Gruppenstammtisch, die in seinem Postfach eintrudelt – allerdings mit der Bitte, diesmal nicht wie bei der offiziellen Feier auf den Tischen zu tanzen.

Ein richtig guter Netzwerker ist Lono anscheinend noch nicht

Kimba

Freudestrahlend begrüßt Kimba seine Kollegen vor dem Lö-
wenkegel-Center, das in unmittelbarer Nähe des Firmengeländes von Tiger & Meyer liegt. Es ist ein Freitagabend Ende
November und somit haben alle ausreichend Zeit, um die
Erfolge des vergangenen Jahres zu feiern. Robert Kraustiger und Ina Panther aus der IT sind gekommen, Dominik
Löwerer, die Teamassistentin Iris Löwel, Dr. Katzlein, die

Präventologin Sabine Krause-Luchs, die Dozentin Simone Löwenbauer und die drei Studenten um Leo Tatze sind auch von der Partie. Sogar Jan Leopardsen aus Löln hat den Weg zum Jahresabschlussgespräch nach Katzmünchen gefunden und begeistert die Einladung angenommen. Dominik hat Kimba auch noch rechtzeitig vor der Feier die Namen der beiden anderen Studenten genannt – Andreas Nordluchs und Jenny Schneekatz – so dass Kimba in seiner Dankesrede nun alle namentlich erwähnen und sich bei ihnen für die gute Zusammenarbeit bedanken kann. Dominik Löwerer findet warme Worte für seinen Mentor Kimba und überrascht ihn mit einem riesengroßen Kuchen, den er mit Iris Löwel zusammen besorgt hat, um Kimbas Geburtstag nachzufeiern. Es war ihnen nicht entgangen, dass er diesen Tag mit einer Erkältung im Bett verbringen musste.

Kimba blickt glücklich in die Runde und alle stoßen mit einem Glas Löwenpunsch an. „Für mich seid ihr alle schon längst nicht mehr nur Kollegen, sondern auch Freunde", erklärt Kimba ein wenig angeheitert zu vorangeschrittener Stunde und die Gruppe stimmt ihm einhellig zu. „Ohne euch hätte ich nur eine halb so gute Zeit bei Tiger & Meyer. Danke, dass ihr da seid!" Simone Löwenbauer lacht laut auf. „Ihr seid wirklich ein gelungenes Beispiel dafür, wie aus Kollegen Freunde werden können. Glaubt mir, ich habe schon Firmen erlebt, in denen die Mitarbeiter gar nicht mehr miteinander gesprochen haben. Denn Konkurrenz- und Erfolgsdruck können die Stimmung in einem Unternehmen ganz nachhaltig zerstören. Ich habe das Gefühl, dass ihr alle ehrlich miteinander redet und für Verbesserungsvorschläge offen seid. Bei meinen Studenten an der Löwen-Universität zu Löwenstein ist das noch ganz anders, weil die jungen Löwen erst lernen müssen, Kritik zu üben und mit Kritik umzugehen: Wenn ein Löwe eine Präsentation hält, dann sind die anderen danach nur voll des Lobes, anstatt ehrlich konstruktive Kritik zu üben. Und wenn ich dann Feedback gebe, bin ich immer die Böse, die eben nicht alles großartig findet. Alle gegen die Dozentin! Natürlich hat auch bei euch jeder Löwe seine eigenen Ziele, aber in einem angenehmen Arbeitsumfeld wie bei Tiger & Meyer geht die Zielerreichung nicht zulasten der persönlichen Kontakte."

Außer Kimba bemerkt niemand, wie sich Ina Panther und Leo Tatze bei diesen Worten verstohlene Blicke zuwerfen. „Aha", denkt er amüsiert, „haben sich da etwa zwei gefunden?" Kimba würde es den beiden auf jeden Fall gönnen und nimmt sich vor, sie nicht darauf anzusprechen. „Schließlich ist das ihre Privatangelegenheit. Ob sie es öffentlich machen wollen – sollten sie überhaupt ein Paar sein oder es werden – bleibt ihnen überlassen." Er selbst hat in seinen zehn Jahren bei Tiger & Meyer noch nie mit jemandem aus dem Büro angebandelt. Nicht, dass er etwas dagegen hätte – nur hat es sich einfach nicht ergeben. Generell ist er der Meinung, dass er ohnehin nichts dagegen tun könnte, wenn Amors Pfeil ihn trifft; ganz ungeachtet dessen, ob seine Herzenslöwin bei Tiger & Meyer arbeitet oder er ihr im Supermarkt begegnet.

Simone Löwenbauer ist indes voll in ihrem Element. „Es gibt allerdings auch Firmen, die das Kontakteknüpfen regelrecht forcieren. Eigentlich geschieht das ja automatisch, wenn viele Löwen tagtäglich miteinander auskommen müssen: Man ist sich sympathisch und findet auf Basis der gemeinsamen Arbeit zueinander, um dann auch über andere

Themen zu sprechen und sich außerhalb des Büros zu treffen. So ist es auch hier bei Tiger & Meyer. Aber gerade in Nord-Löwerika gibt es ein paar große Unternehmen, die wirklich alles daran setzen, dass die Kollegen sich anfreunden und viel miteinander unternehmen. Dadurch, dass dies teilweise sogar aktiv geplant wird, erinnert das Firmengelände manchmal mehr an einen Campus oder an eine eigene kleine Stadt, weil es vom Friseur über die Kaffeebar bis zum Supermarkt alles gibt. Nur zum Schlafen müssen die Mitarbeiter noch nach Hause gehen. Die Kinderbetreuung ist dort ebenfalls exzellent. All das ist darauf ausgelegt, die wertvollen Mitarbeiter möglichst eng an die Firma zu binden und bei sich zu halten. Denn wenn die Rundumversorgung so gut ist, arbeitet es sich entspannter und die Löwen sind offener dafür, neue Kontakte zu knüpfen. In manchen Fällen geht das sogar soweit, dass sie die Welt gedanklich in ein ‚Drinnen‘ und ein ‚Draußen‘ unterteilen. Das birgt die Gefahr, dass Bekanntschaften außerhalb der Firma dieser Denkweise zum Opfer fallen. Für die Firma ist das gut, denn es wird immer unwahrscheinlicher, dass der Mitarbeiter kündigt und sich anderswo bewirbt. Schließlich würde er dann nicht nur das Unternehmen zurücklassen, sondern müsste sich von all seinen Freunden innerhalb der Firma und vom Komfort, den die Firma ihm für sein Leben bietet, verabschieden. Zumal es dann auch vorkommen kann, dass die ehemaligen Kollegen sich auch privat von demjenigen distanzieren, der kündigt, weil er nicht mehr ‚drinnen‘ ist und sie sich möglicherweise von ihm verraten fühlen.“

Kimba hört gebannt zu. Wenn er über seine eigene Situation nachdenkt, wird ihm bewusst, wie sehr er emotional an

354   Die Löwen-Liga: Fit für die Karriere

Tiger & Meyer gebunden ist. Ohne die Firma hätte er jetzt nicht all die wunderbaren Menschen um sich. Aber glücklicherweise pflegt er auch außerhalb der Firma noch Bekanntschaften und lernt auch im SUPER SPORT STUDIO immer wieder beim Training jemanden kennen. „Außerdem bin ich mir sicher, dass meine Freunde hier Verständnis dafür hätten, wenn ich mir einen neuen Job suche und mir trotzdem noch die Treue halten würden. Schließlich geht der Trend ohnehin heutzutage mehr in die Richtung, dass man im Laufe des Berufslebens zahlreiche Arbeitgeber hat, anstatt sein Leben lang bei ein und derselben Firma zu bleiben. Und auch wenn man sich nicht mehr jeden Tag im Büro sähe, bliebe man ja trotzdem virtuell verknüpft." Als hätte Simone Löwenbauer seine Gedanken gelesen, fügt sie noch hinzu: „Im Prinzip stellt sich nach einem Arbeitgeberwechsel heraus, wer einem als Freund wirklich erhalten bleibt, wo die Verbindung stark genug ist. Das ist nicht negativ gemeint, schließlich ist es normal, dass man zu einigen Löwen eine lockere und zu anderen eine enge Bindung hat: Das ist eine Eigenschaft sozialer Netzwerke. Deshalb werden viele Bekanntschaften im Sande verlaufen und man behält am Ende die zurück, auf die man sich wirklich verlassen kann. Die digitale Kommunikation ist dabei ein zweischneidiges Schwert. Einerseits könnte man einander jederzeit eine Lionmail schreiben, weil man den Kontakt hat. Andererseits macht man es oftmals nicht, eben weil man den Kontakt ja noch hat und den Faden jederzeit wieder aufnehmen könnte. Man muss seine Existenz also nicht immer wieder neu bestätigen. Auch ich bin mit tausend anderen Löwen online verknüpft, aber regelmäßig kommuniziere ich nur mit einer Handvoll. Sonst käme ich ja zu nichts anderem mehr", lacht die Dozentin und nimmt noch einen kräftigen Schluck Löwenpunsch. „Allerdings gibt es auch zahlreiche Möglichkeiten, Kollegen zu verknüpfen und die Synergien daraus positiv im Job zu nutzen, ohne gleich sein gesamtes Leben mit der Firma teilen zu müssen. Ihre Sportgruppen, gemeinsamen Urlaubsreisen und Vorträge bei Tiger & Meyer sind ein sehr gutes Beispiel dafür."

Am nächsten Morgen im Fitnessstudio hat Kimba zwar ordentliche Kopfschmerzen, aber auf das Training wollte er trotzdem nicht verzichten. Er hat sich mit Jan Leopardsen zum Training verabredet. Da der Kollege etwas später kommt, bleibt Kimba genug Zeit, eine Runde auf dem Fahrradergometer zu fahren und die samstäglichen Studiogäste zu beobachten. Dank des Seminars *Effektiv Löwen einschätzen* bei Simone Löwenbauer hat er mittlerweile ein Gespür für die unterschiedlichen Löwentypen entwickelt: Da gibt es introvertierte, in sich gekehrte Löwen, die aus der Ruhe neue Energie schöpfen und extrovertierte Löwen, die erst im Kontakt mit anderen so richtig aufblühen. Manche trainieren ihre Lach- und Sprechmuskeln sogar mehr als den Rest des Körpers. Dann gibt es die eingefleischten Ausdauersportler und die überzeugten Kraftsportler, sowie einige talentierte Löwen, die sich in beiden Terrains heimisch fühlen. „Fast so wie bei uns die IT-Abteilung und die Marketing-Leute, das sind auch zwei Extreme auf einer Skala, die sich selten verstehen", grinst er. Als Controlling- und Budget-Experte sitzt er zwischen den Stühlen und bekommt oftmals den Druck von beiden Seiten zu spüren, wenn er Kosten einsparen muss.

Da fällt ihm die athletische Löwin Lisa Jaguar auf, die mit Manuel Löwenzier trainiert und die er vor Monaten für ihre Klimmzüge bewundert hat. Verblüfft beobachtet Kimba, wie Lisa Jaguar im Verlauf ihres Trainings mindestens zwanzig unterschiedlichen Löwen zuwinkt, mit einigen ein paar Worte wechselt und sogar einer jungen Löwin zeigt, wie eine Übung richtig ausgeführt wird. Trotz der vielen Kontakte lässt sie sich nicht beirren und zieht ihr eigenes Training zügig durch. „Wie macht sie das nur? Sie ist zu jedem so freundlich und schafft es trotzdem, sich nicht von ihrem eigenen Ziel ablenken zu lassen." Während Kimba vor sich hin grübelt, fallen ihm zwei Arten von Löwen negativ auf. Das sind einerseits die Löwen, die sich mit Kopfhörern vom Rest komplett abschotten. „Da sieht man sofort, dass jemand nur hier ist, um sein Programm durchzuziehen: Ansprechen nicht erwünscht! Fast so, als hätte ich bei mir ständig die Bürotür geschlossen", sinniert er. Noch schlimmer findet er allerdings die Löwen, die ein Gerät übermäßig lange blockieren, weil sie zwischen den Sätzen Zeitung lesen oder auf ihren Liphones herumtippen. „Das ist wirklich unfair den anderen gegenüber. Lesen kann ich doch auch an der Fitnessbar und das Liphone habe ich höchstens dann dabei, wenn ich einen wichtigen Anruf erwarte." Ihm fällt keine Situation ein, in der solches Verhalten bei Tiger & Meyer geduldet würde. Wenn jemand mit dem Liphone im Meeting erwischt wird, oder wenn eines sogar klingelt, dann muss der Täter allen Anwesenden eine Runde spendieren, so wurde es einst festgelegt. Bis auf die Führungskräfte halten sich auch alle peinlich genau daran. Aber die Manager haben meist einfach keine Wahl, weil sie jederzeit erreichbar sein müssen, oder dies zumindest meinen – sehr zur Freude der Angestellten, die oftmals Wetten abschließen, wessen Liphone wie oft klingeln wird.

Heute sind auch erstaunlich viele Pärchen im SUPER SPORT STUDIO. Dabei muss Kimba wieder an die Blicke denken, die Ina Panther und Leo Tatze ausgetauscht haben. Hier findet er es geradezu putzig, wenn Paare sich die Wasserflasche teilen, mehr oder weniger motiviert miteinander trainieren, oder zwischen den Übungen flüchtige Zeichen der Zuneigung austauschen. Besonders ein gut gebauter junger Löwe amüsiert Kimba, der seiner sichtlich gelangweilten Freundin mit dem Stemmen schwerer Gewichte imponieren will. „Da kommt das Tier im Löwen durch", denkt er. Kritisch hingegen beobachtet er Paare, bei denen offensichtlich Eifersüchteleien im Training ausgetragen werden oder die sich gegenseitig kritisieren. „Da bekommt man Einblicke in das Miteinander, die man vielleicht gar nicht so haben möchte." Er denkt nach: Die Paare bei Tiger & Meyer, die er kennt, sind entweder schon sehr lange zusammen oder arbeiten in unterschiedlichen Abteilungen. Doch Kimba ist überzeugt davon, dass es viele Turtellöwen geben muss, die ihre Liebe geheim halten – aus Angst davor, dass der Job die Beziehung zerstören könnte. Kimba kann es kaum erwarten, all seine Beobachtungen mit Jan Leopardsen zu teilen – und sich somit heute als einer der Löwen zu outen, der mehr quatscht, als dass er trainiert. Aber Kimba findet, dass auch ein solcher Trainingstag durchaus einmal drin sein muss.

Das Training mit Jan Leopardsen hat Kimba auf ein paar Ideen gebracht, die er am Montag gleich mit der Betriebspräventologin Sabine Krause-Luchs besprechen möchte. Sie hatten sich über Möglichkeiten unterhalten, wie man die Kollegen untereinander besser vernetzen kann, aber ohne dass es erzwungen und aufgesetzt wirkt. Sabine Krause-

Luchs ist von seinen Vorschlägen begeistert und holt sich sogleich von Müller-Wechselhaft das Okay für eine Pilotphase: Ein Kinderspiel für die Präventologin, die längst begriffen hat, dass der Chef ein Auge auf sie geworfen hat. Schon am nächsten Tag folgt die Ankündigung im neuen Lintranet: Ab der folgenden Woche können sich Kollegen zum *Mysteriösen Mittags-Meeting* anmelden. Dabei werden zufällig Paare aus Löwen unterschiedlicher Abteilungen gebildet, die sich dann zum Essen in der Kantine treffen. Kimba macht gleich am ersten Tag mit und erhält die Nachricht, dass er sich mit einer Löwin aus der PR-Abteilung zum Mittagessen treffen wird. Als er in der Kantine auftaucht, fallen ihm beinahe die Augen auf dem Kopf: Sein Lunch-Date ist doch tatsächlich Lisa Jaguar aus dem SUPER SPORT STUDIO. Ihre Zivilkleidung versteckt die wohlgeformten Muskeln und sie wirkt wie eine selbstbewusste, erfahrene PR-Expertin. In ihren Augen blitzt der Schalk – offensichtlich hat sie ihn ebenfalls wiedererkannt. Obwohl Kimba eigentlich nicht feige ist, fühlt er sich beim Anblick der Löwin wie ein kleines Löwenjunges.

Entschlossen zieht er sein Löwenbäuchlein ein und setzt sich neben sie. „Hallo. Na, wie geht's?", eröffnet er das Gespräch und denkt im selben Moment: „Herrje, was für ein doofer Satz." Lisa grinst. „Hallo, du bist Kimba, richtig? Ich habe schon viel von dir gehört." – „Von mir?", fragt Kimba verblüfft. „Ja, Manuel Löwenzier hat mir erzählt, wie fleißig du bist und dass du keine Freundin hast", zwinkert sie ihm zu. Kimbas Herz beginnt zu rasen. „Ach so? Ja, das freut mich aber. Von dir habe ich auch schon viel gehört!" – „Zum Beispiel?" – „Äh …" Daraufhin muss Lisa laut lachen. „Keine Sorge, Kimba. Ich arbeite in der PR, ich muss gut vernetzt sein und über die Leute Bescheid wissen, die um mich herum sind. Das überträgt sich ganz automatisch auch auf den Rest meines Lebens, die Netzwerkerin kann ich nicht ablegen, wenn ich die Bürotür hinter mir schließe."

„Kennst du deshalb so viele Löwen im SUPER SPORT STUDIO? Wie schaffst du es, zu allen so freundlich zu sein und trotzdem dein Training durchzuziehen?" Lisa lacht laut auf. „Die paar Worte zwischen den Sätzen oder wenn ich von einem Gerät zum nächsten gehe, die kosten mich ja nun wirklich nicht viel Zeit. Und vor allem die älteren Löwen freuen sich, wenn man sie begrüßt. Man sieht sich schließlich fast jeden Tag, da wächst man irgendwie zusammen. Abends ist das ganz anders, weil viel zu viel los ist. Aber am Morgen sind wir schon eine kleine eingeschworene Gemeinschaft. Ich genieße das sehr!", erklärt sie. „Trotzdem: Man kommt ja, um zu trainieren. Man sollte sein Ziel nicht aus den Augen verlieren. Deshalb verabschiede ich mich auch höflich immer recht schnell wieder. Glaub mir, nirgendwo sonst lernt man besser, wie man höflich aber bestimmt Nein sagt." Den Rest des Mittagessens sprechen sie entspannt über Trainingspläne und die Arbeit bei Tiger & Meyer. Als sie sich voneinander verabschieden, hat Kimba ein seltsames, warmes Gefühl im Bauch und weiß nur, dass er Lisa unbedingt schnell wiedersehen möchte – egal, ob beim Sport oder im Büro.

Kimba knüpft auch innerhalb der Firma neue Kontakte

22

Mit sportlichem Schwung in die Aufwärtsspirale

Lono

Das Jahr neigt sich langsam dem Ende zu und die alljährliche Weihnachtsfeier bei Tiger & Meyer steht an. Wie jedes Jahr im Dezember versinkt Lono auch in diesem Jahr in Grübeleien. Dazu gehört wie immer die Erstellung einer großen Lexcel-Tabelle mit seinen Zielen für das nächste Jahr und der Abgleich mit der Tabelle aus dem letzten Jahr. Darin stehen so große, aber vage Ziele wie „Beförderung", „mehr Gehalt" und „Weltreise". Lono seufzt, als er die ersten beiden Punkte als „nicht erfüllt" markieren muss. Er hat sich beruflich in diesem Jahr wahrlich nicht nach vorne entwickelt. Früher war er davon ausgegangen, dass die magische Grenze von zehn Jahren Betriebszugehörigkeit ihn automatisch in die höheren Sphären der Führungskraftriege katapultieren würde, doch die jüngeren Erfahrungen haben ihn eines Besseren belehrt. Die wenigen Glanzlichter dieses Jahres verblassen vor den finsteren Schatten der viel zu hoch angesetzten und viel zu ungenau definierten Ziele.

Lono erinnert sich an ein Gespräch, das er dazu vor Kurzem mit der Betriebspräventologin Sabine Krause-Luchs geführt hat. Sie sagte: „Es ist löblich, dass Sie sich Ziele für das neue Jahr setzen. Aber versuchen Sie, diese Ziele ers-

© Springer Fachmedien Wiesbaden 2017
S. I. Lackerbauer et al., *Die Löwen-Liga: Fit für die Karriere*,
DOI 10.1007/978-3-658-12138-9_22

tens so genau wie möglich zu formulieren, damit Sie genaue Kriterien haben, anhand derer Sie Ihren Erfolg bemessen können. Zweitens würde ich Ihnen empfehlen, sich nicht nur wenige riesengroße Ziele zu setzen, sondern zusätzlich auch viele kleine Ziele, die Sie leichter erreichen können. Momentan sind Sie auf dem besten Wege in einer Abwärtsspirale aus Selbstvorwürfen zu enden: Hätte ich doch nur dies, dann wäre das nicht geschehen und jenes wäre soundso besser gelaufen. Sie brauchen jetzt viele kleine Treppenstufen, auf denen Sie aus dieser Spirale herausklettern und sich in eine Aufwärtsspirale katapultieren können. Statt ‚Ich will fit werden' sollten Sie lieber schreiben: ‚Ich will jede Woche mindestens viermal ins Training gehen'. Dann können Sie jede Woche als kleinen Erfolg verbuchen, in der Ihnen das gelungen ist."

Lono macht sich grummelnd an die Arbeit und versucht, seine großen Ziele so konkret wie möglich zu formulieren und die kleinen besser greifbar zu machen. In Bezug auf den Sport, auf die Ernährung und seine Vitalfunktionen fallen ihm dazu viele Punkte ein, nachdem er sich das ganze Jahr über ausführlich damit beschäftigt hat. Außerdem haben ihm Dr. Katzlein, Sabine Krause-Luchs und seine Trainerin Ivera Löwowitz einige Ziele vorgegeben, die sich ganz konkret an seinen Gesundheitswerten orientieren. Aber wenn er an seine berufliche Zukunft denkt, muss er sich eingestehen, dass er momentan nicht weiß, wie es im nächsten Jahr für ihn weitergehen soll: „Möchte ich wirklich zu einer Führungskraft aufsteigen? Oder ewig im IT-Projektmanagement verharren? Welche anderen Abteilungen könnten mich interessieren? Ich weiß überhaupt nicht, was an manch anderer Stelle bei Tiger & Meyer eigentlich so gemacht wird", grübelt er und starrt die halb ausgefüllte Lexcel-Tabelle an.

Je näher Weihnachten rückt, desto mehr Angst hat Lono vor der Zukunft. Nach wie vor sucht er fieberhaft nach einem Tätigkeitsbereich, in dem seine Fähigkeiten – IT und Projektmanagement – zur Geltung kommen können. In seiner Vorstellung einer soliden Karriere muss es stetig vorangehen. „Und der nächste Schritt wird eben durch die Karriereleiter innerhalb des Unternehmens bestimmt, da gibt es keine andere Möglichkeit", denkt er immer wieder, wenn seine Gedanken um dieses Thema kreisen. Einzig das regelmäßige Training und sein Fernstudium im Fach *Interkulturelles Löwenmanagement* motivieren ihn momentan überhaupt dazu, sich morgens aus dem Bett zu quälen.

Sogar auf der legendären Weihnachtsfeier von Tiger & Meyer – das Motto lautet in diesem Jahr *Löwerikanische Weihnachten* – steht er zuerst nur herum, nippt an seinem Wasser und kann sich nicht einmal für das üppige Buffet begeistern. Je später der Abend wird, desto mehr Löwen wagen sich auf die Tanzfläche. Die Musik wird wilder, die Stimmung ausgelassener und plötzlich stimmt die Band ein Lied an, das Lono irgendwie bekannt vorkommt. Die ersten paar Takte summt er nur unauffällig mit, doch mit jeder Sekunde wird seine Laune besser und jetzt endlich weiß er auch, woher er den Song kennt: In seinem Aqua-Fitness-Kurs im SUPER SPORT STUDIO gehört dieser Song zum Standardprogramm, bei dem er zusammen mit den älteren Löwinnen regelmäßig wild jauchzt und brüllt! „Wenn das im Schwimmbecken funktioniert, dann muss es doch auch hier klappen!", denkt er aufgeregt. Schnell leert er drei Gläser Schaumwein, um sich Mut anzutrinken und stürmt dann auf die Tanzfläche. Weil er nichts vom Buffet gegessen hat, steigt ihm der Alkohol sofort zu Kopf und er verliert jegliche Hemmungen. Die Choreografie aus der Wassergymnastik weiß er mittlerweile auswendig und so strampelt, hüpft und kickt er im Takt der Musik, wirbelt über das Parkett und tobt ausgelassen herum.

Beim dritten oder vierten Song schnappt er sich noch einmal zwei Drinks vom Tablett eines durch die Menge eilenden Kellners, trinkt sie in großen Schlucken und verwendet die Gläser dann als Hantel-Ersatz. Lono vergisst völlig, dass er nicht im Pool Wasser tritt, sondern auf einer glatten Tanzfläche umhertorkelt. Plötzlich dreht sich alles vor seinen Augen, er stolpert bei einer besonders fulminanten Drehung über seine eigenen Füße und kracht mit voller Wucht in einen der Tische neben der Tanzfläche. Schweißgebadet und mit rasendem Herzen liegt er inmitten des zerstörten Arrangements und würde am liebsten vor Scham im Boden versinken. Aus den Augenwinkeln sieht er Dr. Katzlein auf sich zueilen, die ihm aufhilft und ihn nach draußen zieht, wo sie ihm Schweiß, Blut und Essensreste aus dem Gesicht wischt. „Herr Lono, das war ja eine interessante Performance, die Sie da hingelegt haben. Wie ein Derwisch sind Sie über das Parkett gefegt. Aber hätten Sie nicht ein bisschen umsichtiger sein können?" – „Naja, im Aqua-Fitness-Kurs tanzen wir nur so, da beschwert sich nie jemand." – „Ja, aber da sind Sie auch im Wasser, das bremst Ihre Bewegungen. Das kann man nicht direkt auf die Tanzfläche übertragen. Jede Umgebung ist für sich ein dynamisches System mit seinen eigenen Regeln, auf die Sie sich erst einmal einlassen müssen. Übrigens gilt das auch für den Job." Lono erstarrt, sieht sie fragend an und bricht dann in Tränen aus. Daraufhin muss er Dr. Katzlein versprechen, sich am nächsten Tag bei ihr in der Sprechstunde einzufinden.

Tags darauf schwankt Lonos Gemütszustand zwischen traurig und sehr traurig. Nachdem sie seine Temperatur und seinen Blutdruck gemessen hat, legt Dr. Katzlein die Instrumente weg und setzt sich neben ihn auf die Liege. „Rein körperlich fehlt Ihnen nichts, aber ich sehe doch, wo die Hyäne begraben ist: Ihnen fehlt momentan die Perspektive, richtig? Sie versuchen jetzt krampfhaft, das Paket ‚IT-Projektmanager Lono' auf die nächste Stufe zu heben, aber direkt über Ihnen gibt es keine nächste Stufe. Da hilft eigentlich nur ein Perspektivenwechsel. Vielleicht sollten Sie jetzt einen Gang zurückschalten. Sie sitzen hier wie ein Schluck Wasser in der Kurve und wenn ich Sie so ansehe, dann würde ich Ihnen dringend dazu raten, den Winter zu nutzen, um neue Kräfte zu sammeln. Vielleicht können Sie ja ein sogenanntes Sabbatical einlegen, also drei Monate lang unbezahlten Urlaub nehmen und sich überlegen, was Sie eigentlich wirklich wollen. Ich könnte Sie auch auf eine sechswöchige Kur ans Meer nach St. Simba-Löwling schicken. Die Natur und das raue Wetter haben schon so manchem Löwen dabei geholfen, wieder zu sich selbst zurückzufinden. Langfristig könnten wir auch mit Herrn Müller-Wechselhaft gemeinsam überlegen, wie wir Sie im Job entlasten können, oder wo wir Sie an einer anderen Stelle im Unternehmen unterbringen könnten. Das nennt man heutzutage Downshifting [1]. Ich weiß, dass das früher immer so einen faden Beigeschmack hatte. So als könne man dem Druck im Job nicht standhalten und würde daran zerbrechen. Aber glauben Sie mir, heute ist das längst kein Tabuthema mehr. Wir sind von der Vorstellung abgekommen, dass wir im Beruf immer und jederzeit zu funktionieren haben – das Leben hat so viel mehr zu bieten als nur die Arbeit. Außerdem hat man manchmal einfach eine schlechte Phase. Lassen Sie sich meine Vorschläge einmal durch den Kopf gehen und geben Sie Bescheid, wenn Sie sich entschieden haben, oder noch einmal darüber sprechen möchten. Nur ignorieren Sie die Warnsignale Ihres Körpers bitte nicht."

Deprimiert schleicht Lono wieder zurück in sein Büro und legt den Kopf auf die Tischplatte. Wenn es keine „nächste Stufe" in seiner Karriere gibt, dann macht doch all die Arbeit gar keinen Sinn mehr. Ein Perspektivenwechsel klingt ungefähr genauso verlockend wie sechs Wochen Einzelhaft in einem Kurhotel im Norden von Löwenland. Lono weiß außerdem ganz genau, dass sein Löwenstolz einen Karriererückschritt einfach nicht verkraften würde, auch wenn „Downshifting" noch so zeitgemäß und modern klingt. „Für so etwas bin ich einfach mental nicht stark genug", gesteht er sich ein. Da klopft es sachte an seine Tür. „Herr Lono, darf ich reinkommen?", fragt Sabine Krause-Luchs vorsichtig. Lono rollt mit den Augen und murmelt leise: „Ja, okay, wenn es denn sein muss." Die Präventologin setzt sich auf den verwaisten Platz von Ina Panther. „Herr Lono, ich habe mit Herrn Müller-Wechselhaft gesprochen." Lono jault leise auf. Sein Chef ist der Letzte, der mitbekommen sollte, dass es ihm nicht gut geht.

„Ich darf aber keine Schwäche zeigen", mault Lono, „sonst hält er mich noch für labil und jede Chance auf Karriere ist dahin. Wobei ... welche Karriere eigentlich?" Frau Krause-Luchs unterbricht sein Jammern. „Machen Sie sich keine Gedanken, der Chef ist doch auch nur ein Löwe. Er hatte es bis dato nicht auf dem Schirm, wie sehr Ihnen das

Jahr zugesetzt hat und dass Sie aktuell keine Perspektive für sich sehen. Er macht sich Sorgen um Sie, selbst wenn er es nicht so recht zeigen kann." Sie macht eine kurze Pause. „Sie erinnern sich doch an die Aufwärtsspirale, von der ich Ihnen erzählt habe, richtig?" Lono nickt. „Wir haben uns da etwas für Sie überlegt. Wenn Sie einverstanden sind, dann versetzen wir Sie ab Januar in die Business Intelligence-Abteilung. Die Kollegen dort können von Ihrer langjährigen Erfahrung im IT-Projektmanagement nur profitieren. Sie bleiben hierarchisch und finanziell gesehen auf demselben Level. Außerdem stellen wir Ihnen einen Mentor zur Seite, mit dem Sie direkt zusammenarbeiten, so dass Sie immer einen Ansprechpartner haben. Dabei kann Ihnen auch der falsche Stolz nicht im Wege stehen, denn nachzufragen und um Hilfe zu bitten ist keine Schande, wenn man etwas Neues lernen will. Wir haben gemerkt, wie motiviert Sie in Ihrem Fernstudium zur Sache gehen: Sie lernen gerne, gut und viel. Deshalb denken wir, dass so eine Job-Rotation für Sie jetzt genau das Richtige ist. Die Erfolgskurve wird phänomenal aussehen, weil Sie zusätzliche Kenntnisse erwerben und direkt anwenden können. Damit ist die Phase des Stillstands vorbei. Was sagen Sie, sind Sie bereit für diese neue Herausforderung?" Lono hat den Kopf langsam von der Tischplatte gehoben. Auf einmal verspürt er große Lust auf eine Runde richtig anstrengendes Training mit Ivera Löwowitz. „Ja, ich glaube schon", antwortet er und packt seine Sachen zusammen. „Ich muss jetzt aber leider zum Sport. Schönes Wochenende!"

Lono ist von dem Vorschlag seines Chefs gar nicht begeistert

Kimba

Wehmütig sitzt Kimba an der Bar im SUPER SPORT STUDIO und schlürft einen Proteinshake. Sein Jahr ist im Großen und Ganzen sehr gut verlaufen. Er freut sich auf die ruhigen Weihnachtsfeiertage, um seine Familie endlich wiederzusehen und sich aus dem hektischen Alltag auszuklinken. Der krönende Abschluss des Jahres wäre für ihn gewesen, wenn Lisa Jaguar seine Einladung zum Abendessen mit anschließendem Kinobesuch angenommen hätte. Denn nach ihrem Treffen im Rahmen des neuen *Mysteriösen Mittags-Meetings* bei Tiger & Meyer hat er gemerkt, dass es ihm die selbstbewusste Lisa nicht nur als Kollegin und Athletin, sondern auch als Löwin angetan hat. Heute hat er all seinen Mut zusammengenommen, sich ein Herz gefasst und um ein Rendezvous gebeten. Allerdings stellte sich heraus, dass Lisa bereits vergeben ist: Kimba hat Pech gehabt. „Für ein Date mit ihr würde ich sogar den Projekterfolg eintauschen und auf meinen Weihnachtsbonus verzichten", überlegt er seufzend.

Doch mit dem letzten Schluck seines Fitnessgetränks schluckt er auch die Enttäuschung herunter. „So ist das Leben nun einmal, es geht nicht immer nur steil bergauf." Denn wenn Kimba eine Sache nennen müsste, die ihn in diesem Jahr am meisten geprägt hat, dann ist es die Erkenntnis, dass er sich löwengewaltig weiterentwickelt hat. Während er ins Büro fährt, zieht er den direkten Vergleich zwischen sich selbst heute und seinem Ich von vor einem Jahr. Die offensichtlichste Änderung ist der Rückgang seines Bauchumfangs. Doch viel wichtiger ist das Gefühl, dass der Sport auch allgemein den Motor in seinem Leben angekurbelt und ihn somit in eine stetige Aufwärtsspirale katapultiert hat: Seitdem Kimba Sport treibt, ernährt er sich bewusster, schläft aufgrund der körperlichen Auslastung besser, ist dadurch morgens erholter und somit generell auch im Job leistungsfähiger. Sein verbesserter Allgemeinzustand hilft ihm wiederum dabei, sich im Training zu steigern und an der nächsten Schraube in der Spirale emporzugleiten. „Sport ist wirklich viel mehr als nur körperliche Betätigung, es ist eine wahre Lebensphilosophie", resümiert er zufrieden. „Jetzt verstehe ich auch, warum so viele Löwen in ihre Sportarten so vernarrt sind und teilweise ihr gesamtes Leben danach ausrichten, um sich auf Wettkämpfe vorzubereiten." Gleichzeitig hat Kimba aber auch gelernt, dass es nie den einen Optimal-Zustand geben wird, nach dem so viele Löwen streben, sei es im Business oder im Sport. Er erinnert sich an einen seiner Lieblingsratschläge aus dem Ratgeber von Tim Schlöwzig. Darin schreibt der Autor, dass Glück kein permanenter Zustand ist: Wer einem dauerhaftes Glück verspricht, der lügt schlicht und ergreifend. Stattdessen besteht das Leben aus einer Reihe von Glücksmomenten, die einem Kraft geben und dabei helfen, „Resilienz", also Widerstandskraft für schlechte Zeiten aufzubauen.

„Außerdem definiert jeder Löwe Glück anders. Genauso wie jeder Löwe etwas anderes unter gutem Training versteht", sinniert Kimba. Besonders gerne beobachtet er die Löwen, die mit einem Personal Trainer arbeiten, denn hier sind die Unterschiede am größten: Manch einer geht unter professioneller Anleitung wirklich über seine Grenzen hinaus und arbeitet so hart, als wolle er bei den Liolympischen Spielen antreten. Andere Löwen sind etwas behäbiger und brauchen den Motivationsschub durch den Trainer, um sich überhaupt anzustrengen. Und wieder andere unterhalten sich mehr mit dem Trainer, als dass sie trainieren. „Es kommt eben darauf an, was man selbst unter sportlicher Betätigung versteht und dass man einen Trainer hat, der sich auf diese Bedürfnisse einstellen kann", denkt Kimba schmunzelnd, als er einen Vielredner beim Training erspäht.

Auf dem Weg nach draußen blättert Kimba noch in der Broschüre eines nahegelegenen Wellness-Tempels, in dem Mitglieder des Studios 15 % Rabatt auf die Tageskarte für das „Day Spa" bekommen. Da Kimba weiß, dass Regeneration und sich etwas Gutes zu tun auch zu einem ganzheitlichen Trainingskonzept gehören, plant er für den nächsten sportfreien Tag einen Besuch dort ein, bei dem er sich auch endlich einmal wieder so richtig durchkneten lassen möchte – denn natürlich gibt es dort eine spezielle „Sportmassage" zur Lockerung der Muskeln und Faszien, sowie zur Anregung der Durchblutung. Gut gelaunt macht Kimba sich auf den Weg zu Tiger & Meyer.

Vormittags im Büro telefoniert er mit dem Lölner Kollegen Jan Leopardsen, der für die nächsten Auswertungen der Business Intelligence-Abteilung noch einige Informationen von Kimba benötigt. Anschließend sprechen sie noch über Weihnachten und das ereignisreiche vergangene Jahr: Das Löwerika-Projekt ist gestartet, die neue Abteilung hat wichtige Informationen bereitgestellt, neue Software und verschiedene Präventionsprojekte wurden eingeführt. Als Kimba Jan von seinen Überlegungen zu den Glücksmomenten erzählt, stimmt ihm dieser zu: „Das sehe ich auch so. All diese Meilensteine bei Tiger & Meyer waren auch berufliche *Glücksmomente*, die uns weitergebracht und uns nebenbei zu einem tollen Weihnachtsbonus verholfen haben. Im Training ist es übrigens genauso: Jedes Mal, wenn du ordentlich trainierst und einen Reiz setzt, der dem Muskel alles abverlangt, tritt zwar ein Muskelkater auf. Doch nach der Regenerationsphase geht der Muskel in die sogenannte Superkompensation, das heißt, dass er am Ende stärker ist als zuvor. Glücklicher kann ein Muskel fast gar nicht sein", fügt er grinsend hinzu. „Andererseits muss zwischen diesen extremen Reizen genug Zeit zur Regeneration liegen, sonst kommst du auf Dauer ins sogenannte Übertraining. Wenn der Muskel nicht genügend Zeit hat, sich nach dem Training wieder zu erholen, dann nimmt seine Leistungsfähigkeit ab. Die Muskelmasse im Übrigen auch! Aber erstens ist das bei Amateursportlern selten der Fall, weil schon sehr viel dazugehört, über die eigenen Grenzen zu gehen. Und zweitens kann man dem auch vorbeugen, indem man jeden Tag schwerpunktmäßig andere Muskelgruppen trainiert, das nennt sich dann Split-Training."

Ein Blick auf die Uhr zeigt Kimba, dass er jetzt besser das Gespräch beenden sollte, um nicht zu spät zu seinem heutigen *Mysteriösen Mittags-Meeting* zu kommen. Während er seine Kantinenkarte heraussucht, denkt er noch einmal über Jans Erläuterung nach. „Es stimmt schon, in allen Bereichen des Lebens kann man sich immer wieder Glücksmomente erarbeiten, aber man kann das Glück nicht dauerhaft festhalten [2]. Beziehungen können zerbrechen, Karrierewege können sich ändern. Diese äußeren Faktoren kann ich nur bis zu einem gewissen Grad beeinflussen und muss mich davon verabschieden, alles unter Kontrolle haben zu wollen." Hungrig und neugierig sieht Kimba sich in der Kantine nach seinem Mittagspartner um: Da sitzt doch tatsächlich Ina Panther, die seit einigen Monaten in der IT bei Robert Kraustiger arbeitet und mit ihm zusammen die Vereinheitlichung der Online-Werkzeuge für die Organisation neuer Projekte und des Tagesgeschäfts betreut hat. „Ina, so eine Überraschung! Schön, dich zu sehen. Wie läuft es bei dir?" Ina Panther strahlt, sie ist sichtlich glücklich in der Abteilung von Robert Kraustiger. „Ach Kimba, momentan läuft einfach vieles wirklich rund. Die Arbeit macht Spaß, meine Lyoga-Kurse laufen super, ich bin bis über beide Ohren verliebt – Ihnen kann ich das ja sagen – und an Weihnachten treffe ich all meine alten Freunde aus der Schulzeit wieder. Ich habe das Gefühl, dass ich Bäume ausreißen könnte!"

Kimba muss lachen. Er freut sich mit Ina, dass sie gerade so viel Gutes erlebt. Insgeheim freut er sich sogar noch mehr für sich selbst, dass er die verstohlenen Blicke zwischen Leo Tatze und Ina Panther bei seinem kleinen Umtrunk neulich richtig gedeutet hat. „Das klingt alles ganz wunderbar, du hast dir den Erfolg redlich verdient. Halte diese Momente fest und merke sie dir für Zeiten, wenn es einmal nicht so rund läuft. So baust du Widerstandsfähigkeit, also Resilienz, auf. Das ist eine sehr wichtige Währung auf deinem Glückskonto. Resilienz ist wie eine Rüstung, die dich bei schlechten Erfahrungen und Enttäuschungen davor beschützen kann, dass du den Mut verlierst. Es geht immer irgendwie weiter. Halte alle Säulen deines Lebens in Balance, so hat es mir Sabine Krause-Luchs erklärt. Achte auf Ernährung, Bewegung, Stressmanagement und geistig-emotionale Gesundheit. Und wenn es in einem Bereich einmal nicht so gut läuft, dann kannst du das mit den anderen kompensieren. Wie sagt man? Glück im Spiel, Pech in der

Liebe. Also renne lieber nicht ins Kasino, solange die junge Liebe noch aufblüht", witzelt er, um seiner altklugen Rede die Ernsthaftigkeit zu nehmen. „Sie hören sich ja an wie meine Großmutter", entgegnet Ina trocken, aber auch sie muss lächeln. „Meine Strategie ist, dass ich mir jeden Abend drei Glücksmomente überlege, die den vergangenen Tag besonders gemacht haben. Das Mittagessen mit Ihnen heute gehört natürlich dazu", erklärt sie mit stoischem Ernst. „Dann fange ich ab heute damit an und halte es ebenso. Mein Training heute gehört für mich dazu, unser Mittagessen und später noch die nächste Lerneinheit im Seminar mit Simone Löwenbauer." Spätestens jetzt ist Kimba über die freundliche Abfuhr von Lisa Jaguar am Morgen hinweg. „Freud und Leid sind eben zwei Seiten einer Medaille, die Hand in Hand einhergehen", denkt er, als er sich abends in sein Bett kuschelt. „Vielleicht sollte ich ja ins Kasino gehen – bei meinem Liebespech könnte glatt der große Jackpot winken."

Kimba schöpft Kraft aus den kleinen Glücksmomenten im Alltag

Quellen

1. http://www.spiegel.de/karriere/berufsleben/downshifting-
raus-aus-dem-karriere-korsett-rat-der-karriereberaterin-a-
1060746.html
2. http://mymonk.de/reise-nach-innen/

23

Hummeln im Hintern und vom Sportfieber gepackt

Lono

„Prosit Neujahr!", ruft Lono der kleinen Runde zu, in der er dieses Jahr Silvester feiert. Das neue Jahr verspricht aufregend zu werden. Ab Januar rotiert Lono nach zehn Jahren im IT-Projektmanagement bei Tiger & Meyer erstmals in eine andere Abteilung: Künftig soll er den Kollegen in der neuen Business Intelligence-Einheit mit seiner langjährigen Erfahrung zur Seite stehen und gleichzeitig selbst viel Neues lernen. Obwohl sich durch den Abteilungswechsel eine neue Perspektive eröffnet und Lono neue Erfahrungen sammeln kann, hat er sich noch nicht mit der Vorstellung angefreundet, dass ihn der nächste Schritt auf der Karriereleiter nicht nach oben, sondern eher seitwärts führt.

In den ersten Wochen des Jahres ist er jedoch dankbar dafür, dass er in der Business Intelligence-Abteilung vor allem viel zuhören und wenig selbst machen darf. Denn er hat ohnehin an anderer Stelle erst einmal alle Pfoten voll zu tun: In seinem Fernstudium *Interkulturelles Löwenmanagement* bei Heribert Pumauer von der Löwen-Universität zu Löwenstein stehen im Februar die Semesterabschlussprüfungen vor der Tür. „Wenn mir vor fünf Jahren einmal jemand gesagt hätte, dass ich freiwillig wieder zu studieren

© Springer Fachmedien Wiesbaden 2017
S. I. Lackerbauer et al., *Die Löwen-Liga: Fit für die Karriere*,
DOI 10.1007/978-3-658-12138-9_23

anfange … ", brummt Lono so gut wie jeden Abend, während er sich durch die Semesterunterlagen kämpft oder mit Ivera Löwowitz im Training an den Gewichten schwitzt. So geht ein Tag in den nächsten über und die ersten sechs Wochen des Jahres rauschen an Lono vorbei. So richtig zu sich kommt er erst an dem Tag, an dem er zusammen mit den anderen Löwenstudenten berauscht auf einem Karnevalsumzug das Ende der Prüfungsphase feiert – oder besser gesagt: am Morgen danach. Als er all seine Sinne wieder beisammen hat, fällt Lono zunächst ein großer Stein vom Herzen: Endlich hat er Zeit, sich voll und ganz auf seine neuen Aufgaben in der Business Intelligence-Abteilung zu konzentrieren.

Zum ersten Mal seit Beginn des Jahres nimmt er sich Zeit, mit seinem Kollegen und Mentor Lorand Luchsmann ein paar private Worte zu wechseln und sich über die großen Projekte der Abteilung zu informieren, die er mit seinem umfangreichen Projektmanagement-Wissen zu leiten gedenkt. Lorand macht dabei ein unglückliches Gesicht. „Tja, also, ein richtig großes Projekt steht bei uns momentan gar nicht an. Eigentlich denken wir auch gar nicht in großen Projekten, sondern mehr in der kontinuierlichen Verbesserung unserer Analyseanfragen. Momentan ist alles ziemlich entspannt, wirklich aufregend war es eigentlich nur letztes Jahr, als wir gerade neu an den Start gegangen sind." Lono ist entsetzt. So hatte er sich das nicht vorgestellt. „Aber … Warum bin ich dann hier?", ruft er, während er auf dem Absatz umdreht und in Richtung des Büros von Herrn Müller-Wechselhaft stürmt. „Das frage ich mich auch schon seit sechs Wochen", murmelt Lorand Luchsmann und vertieft sich wieder in seinen Datensätzen.

Lono fetzt durch die Gänge, saust an verdutzt dreinblickenden Kollegen vorbei und springt heldenhaft über einen im Weg liegenden Staubsauger. So schnell ist er schon lange nicht mehr gelaufen und Ivera wäre bei diesem Anblick vermutlich sehr stolz auf ihn. Ohne anzuklopfen stößt er die Tür zum Büro seines Vorgesetzten auf und stellt sich breitbeinig in den Raum. Herr Müller-Wechselhaft blickt sichtlich entrüstet von seinem Radsport-Katalog auf, in den er vertieft war. „Lono, was wollen Sie denn hier? Können Sie nicht wenigstens anklopfen, wenn Sie sich schon keinen Termin geben lassen, so wie jeder vernünftige Löwe?" Völlig außer Atem kann Lono nur wild mit den Pfoten fuchteln, bis er endlich wieder Luft bekommt. „Herr Müller-Wechselhaft. Ich hätte gerne meinen alten Job wieder. Seit sechseinhalb Wochen hänge ich unnütz in der Business Intelligence-Abteilung herum und der Kollege Luchsmann sagte gerade, dass es auch in absehbarer Zukunft kein großes Projekt geben wird, in dem ich meine langjährigen, fundierten, äußerst wertvollen Kenntnisse im Projektmanagement zum Nutzen der Abteilung einsetzen könnte. So habe ich mir den ,Perspektivenwechsel' wirklich nicht vorgestellt. Wann kann ich wieder zurück ins IT-Projektmanagement und an meinen alten Schreibtisch?"

Herr Müller-Wechselhaft räuspert sich und streicht seinen Katalog glatt. „Es ist so. Wir haben in den vergangenen sechs Wochen die Abteilung umstrukturiert. Folglich gibt es jetzt bei Tiger & Meyer weder Ihren Job, noch Ihr Büro, noch Ihren Schreibtisch. Und Sie wollten doch ohnehin etwas kürzertreten. Also genießen Sie die entspannte Zeit." Ohne eine Antwort abzuwarten vertieft Müller-Wechselhaft sich wieder in den Katalog. Lono ist stocksauer: So hatte er sich das wirklich nicht vorgestellt. Vor lauter Wut zischt er ab, nimmt den Rest des Tages frei und fährt in voller Montur direkt ins SUPER SPORT STUDIO, wo er sich wortlos auf ein Fahrradergometer schwingt und zu strampeln beginnt. Erst als sein Anzug schweißnass auf seinem Fell klebt und die anderen Sportler ihm tuschelnd fragende Blicke zuwerfen, hält er schwer schnaufend inne und setzt sich an die Fitnessbar. Dort erspäht ihn seine Trainerin Ivera Löwowitz und er berichtet ihr von den Ereignissen des Tages. Vorsichtig tätschelt sie ihm die Schulter und versucht, ihn aufzumuntern: „Lono, sieh es doch mal positiv. Wenn es im Job ruhiger ist, dann kannst du dich viel besser auf das zweite Semester deines Fernstudiums konzentrieren und auch im Training einen Zahn zulegen. Wir machen bis zum Sommer einen zweiten Arnold Löwenegger aus dir, versprochen! Lass uns ein paar hochintensive Intervalltrainings ausprobieren – die werden dich bis an deine Grenzen bringen und dich so fordern, dass du für die Ruhe im Büro dankbar sein wirst." Lono brummt etwas Unverständliches zur Antwort und trottet nach Hause.

Dort denkt er zwar kurz ernsthaft über Iveras Vorschlag nach, verwirft die Idee aber schon bald wieder. Die Erkenntnis, dass er von seinem Chef nach zehn Jahren Betriebstreue auf ein Abstellgleis geparkt wurde, wiegt schwerer als die Freude darüber, dass ihm ein weniger turbulentes Jahr bevorstehen könnte, wenn er es sich in der Business Intelligence-Abteilung bequem macht. Plötzlich muss er an seine alte Schulklasse am Löwengymnasium denken und an die Löwenstudenten, die mit ihm den Abschluss an der Löwen-Universität zu Löwenstein gemacht haben. „Was ist eigentlich aus denen geworden?", überlegt er und setzt sich an seinen Löwen-PC. Aus der Neugierde entwickelt sich im Laufe des Abends eine wahre Obsession. Mit Hilfe der Suchmaschine Loogle und auf Portalen wie Ling, LöwenIn und Lionbook spürt Lono seine ehemaligen Kommilitonen auf und analysiert genau, wie deren Lebenswege verlaufen sind. Weil einige Löwen schwerer zu finden sind, schlägt er sich fast die gesamte Nacht um die Ohren, bis er sicher sein kann, alle gefunden zu haben, die irgendwo im Linternet auftauchen. Dann stellt er bei jedem Löwen den direkten Vergleich an: Wer ist besser dran, wer hat mehr aus seinem Leben gemacht als er selbst? Je mehr er herausfindet, desto mehr plagen Lono Selbstzweifel. Einige haben Familien oder eigene Unternehmen gegründet, andere sind zu einer Weltreise aufgebrochen oder pflegen exotische Hobbys, die weitaus spannender sind als sein eigenes sportliches Engagement.

Auch im SUPER SPORT STUDIO ertappt Lono sich dabei, wie er andere Löwen von oben bis unten mustert und Vergleiche anstellt. Sobald er jemanden erspäht, der eine höhere Widerstandsstufe auf dem Fahrradergometer eingestellt hat, zieht er sofort nach. Dasselbe gilt für die Gewichte, die er sich von Ivera aufladen lässt. Immer verbissener ist er bei der Sache, bis es der Trainerin zu bunt wird: „Lono, entweder wir trainieren wieder vernünftig miteinander, oder du kannst alleine weitermachen. Du kannst dich nicht direkt mit allen anderen Löwen hier vergleichen, das macht überhaupt keinen Sinn. Jeder bringt schließlich andere Voraussetzungen mit, hat andere Ziele und ein anderes Trainingskonzept. Du kannst dich nur mit dir selbst und deinen eigenen Leistungen vergleichen und daran arbeiten. Dasselbe gilt im Übrigen auch für den Job: Wenn du unzufrieden bist, dann musst du an dir selbst etwas ändern – oder den Job wechseln." Lono erstarrt in der Bewegung, die er gerade ausführen wollte. „Das ist es!", denkt er begeistert und lässt Ivera auf der Trainingsfläche einfach stehen.

Die folgenden Nächte und jede freie Minute tagsüber verbringt Lono nun damit, das Linternet nach interessanten Jobangeboten anderer Firmen zu durchstöbern. Besonders angetan haben es ihm Managementpositionen, die ein sechsstelliges Gehalt und zahlreiche Extras versprechen: „Beteiligung an der Firma, Dienstwagen, eine eigene Sekretärin ..." „Wieso bin ich nicht schon früher darauf gekommen, dass der nächste Schritt auf der Karriereleiter auch anderswo auf mich warten kann?", denkt Lono begeistert und träumt selig von den grandiosen Stellen, die in den verheißungsvollen Annoncen so professionell beworben werden. „Mir steht die Welt offen!", jauchzt er und will sofort eine Flut von Bewerbungen in sämtliche Richtungen losmailen. Doch als er seinen eigenen Lebenslauf mit den Anforderungsprofilen für die Kandidaten dieser hochbezahlten Jobs vergleicht, rutscht ihm das Herz in die Hose. Da sind Fähigkeiten gefragt, von deren Existenz er in seinen zehn Jahren bei Tiger & Meyer noch nie etwas mitbekommen hat. Auch Punkte wie Führungserfahrung, Fremdsprachenkenntnisse und Auslandsaufenthalte kann er nicht vorweisen. „Außer Business Intelligence zählt zum Ausland und Datensätze gehen als Fremdsprachen durch – zumindest sprechen die Kollegen dort genug Fachchinesisch, dass man damit glatt durchkommen könnte", brummt er.

Seine ehemalige Kollegin Ina Panther hat indessen mitbekommen, dass Lono momentan nicht glücklich ist. Sie hat

Mitleid und lädt ihn in die Kantine ein. Schließlich war es ihr letztes Jahr in Lonos Abteilung ebenso gegangen, bis sie zu Robert Kraustiger in die IT gewechselt ist. Dankbar für die Aufmerksamkeit erläutert Lono der jungen Löwin seine Probleme, woraufhin Ina ihm wortlos ihr Kuchenstück zuschiebt. „Sie machen sich ja wirklich vollkommen verrückt, Herr Lono. Sich mit anderen zu vergleichen kann zwar durchaus motivieren und ein Ansporn sein, sich stetig weiterzuentwickeln. Aber was nutzt es Ihnen, wenn Sie sich mit dem Bodybuilder vergleichen, der seit Jahren an seiner Figur feilt? Oder mit dem Marathonläufer, der routinemäßig so viel am Tag läuft wie Sie in einem Monat? Oder eben auch mit den Anforderungsprofilen für Stellen, in denen Ihre persönlichen Stärken ohnehin nicht zur Geltung kämen? Mit dem Job ist es so wie mit dem Training: Er muss auf Sie persönlich zugeschnitten sein. Und wenn es so einen Job nicht gibt – dann basteln Sie ihn sich eben selbst! Konzentrieren Sie sich auf Ihre Stärken: Mit Ihren Erfahrungen in IT, Projektmanagement und interkulturellem Löwenmanagement sind Sie als Berater mit Sicherheit gefragt und für viele Firmen ein wertvoller Ansprechpartner. Übrigens sucht die kleine Firma, die unsere neue Lintranet-Software entwickelt hat, gerade einen solchen Löwen für ihre Expansion. Auf die Software haben Sie uns doch erst gestoßen, also haben Sie wohl Vertrauen in dieses kleine Unternehmen. Das wäre doch ein erster Anlaufpunkt, oder? Dann kommt noch hinzu, dass Sie durch Ihr Training im SUPER SPORT STUDIO auch über dieses Business viel gelernt haben. Vielleicht wartet dort ja der nächste Beraterauftrag – schließlich arbeiten auch Fitnessstudios mit IT-Systemen, die verwaltet werden wollen." Lono verspeist Inas Kuchen mit einem einzigen großen Bissen und lässt sich Inas Worte durch den Kopf gehen. „So habe ich das alles noch gar nicht gesehen – dass mir das Studium und der Sport tatsächlich auch beruflich zunutze kommen könnten." Ina grinst. „Und wenn das alles nichts wird, dann werden Sie eben ein Videostar im Linternet auf LionTube. Sie erinnern sich doch an unsere großartigen Präventionsvideos für *Bewegung im Business*, oder?" Lono muss lachen. Seine schlechte Laune ist verflogen und Ina Panthers Ratschläge hören sich vernünftiger an als alles, was er bisher seit den Prüfungen angestellt hat.

Schon am selben Abend nimmt er Kontakt auf und beginnt mit der Zukunftsplanung. Und so kommt es, dass Lono sich an einem der ersten warmen Tage des Jahres Anfang März mit einem Kündigungsschreiben in der Pfote vor der Tür zu Müller-Wechselhafts Büro wiederfindet. Zu seiner großen Überraschung ist er jedoch nicht alleine.

Lono kündigt! Aber damit hat er nicht gerechnet

Kimba

Pünktlich um Mitternacht zündet Kimba die erste Rakete und feuert sie in den sternenklaren Himmel ab. Der erste Januar ist für ihn schon immer ein ganz besonderer Tag gewesen. Obwohl es ein wenig klischeehaft ist, genau in diesen ersten Momenten des noch unschuldigen neuen Jahres gute Vorsätze zu fassen, hat Kimba bisher noch nie bereut. Die besten Entscheidungen seines Lebens hat er in diesen Nächten gefällt und auch jetzt steht eine solche an: Tiger & Meyer war zehn Jahre lang ein interessanter Arbeitgeber für Kimba. Doch jetzt, mit mehr als dreißig Löwenjahren auf dem Buckel, will er etwas Neues ausprobieren: „Die Arbeitswelt verändert sich momentan rasend schnell, vor allem unter den jungen Löwenkollegen ist die Fluktuation sehr hoch. Für viele ist ein Job bei Tiger & Meyer nur ein Sprungbrett zur nächsten Karrierestufe. Ich war meiner Firma zehn Jahre loyal verbunden, muss mir also dahingehend keine Vorwürfe machen. Aber es juckt mich einfach in den Pfoten, etwas Neues auszuprobieren." Da der Januar bei Tiger & Meyer erfahrungsgemäß recht ruhig verläuft, nutzt Kimba die freie Zeit und kümmert sich darum, wieder ein wenig mehr Abwechslung in sein Leben zu bekommen.

Seine erste Amtshandlung ist ein Treffen mit Manuel Löwenzier im SUPER SPORT STUDIO, um einen neuen Trainingsplan zu erstellen: Da er im Job momentan nicht so recht ausgelastet ist, hat Kimba genug Energie übrig, um sich beim Training so richtig auszupowern, außerdem konnte er in den letzten Wochen nicht feststellen, dass sein aktuelles Training ihn körperlich weiterbringt. Löwenzier begrüßt seinen Elan: „Es ist durchaus möglich, dass du mit deinem momentanen Training auf einem sogenannten Plateau angekommen bist: Der Körper hat sich an die Belastung gewöhnt und kommt damit zurecht, ohne weiter in den Aufbau von Muskelmasse investieren zu müssen. Es gibt mehrere Trainingsvarianten, die dich jetzt weiterbringen würden. Man kann sich sowohl mit har-

tem Krafttraining, als auch mit Ausdauertraining an seine
Grenzen bringen, oder mit einem sinnvollen Mix aus beiden Komponenten. Dabei ist die größte Herausforderung,
dass man sich bei jedem Training aufs Neue motiviert, alles zu geben und die Anstrengung nicht zu scheuen. Lass
dir gesagt sein, dass lange Trainingseinheiten nicht automatisch auch besser sind. Kurze, harte Intervalle – auch
HIIT, Hochintensitäts-Intervalltraining genannt – setzen
ganz andere Reize und beanspruchen deine Muskeln viel
effektiver, als stundenlang an den Geräten herumzuhängen.
Auch beim Ausdauertraining wird eine Mischung aus kurzen Sprints und langen Läufen dich mehr voranbringen,
als eine lange und gleichbleibende Belastung. Bei dir im
Job ist es ja ähnlich: Nicht das Tagesgeschäft sorgt für den
Karrieresprung, sondern die Projekte, die dich und deine
Firma weiterbringen." Löwenzier gibt Kimba noch ein paar
weitere Tipps und empfiehlt ihm Linternetseiten mit Trai-
nings- und Ernährungsplänen, von denen der sich weitere
Anregungen holen kann. Kimba ist erstaunt, wie detailliert
und gut aufbereitet manche dieser Seiten sind. „Fast wie
Karriereratgeber – nur eben für den Sport", schmunzelt er
und vertieft sich in die Lektüre.

Doch auch Löwenziers Bemerkung zum Vorankommen
im Job geht ihm dabei nicht mehr aus dem Kopf. Wenn
Kimba sich an seine zehn Jahre bei Tiger & Meyer zurückerinnert, dann waren es tatsächlich immer die kurzfristigen
Projekte, anhand derer er sich weiterentwickeln konnte. Im
Laufe der Zeit hat er viel gelernt und bewegt sich in allen
Bereichen seines Arbeitslebens auf sicherem Terrain: Weder das Löwerika-Projekt, noch die neue Business Intelligence-Abteilung, noch die Zusammenarbeit mit den drei

jungen Studenten zur Vereinheitlichung der Tools für die Aufgabenverteilung in den einzelnen Projekten haben ihn wirklich aus der Reserve gelockt. „Natürlich waren all diese Themen anstrengend und es war an manchen Tagen stressig", überlegt er. „Aber aus der Reserve gelockt haben mich diese Projekte nicht. Es fühlt sich trotz aller Neuerungen mehr an wie Stillstand auf ganzer Linie."

Probeweise kramt Kimba seinen alten Lebenslauf hervor und fügt abgeschlossene Projekte, absolvierte Seminare und außerberufliche Aktivitäten hinzu, die für einen potenziellen Arbeitgeber von Interesse sein könnten. Anschließend versucht er, die Zusammenstellung mit den Augen eines Personalmanagers zu sehen. „Also, Kimba ist ein treuer und loyaler Mitarbeiter, der seit zehn Jahren bei Tiger & Meyer arbeitet. In seiner Zeit dort hat er sich in unterschiedlichen Projekten bewährt, die teilweise seine eigene Abteilung betroffen haben und teilweise der gesamten Firma zugutekamen. Folglich ist er engagiert und kann über den Tellerrand hinausblicken. Er hat an vielen Fortbildungsmaßnahmen teilgenommen, zuletzt an Persönlichkeitstrainings. Studiert hat er auch und treibt in seiner Freizeit Sport." Im Kimbas Ohren klingt das nach einer soliden, aber langweiligen Karriere. Aus reiner Neugierde kramt er aus den Tiefen seines Lionmail-Archivs die Lebensläufe der drei Studenten hervor, mit denen er im letzten Jahr so gut zusammengearbeitet hat. Verblüfft entdeckt er darin neben den beruflichen und universitären Standard-Stationen Travel-and-Work-Rucksackreisen, ehrenamtliches Engagement und vor allem Projekte aus ganz unterschiedlichen Branchen, an denen die drei beteiligt waren, oder die sie selbst aufgezogen haben. „Und dabei sind die alle fast zehn Jahre jünger als ich", murmelt Kimba verblüfft. „Die Arbeitswelt hat sich wirklich sehr verändert, seitdem ich mit dem Abschluss in der Tasche bei Tiger & Meyer angeheuert habe."

Das folgende Wochenende verbringt Kimba damit, an seinem individuellen Trainingsplan zu tüfteln und sich Gedanken über seine berufliche Zukunft zu machen. Er stöbert auf Jobportalen, liest Stellenbeschreibungen von großen und kleinen Unternehmen und macht sich mit dem aktuellen Klima auf dem Arbeitsmarkt vertraut. Doch je mehr Informationen er sammelt, desto weniger Lust bekommt er, sich tatsächlich zu bewerben. „Diese Jobs lesen sich wie Schablonen, in die man als Kandidat hineinpassen sollte. Aber ich sehe keine einzige, die wirklich zu mir, meinen Fähigkeiten und meinen Wünschen für die Zukunft passt. Eigentlich gefällt mir die Vorstellung viel besser, nicht in ein vorgegebenes Stellenprofil passen zu müssen, sondern mir meinen nächsten Job selbst zu basteln. Und dann bleibt mir eigentlich nichts anderes übrig, als selbst etwas auf die Beine zu stellen."

Was zunächst nur eine vage Überlegung ist, reift in den folgenden Wochen zu einem waschechten Plan in Kimbas Kopf heran. Einer Eingebung folgend nimmt er im Februar wieder Kontakt zu den drei Studenten auf, die mittlerweile ihre Prüfungsphase überstanden haben und die Freiheit der Semesterferien genießen. Zwar haben sie noch ein weiteres Semester vor sich und müssen ihre Abschlussarbeiten verfassen, doch jetzt sind sie ganz Ohr für Kimbas Vorschlag, sich zu treffen und frei von der Leber weg mit ihm Ideen zu entwickeln. Spontan verlegt er das Treffen zu sich nach Hause, wo die vier ganze 12 h am Stück diskutieren, Pläne schmieden und dabei viel Kaffee trinken.

Kimba gefällt besonders, dass die drei für alle Ideen offen sind und sich für viele verschiedene Themen begeistern können. Auch bereitet es ihnen kein Kopfzerbrechen, dass viele ihrer spontanen Geschäftsideen bereits an anderer Stelle entwickelt wurden: „Wir müssen uns einfach von der Vorstellung verabschieden, dass wir das Rad neu erfinden können", deklariert Leo Tatze altklug, als sie des Nachts vom Kaffee zum Löwenbräu übergegangen sind. „Der Markt ist in vielen Bereichen einfach hart umkämpft. Wir müssen unsere Wettbewerber im Auge behalten. Aber es bringt uns nicht weiter, wenn wir uns immer nur mit ihnen vergleichen wollen. Wir müssen unser eigenes Ding durchziehen, nur so wird es funktionieren. Und nur so bleiben wir auch authentisch." Kimba nickt. Er erinnert sich an die Gründungsgeschichte von Tiger & Meyer, die er vor seiner Bewerbung natürlich gelesen hatte. Vor einem halben Jahrhundert hatten die Gründer Ludek Tiger und Kätzchen Meyer damals das Unternehmen aus dem Nichts aufgebaut – und heute ist die Firma auf drei Kontinenten vertreten, beschäftigt weltweit über zweitausend Löwen und ist ein Vorreiter in vielen Bereichen, insbesondere hinsichtlich der Weiterbildung und Gesundheitsförderung ihrer Mitarbeiter. Ein Grundprinzip von Tiger & Meyer ist nämlich die Auffassung, dass nicht das Geschäft, sondern der Löwe zählt – damit ist sowohl der Kunde als auch der Mitarbeiter gemeint.

„Wir brauchen eine zündende Idee und den richtigen Plan, um sie umzusetzen", stimmt er Leo Tatze deshalb zu und pinnt den Ausdruck eines tabellenartigen Schemas an die Wand. „Das ist ein Customer Value Canvas, ein Schema zur Analyse des Kundennutzens. Anstatt uns darauf zu versteifen, wie wir ein Unternehmen gründen können, sollten wir uns darauf konzentrieren, welchen Mehrwert wir den Löwen auf dieser Welt bieten können. Also versetzen wir uns jetzt einmal in unsere Kunden hinein: Welches Problem haben sie, das wir – und nur wir – mit vereinten Kräften und unserem Sportsgeist lösen können?" Die Köpfe rauchen. Nach anfänglichen Schwierigkeiten, vielen Tassen Kaffee und einigen Flaschen Löwenbräu, ist endlich die Idee geboren, mit der sich alle vier identifizieren können. Flugs verteilen sie die Aufgaben und machen sich an die zeitliche Planung ihres Unterfangens. Für Kimba ist damit die Entscheidung gefallen: Nach zehn Jahren wird er sich in diesem Jahr von Tiger & Meyer verabschieden und sich der Herausforderung stellen, eine eigene Firma zusammen mit drei Studenten zu gründen. „Gut, dass ich mir den Trainingsplan davor noch zusammengestellt habe, denn jetzt brauche ich sämtliche grauen Zellen für das neue Business", denkt er, während er sich glücklich beim Sport verausgabt und einzig sein Kopf dabei Pause hat.

Seit diesem denkwürdigen Tag in Kimbas Wohnung laufen die Vorbereitungen auf Hochtouren – und dazu gehört auch die Kündigung bei Tiger & Meyer. Als Kimba mit dem Schreiben in den Pfoten an einem sonnigen Tag Anfang März gerade das Büro von Herrn Müller-Wechselhaft betreten hat, kommt auf einmal ein zweiter Löwe herein. Kimba erinnert sich dunkel: „Ist das nicht der Kollege, der …" „Kimba, Lono, schön Sie beide zu sehen", reißt Müller-Wechselhaft Kimba aus seinen Gedanken. Fast synchron setzen sich die beiden auf die Besucherstühle vor dem Schreibtisch des Chefs, räuspern sich und ziehen ihre Kündigungsschreiben aus den Mappen hervor, an die sie sich geklammert haben. Als Herr Müller-Wechselhaft der hochoffiziellen Schreiben gewahr wird, bleibt ihm die Frage nach dem Begehr seiner beiden langjährigen Mitarbeiter im Hals stecken. Sichtlich schockiert ringt er nach Luft. „Also … Damit habe ich jetzt nicht gerechnet. Ich dachte, Sie wollten mir ein neues, spannendes Projekt vorschlagen, das die gesamte Firma für die nächsten Monate in Unruhe versetzen und die Belegschaft auf Trab halten wird", witzelt er schwach und greift mit spitzen Pfoten nach den Dokumenten. „Aber so wie es aussieht, haben Sie beide wohl andere Pläne … "

Kimba hat fast Mitleid mit seinem Vorgesetzten, der auf einen Schlag zum Ende des Monats zwei seiner langjährigen und treuen Mitarbeiter verlieren wird. Auf seine Frage nach den Zukunftsplänen hin hält Lono sich bedeckt, doch Kimba erzählt ihm kurz von der geplanten Selbstständigkeit. „Aber Sie junge Löwen müssen sich eben auch noch anderswo die Hörner abstoßen, das verstehe ich schon. Ich wollte mich in Ihrem Alter auch selbstständig machen und habe mich nicht getraut. Dann habe ich den Rennradsport für mich entdeckt und mir so die Herausforderungen in der Freizeit gesucht, die ich bei Tiger & Meyer vielleicht manchmal vermisse. Dafür habe ich hier Sicherheit, kann meine Familie ernähren und mir mein Hobby finanzieren. Also, meine Löwen, ich wünsche Ihnen jetzt schon einmal viel Erfolg, aber bis Ende März erwarte ich noch volles Engagement." Lono verlässt fluchtartig Müller-Wechselhafts Büro, doch als Kimba sich ebenfalls verabschieden will, hält sein Chef ihn zurück,. „Warten Sie mal, das hier gebe ich Ihnen noch mit", brummt er und wühlt in seiner Schreibtischschublade, aus der er schließlich ein zerlesenes Buch mit vielen Eselsohren herauskramt. „Das sollten Sie mal lesen", sagt er und drückt es Kimba in die Pfote. Zurück in seinem Büro beginnt Kimba sofort mit der Lektüre und verbringt die nächsten Stunden mit „**Die Löwen-Liga. Der Weg in die Selbstständigkeit.**"

Kimba bereitet sich gewissenhaft auf die Selbstständigkeit vor

24

Über die Ziellinie hinaus: Auf in einen neuen Lebensabschnitt!

Lono

Ende März ist der von Lono lang herbeigesehnte Moment endlich gekommen: Heute ist sein letzter Arbeitstag bei Tiger & Meyer. Dem Neuanfang sieht er trotzdem mit gemischten Gefühlen entgegen. „Wenn das letzte Jahr nicht so chaotisch verlaufen wäre, dann hätte ich mich niemals auf diesen Gnuhandel eingelassen: Ich habe meinen angestammten Platz als IT-Projektmanager verlassen, mein gemütliches Büro aufgegeben und bin in die Business Intelligence-Abteilung gewechselt. Dort war ich wirklich fehl am Platz. Doch ehe ich mich's versah, hatte Müller-Wechselhaft auch schon die ganze Projektmanagement-Abteilung umstrukturiert und meinen alten Job wegrationalisiert. Eigentlich hatte der alte Griesgram mich doch schon immer auf dem Kieker", grollt er und rutscht unruhig auf seinem Schreitischstuhl herum. Als sein Blick auf die Kiste mit seinen persönlichen Dingen fällt, bekommt er aber doch weiche Knie und ein mulmiges Gefühl im Bauch. Von einem Tag auf den anderen wird plötzlich alles anders sein: Ab morgen ist er auf sich allein gestellt. Seine junge Kollegin

© Springer Fachmedien Wiesbaden 2017
S. I. Lackerbauer et al., *Die Löwen-Liga: Fit für die Karriere*,
DOI 10.1007/978-3-658-12138-9_24

Ina Pantherhatte ihn auf die Idee gebracht, sich als Berater für IT-Projekte, Lintranet-Software und interkulturelles Löwenmanagement selbstständig zu machen. Seine ersten beiden Aufträge hat er bereits in der Tasche: Das kleine Unternehmen, das die neue Lintranet-Software programmiert hat, die auf seinen Vorschlag hin jetzt bei Tiger & Meyer verwendet wird, möchte mit seiner Hilfe expandieren. Außerdem hat seine Trainerin Ivera Löwowitz ihn mit dem Geschäftsführer des SUPER SPORT STUDIO bekannt gemacht, der in seinem Unternehmen eine Komplettsanierung der IT-Infrastruktur angehen möchte.

Dafür musste Lono Ivera versprechen, dass er sich weiterhin von ihr komplettsanieren lässt. Denn obwohl er bereits seit einem Jahr Mitglied im Fitnessclub ist, hat er weniger Fortschritte gemacht als ursprünglich geplant war. Schuld daran sind viele kleine und große Anfängerfehler, die Lono allesamt am eigenen Leibe erfahren musste. „Wenigstens hast du mittlerweile so ziemlich alles mitgemacht, was man so erleben kann, wenn man sich zum ersten Mal wirklich für Fitness interessiert und alles ausprobiert", scherzte Ivera während der gestrigen Trainingseinheit. „Da kann es jetzt nur bergauf gehen!"

Obwohl Ivera es vermutlich nicht zugeben würde, ist ihr der tollpatschige, aufbrausende, halsstarrige Lono sehr ans Herz gewachsen – nicht nur als Kunde, sondern auch als Löwe. Als er ihr von seiner Entscheidung für die Selbstständigkeit berichtete und selbst noch nicht ganz davon überzeugt war, machte sie ihm Mut: „Egal was kommt: Du hast hier im SUPER SPORT STUDIO den Sport als deine Konstante, die dir jetzt Halt gibt, während sich der Rest deines Lebens ändert. Denn gerade in solchen Zeiten ist es wichtig, dass es immer etwas gibt, das stabil ist und auf das du dich verlassen kannst. Als ich zum Beispiel im Ausland war, habe ich mir dort auch einen Sportverein gesucht, um meine damalige Lieblingssportart weiter betreiben zu können. Auch wenn ich anfangs die Sprache nicht so gut beherrschte, war die Verständigung über den Sport ganz einfach – schließlich sind die Regeln dafür überall auf der Welt gleich. Das hat mir in der ersten Zeit sehr viel Halt gegeben, so dass sich das Heimweh in Grenzen hielt." Außerdem weiß Ivera, dass Lono einen Hang zu Extremen hat: In Projekte stürzt er sich mit vollem Elan und nimmt dabei wenig Rücksicht auf seine Gesundheit. Mit den fest vereinbarten Trainingsstunden will sie ihn deshalb davor bewahren, sich wieder einer zu großen Belastung auszusetzen. Darüber hinaus hat sie zusammen mit der Betriebsärztin Dr. Katzlein einen Ernährungsplan für Lono ausgearbeitet, mit dessen Hilfe er endlich den überflüssigen Löwenspeck loswerden soll. Die Rundumversorgung zum Erhalt seiner Gesundheit ist also gewährleistet – jetzt muss Lono es nur schaffen, auf eigenen Pfoten zu stehen und die Selbstständigkeit erfolgreich zu meistern. „Sieh es als Trainingsziel. Du weißt ganz genau, was zu tun ist; nur machen musst du es selbst!"

Recht viel mehr Zeit zum Nachdenken bleibt Lono heute auch gar nicht mehr. Er hat alle Pfoten damit zu tun, sein dienstliches Liphone, den Türöffner und die Kantinenkarte zurückzubringen, Unterlagen abzuholen und anderswo wieder einzureichen. Auf seinen Wegen über das Firmengelände bei Tiger & Meyer begegnen ihm außerdem zahlreiche Kollegen, die unbedingt noch mit ihm sprechen wollen und ihn mit guten Ratschlägen fröhlich verabschieden. „Komisch", denkt Lono, „man könnte meinen, dass sie froh sind, mich loszuwerden. Oder lachen sie mich etwa aus, weil ich den sicheren Job aufgebe, um alleine etwas ganz Neues auf die Beine zu stellen?" Lonos Fortgang hat sich bei Tiger & Meyer herumgesprochen – viele Mitarbeiter kennen ihn aufgrund seiner legendären Auftritte in den Präventionsvideos von Sabine Krause-Luchs, oder weil er auf vielen Firmenveranstaltungen unter Alkoholeinfluss für unfreiwillig lustige Einlagen sorgte.

Noch mehr verwirren ihn allerdings die Kollegen, die völlig überrascht davon sind, dass er heute seinen letzten Tag hat. Dem Kollegen Robert Kraustiger aus der IT ist der Mund geschlagene zehn Sekunden lang offen stehengeblieben und die Teamassistentin Irmgard Ohnelöwe ist unter ihrem samtig glänzenden Fell kreidebleich geworden. „Wussten die beiden wirklich nicht, dass ich gehe?", wundert er sich. „Normalerweise verbreitet sich so etwas doch in Windeseile über den berühmten Flurfunk." Nicht, dass Lono selbst sich oft dafür interessiert hätte, wer kam und wer ging, denn dafür hatte er meistens einfach zu viel zu tun. Außerdem wusste er, dass er die Neuen ohnehin spätestens dann kennenlernen würde, wenn es irgendwo ein Problem gab. Denn als Projektmanager war er zentral an allen Prozessen im Unternehmen beteiligt und musste oft einspringen, wenn die Neuen typische Anfangsfehler machten.

„Man hätte das auch alles besser dokumentieren können", überlegt er jetzt, „aber mich geht das ab morgen ja alles gar nichts mehr an. Nach mir die Sintflut!" Die Vorstellung gefällt ihm, da er den Ärger dann nicht mehr abbekommt. Doch möglicherweise wäre eine offizielle Ankündigung durch seinen Chef Müller-Wechselhaft doch eine gute Idee gewesen oder eine Lionmail an die Kollegen. „Vielleicht hätte ich auch einmal mit dem einen oder anderen etwas länger reden sollen, um herauszufinden, was er so über mich denkt. Oder um Kontakte für neue Aufträge zu knüpfen", überlegt er jetzt. Als er zum gefühlt eintausendsten Mal erklären muss, dass heute sein letzter Tag ist und was er ab morgen machen wird, leuchtet ihm sogar ein, warum so viele ehemalige Kollegen kleine Feiern vor ihrem Weggang organisiert haben. „Da hätten sie sich wenigstens alle auf einmal von mir verabschieden können", denkt er und reibt sich die vom Pfotenschütteln schmerzende Schulter.

Irritiert und mit brummendem Schädel verschanzt Lono sich wieder in dem Büro, das er sich seit Januar mit Lorand Luchsmann geteilt hat. Nur sein Lion-PC thront dort noch auf dem Schreibtisch. Der Rechner, an dem er so viele Stunden lang über Lionmails, Lexcel-Tabellen und LöwenPoint-Präsentationen geschwitzt hat … Sentimental öffnet Lono ein letztes Mal sein Postfach. Vielleicht ist ja noch ein interessanter Lionletter über Nacht eingetroffen, den er noch nicht abbestellt oder auf sein privates Lionmail-Konto umgeleitet hat. Als er sein Postfach aufruft, trifft ihn beinahe der Schlag: 50 neue Lionmails, fast alle mit hoher Dringlichkeit gesendet! „Was soll das denn", denkt er und spürt, wie sein Puls in die Höhe schnellt. „Die Kollegen wissen doch, dass ich ab morgen keinen Zugriff mehr auf meine Lionmails habe! Oder etwa nicht?!" Die nächsten Stunden verbringt Lono in aller Hast damit, die Lionmails zu lesen, zu sortieren, weiterzuleiten und zu beantworten. Plötzlich geht ihm auf, dass er gar keine Übergabe vorbereitet hat und auch gar nicht wüsste, an wen er was hätte übergeben sollen. Seit dem Abteilungswechsel, den er als Strafversetzung und nicht als neue Chance aufgefasst hat, hat er kein großes Interesse mehr für seine Verpflichtungen der Firma gegenüber aufgebracht.

Panisch greift er zum Hörer des Telefons von Lorand Luchsmann und ruft seine ehemalige Kollegin Ina Panther an. „Ina, Sie müssen mir helfen! Hier trudeln alle möglichen Lionmails ein und ich weiß gar nicht, was ich den Kollegen erzählen soll, ich bin doch eigentlich schon weg!" Mittlerweile wirbeln die Gedanken in Lonos Kopf nur so umher: Muss er jetzt doch noch länger bleiben und sich um die unerledigten Aufgaben kümmern, weil er es versäumt hat, für einen geregelten Abgang vorzusorgen? Wird ihm sein letztes Gehalt gestrichen? Wird er mit Schimpf und Schande vom Firmengelände gejagt? „Wie konnte ich es nur so weit kommen lassen!", jault er und ringt nach Luft. Ina Panther unterbricht den verzweifelten Lono: „Herr Lono, beruhigen Sie sich! Es ist alles in Ordnung!" – „Wie?!" – „Also", setzt sie an und räuspert sich. „Ich habe mir kurz nach Ihrem Abteilungswechsel die Zugangsdaten für Ihr Mailkonto geben lassen. Müller-Wechselhaft hatte das angeordnet, damit wir die Kommunikation nahtlos umleiten können, ohne Sie zu belasten. Sie waren erstens ziemlich kaputt und zweitens hatten Sie alle Pfoten voll zu tun mit den Prüfungen in Ihrem Fernstudium. Außerdem haben Sie dazu natürlich auch eine Lionmail bekommen, aber die haben Sie anscheinend nicht gelesen", fügt sie vorwurfsvoll hinzu. Lono weiß nicht, ob er lachen oder weinen soll, aber sprachlos ist er allemal: Wieder hat eine der Löwinnen in seinem Leben dafür gesorgt, dass alles halbwegs in geregelten Bahnen verläuft – wie eigentlich andauernd in den vergangenen zwölf Monaten: Dr. Katzlein, Sabine Krause-Luchs, Ina Panther und Ivera Löwowitz waren immer für ihn da. Lono bekommt feuchte Augen und beendet das Gespräch, bevor ihn seine Gefühle überwältigen: „Also … vielen Dank. Sie werden mir fehlen." – „Gern geschehen. Sie mir aber auch, Herr Lono." Gerührt schnappt sich Lono seine Kiste, schüttelt die Anspannung ab und verlässt ohne einen weiteren Blick zurück zum letzten Mal das Firmengelände von Tiger & Meyer und läutet den nächsten Abschnitt in seinem turbulenten Leben ein.

Der Abschied von Tiger & Meyer fällt Lono schwerer als gedacht

Kimba

An Kimbas letztem Tag bei Tiger & Meyer schlagen zwei Herzen in seiner Brust. Einerseits freut er sich tierisch auf den Neuanfang mit seiner eigenen kleinen Firma und drei hochmotivierten Studenten, die bereits seit Wochen fleißig an der ersten Software des neuen Unternehmens feilen. „Lionbox", so lautet der Name ihres Projektes, den die vier ganz pragmatisch auch zu ihrem Firmennamen auserkoren haben. Als er Herrn Müller-Wechselhaft letzte Woche von den Funktionen des neuen Programms erzählte, war dieser überraschenderweise sofort Feuer und Flamme und erteilte dem „Lionbox"-Team den Auftrag, die Software bei Tiger & Meyer gleich zum Einsatz zu bringen. „So leicht lässt sich Müller-Wechselhaft ja normalerweise nicht für etwas Neues begeistern. Vielleicht möchte er damit sich selbst gegenüber etwas wiedergutmachen, nachdem er seine eigenen Pläne für die Selbstständigkeit ja begraben hat", denkt Kimba wohlwollend und beschließt, seinen ehemaligen Chef in ein paar Wochen auf ein Löwenbräu einzuladen.

Der Kollege Jan Leopardsen aus Löln stellte außerdem den Kontakt zu dem Unternehmen her, in dem seine Lebensgefährtin arbeitet und bescherte dem Quartett gleich den zweiten Kunden, der das Tool nutzen will. Auch Kimbas ehemalige Seminarleiterin Simone Löwenbauer und der Trainer Manuel Löwenzier aus dem SUPER SPORT STUDIO haben versprochen, sich nach potenziell interessierten Geschäftspartnern umzuhören. „Ja, ich freue mich wirklich auf den Neuanfang – einerseits", denkt Kimba, als er sein leergeräumtes Büro betritt. „Aber andererseits sind zehn

Jahre Firmenzugehörigkeit auch nichts, das man so einfach hinter sich lassen und vergessen kann." Besonders in den vergangenen zwölf Monaten hatte Kimba das Gefühl, bei Tiger & Meyer weit mehr als nur ein Mitarbeiter zu sein. Vielmehr hatte er den Eindruck, Teil eines großen Teams zu sein, das am selben Strang zieht; etwa als es darum ging, die Märkte in Mittel- und Südlöwerika als neue Geschäftsfelder zu erschließen oder die Business Intelligence-Abteilung in den Konzern zu integrieren. Auch abseits der geschäftlichen Themen hat Kimba die Aktivitäten seine Firma als Bereicherung empfunden: Präventionskurse, Sportprogramme, Vorträge und sogar eine Wanderreise wurden mithilfe von Kollegen durchgeführt. „Kaum zu glauben, was man mit einer motivierten Belegschaft so alles anstellen kann", überlegt er und schmiedet im Geiste schon Pläne für sein eigenes kleines Unternehmen. Obwohl „Lionbox" zunächst aus nur vier Mitarbeitern besteht, hat Kimba schon ganz konkrete Pläne, wie es mit der Firma weitergehen soll. Dazu muss allerdings das erste Projekt halten, was es verspricht. Außerdem benötigen die vier eine zweite Idee als zusätzliche Säule, auf die sie sich stützen können.

Ein Blick auf die Uhr reißt Kimba aus seinen Gedanken: Die Mittagspause naht und er muss noch jede Menge erledigen, bevor er die Tür zu seinem Büro heute Abend zum letzten Mal hinter sich schließen wird – allerdings ohne abzusperren, denn den Schlüssel hat er bereits an seinen jungen Kollegen Dominik Löwerer übergeben. In Windeseile packt er seine persönlichen Dinge zusammen und eilt zur Personalabteilung, um sein dienstliches Liphone abzugeben und die Formalitäten seines Weggangs zu erledigen. Alle Kollegen, denen er dabei über den Weg läuft, erinnert er noch einmal an die kleine Abschiedsfeier im großen Konferenzraum, die er mit dem Einverständnis von Herrn Müller-Wechselhaft für 16 Uhr angesetzt hat. Zwar hat seine offizielle Verabschiedungs-Lionrundmail alle Kollegen erreicht, mit denen er in direktem Kontakt war, trotzdem kann es nicht schaden, die Kollegen auch noch einmal persönlich einzuladen. Seitdem er vor ein paar Wochen bekanntgegeben hat, dass er sich selbstständig machen wird, hat er von vielen Mitarbeitern vorab per Lionmail und in den gemeinsamen Mittagspausen noch viele wirklich gute und ein paar eher gut gemeinte Ratschläge erhalten. Einige Kollegen bewunderten seinen Mut, andere gestanden, dass sie selbst in Richtung Selbstständigkeit überlegen und baten ihn wiederum um Rat. Bereitwillig erteilte Kimba Auskunft und berichtete von seinen eigenen Erfahrungen, denn oftmals zahlt sich die Hilfsbereitschaft irgendwann aus.

Besonders amüsiert haben ihn solche Tipps, die aufgrund der Gerüchteküche über den Flurfunk zustande kamen. So versorgte ihn die Teamassistentin Iris Löwel beispielsweise mit wertvollen Hinweisen zu den löwerikanischen Gepflogenheiten, weil sie gehört hatte, dass er angeblich dort die neue Filiale von Tiger & Meyer mit aufbauen würde. Insbesondere ihre Flirt-Tipps sorgten bei Kimba und Dominik Löwerer für Erheiterung. Auf seinen jungen Kollegen ist Kimba ohnehin besonders stolz. In den letzten Wochen hat er Dominik sämtliche Aufgaben übertragen und ihn auf alle Eventualitäten vorbereitet, die seiner Erfahrung nach während des Verlaufs eines gesamten Jahres auf ihn zukommen werden. Dieser Job-Trainingsplan gibt ihnen beiden ein gutes Gefühl. Zum Ausgleich von Übergabe bei Tiger & Meyer und Geschäftsplanung bei „Lionbox" hat Kimba zu-

sammen mit dem Coach Manuel Löwenzier ein Trainingskonzept für seine Einheiten im SUPER SPORT STUDIO
erstellt. Obwohl der Plan ihn an manchen Tagen ganz schön
schlaucht, ist er froh, dass er sich darauf verlassen kann und
seinem Körper damit etwas Gutes tut.

Zusammen mit Dominik Löwerer geht Kimba die wenigen noch offenen Punkte durch. Die Kontaktaufnahme ist
auch nach dem Ende des Tages gewährleistet, denn in der
Rundmail hat er seine private Liphone-Nummer und Lion-
mail-Adresse bereits angegeben. Erstens fände Kimba es
schön, auch nach seiner Zeit bei Tiger & Meyer mit einigen
Kollegen noch in Kontakt zu bleiben. Zweitens hat er sich
darüber hinaus bereiterklärt, bei dringenden Fragen noch
ein- oder zweimal ins Büro zurückzukehren. Denn ihm
ist wichtig, dass Dominik Löwerer mit den bestmöglichen
Voraussetzungen an die neuen Aufgaben herangehen kann.
Mit den Linternet-affinen Kollegen hat er sich zudem über
Ling oder LionIn vernetzt und in der Zwischenzeit auch seine Profile auf den professionellen Netzwerken aktualisiert.
Schließlich wird es Teil seiner Strategie zur Kundengewin-
nung sein, dort gezielt nach Firmen Ausschau zu halten, die
sich für die „Lionbox"-Software interessieren könnten. Ein
letztes Mal öffnet er sein Postfach und freut sich über eine
Lionmail von Sabine Krause-Luchs, die einen Stammtisch
für gesundheitsbewusste Kollegen ins Leben rufen will.
„Noch eine neue Initiative, um die Löwen hier bei Tiger
& Meyer zu den gesündesten Bürolöwen auf der gesamten
Welt zu machen", grinst er und nimmt die Einladung an.
Da die „Lionbox"-Software bei Tiger & Meyer in naher
Zukunft zum Einsatz kommen wird, ist er ohnehin wahr-
scheinlich schon bald wieder häufiger vor Ort und schon

jetzt gespannt darauf, was sich die Betriebsärztin Dr. Katzlein und die Präventologin noch werden einfallen lassen.

Um Punkt 16 Uhr versammeln sich dann rund zwanzig Löwen im großen Konferenzraum neben dem Büro von Herrn Müller-Wechselhaft und stoßen auf Kimbas mutigen Schritt in die Selbstständigkeit an. Der Chef selbst hält eine kleine Lobesrede auf den „stets fleißigen und kollegialen Kimba" und lobt sein „Engagement zum Wohle der gesamten Firma" in höchsten Tönen. „So gerührt habe ich ihn ja noch nie gesehen", denkt dieser verwundert und bedankt sich seinerseits bei Müller-Wechselhaft für die gute Zusammenarbeit. Als er selbst noch zu einer kleinen Rede ansetzen will, fehlen ihm jedoch die Worte. Das große Stück von dem Abschiedskuchen, den Ina Panther extra für ihn gebacken hat, schmeckt ihm dafür umso besser.

Zum Abschied feiert Kimba noch einmal mit den Kollegen – Kuchen inklusive

Echte Personen, deren Namen abgewandelt wurden

Peter Löwenau ist Peter Buchenau.

Zach Löwis ist Zach Davis.

Simone Löwenbauer ist Simone Lackerbauer.

Lothar Löwenleder ist der Triathlet Lothar Leder.

Joe Löwer ist der Bodybuilding-Guru Joe Weider.

Dwayne „The Mountain" Löwson ist Dwayne „The Rock" Johnson.

Tim Tigriss ist der Autor und Blogger Tim Ferriss.

Tim Schlöwzig ist der Autor und Blogger Tim Schlenzig.

Wladimir Löwitschko ist Wladimir Klitschko.

Arnold Löwenegger ist Arnold Schwarzenegger.

© Springer Fachmedien Wiesbaden 2017
S. I. Lackerbauer et al., *Die Löwen-Liga: Fit für die Karriere*,
DOI 10.1007/978-3-658-12138-9

Printed in the United States
By Bookmasters